奈良県の
公務員採用試験（教養試験）

大和高田市の大卒程度

2025

公務員試験研究会　編　　協同出版

まえがき

公務員は，国や地方の行政諸機関に勤務し，営利を目的とせず，国民や住民などの幸せのため，政策・諸事務を円滑に実施・進行して，社会の土台作りを行うことを職務としています。昨今では，少子高齢化の進行や公務のDX化，国際競争力の低下などの社会情勢の変化に伴って，行政の果たす役割はますます多岐にわたり，重要さを増しています。行政改革が常に論議されているのは，どのような情勢においても安心した生活が送れるよう，公務員に対して国民や市民が，期待を寄せているからでしょう。

公務員になるためには，基本的には公務員採用試験に合格しなければなりません。公務員採用試験は，公務に携わる広い範囲の職種に就きたい人に対して課される選抜競争試験です。毎年多数の人が受験をして公務員を目指しているため，合格を勝ち取るのは容易ではありません。そんな公務員という狭き門を突破するためには，まずは自分の適性・素養を確かめると同時に，試験内容を十分に研究して対策を講じておく必要があります。

本書ではその必要性に応え，公務員採用試験に関する基本情報や受験自治体情報はもちろん，「教養試験」，「論作文試験」，「面接試験」について，最近の出題傾向を分析した上で，ポイント，問題と解説，対応方法などを掲載しています。これによって短期間に効率よく学習効果が現れ，自信をもって試験に臨むことができると確信しております。なお，本書に掲載の試験概要や自治体情報は，令和5(2023)年に実施された採用試験のものです。最新の試験概要に関しましては，各自治体HPなどをよくご確認ください。

公務員を目指す方々が本書を十分活用され，公務員採用試験の合格を勝ち取っていただくことが，私たちにとって最上の喜びです。

公務員試験研究会

奈良県の公務員採用試験対策シリーズ

大和高田市の大卒程度

目　次

第1部　試験の概要 ………………………………… 5

● 公務員試験とは ―― 6

● ［参考資料］試験情報と自治体情報 ―― 13

第2部　教養試験　社会科学・人文科学 ……………… 49

● 政治・経済・社会 ―― 50

● 歴　史 ―― 89

● 地　理 ―― 104

第3部　教養試験　自然科学 ………………………… 115

● 数　学 ―― 116

● 物　理 ―― 124

● 化　学 ―― 132

● 生　物 ―― 139

● 地　学 ―― 147

第4部　文章理解 …… 157
● 現代文 —— 158
● 英　文 —— 169

第5部　数的処理 …… 183
● 判断推理 —— 184
● 数的推理 —— 217
● 資料解釈 —— 234

第6部　論作文試験対策 …… 251
● 論作文対策 —— 252

第7部　面接試験対策 …… 269
● 面接対策 —— 270
● 集団討論対策 —— 289

第1部

試験の概要

- 公務員試験とは
- [参考資料]
  試験情報と自治体情報

公務員試験とは

◆ 公務員とはどんな職業か

一口でいえば，公務員とは，国家機関や地方公共団体に勤務する職員である。

わが国の憲法では第15条で，「公務員を選定し，及びこれを罷免することは，国民固有の権利である」としたうえで，さらに「すべて公務員は，全体の奉仕者であつて，一部の奉仕者ではない」と定めている。

また，その職務および人事管理などについては「国家公務員法」および「地方公務員法」という公務員に関する総合法規により，詳細に規定されている。たとえば「この法律は，……職員がその職務の遂行に当り，最大の能率を発揮し得るように，民主的な方法で，選択され，且つ，指導さるべきことを定め，以て国民に対し，公務員の民主的且つ能率的な運営を保障することを目的とする」（「国家公務員法」第1条）と述べられ，その職務や人事管理についてはっきりと規定されているのである。すなわち，公務は民主的な方法で選択され，また国民に対しては，民主的・能率的な公務の運営が義務づけられているといえよう。

現在の公務員の基本的性格を知るにあたって，戦前の公務員に触れておこう。戦前，すなわち明治憲法の時代には，公務員は「官吏」または「公吏」などと呼ばれ，「天皇の使用人，天皇の奉仕者」ということになっていた。したがって，官吏の立場は庶民の上に位置しており，封建時代の“お役人”とほとんど変わらない性格を帯びていた。つまり，民主主義に根ざしたものではなく，天皇を中心とした戦前の支配体制のなかで，その具体的な担い手になっていたといえるだろう。

戦後，制度が一新されて「官吏」は「公務員」と名を変え，その基本的性格もすっかり変化した。つまり，公務員の「公」の意味が「天皇」から「国民」に変わり，国民によって選定された全体の奉仕者という立場が明確にされたのである。

なお，公務員という職業は，その職務遂行にあたって国民に大きな影響をおよぼすものであるから，労働権・政治行為などの制限や，私企業からの隔離などの諸制限が加えられていることも知っておく必要がある。

◆ 公務員の種類と職務

(1) 公務員の種類

本書は，大和高田市の大卒程度をめざす人のための参考書だが，ここでは公務員の種類の全体像をごく簡単に紹介しておこう。一般に公務員は国家公務員と地方公務員に大別でき，さらに一般職と特別職とに分けられる。

① 国家公務員と地方公務員

国家公務員とは，国家公務員法の適用を受け（＝一般職），国家機関である各省庁やその出先機関などに勤務し，国家から給与を受ける職員をさす。たとえば，各省庁の地方事務局などに勤務する者も，勤務地が地方であっても国家公務員である。

一方，地方公務員は，地方公務員法の適用を受け（＝一般職），各地方公共団体に勤務し，各地方公共団体から給与を受ける職員である。具体的には，都道府県や市町村の職員などを指している。

② 一般職と特別職

国家公務員と地方公務員は，それぞれ一般職と特別職に分けられる。人事院または各地方公共団体の人事委員会（またはそれに準ずるところ）を通じて採用されるのが一般職である。

特別職とは，国家公務員なら内閣総理大臣や国務大臣・国会職員などであり，地方公務員なら知事や収入役などである。それぞれ特別職は国家公務員法および地方公務員法に列記され，その特別職に属さないすべての職を一般職としている。

③ 上級職，中級職，初級職

採用試験の区分であると同時に，採用後の職務内容や給与等の区分でもある。採用試験はこの区分に合わせて実施される。地域によっては，その名称も異なる。

(2) 地方公務員の対象となる職務

地方公務員試験に合格して採用されると，各地方の職員として，事務および調査・研究または技術的業務などに従事することになる。

公務員採用にあたって公開平等に試験を実施し，成績の良い者から順に採用することを徹底していて，民間企業の採用によくみられる「指定校制」などの“制限”は原則としてない。もちろん，出身地・思想・信条などによる差別もない。これは公務員採用試験全般にわたって原則的に貫かれている大きな特徴といえよう。

◆「教養試験」の目的と内容

(1)「教養試験」の目的

教養試験は，国家公務員，地方公務員の，高校卒程度から大学卒程度までのあらゆる採用試験で，職種を問わず必ず行われている。教養試験は，単なる学科試験とは異なり，今後ますます多様化・複雑化していく公務員の業務を遂行していくのに必要な一般的知識と，これまでの学校生活や社会生活の中で自然に修得された知識，専門分野における知識などが幅広く身についているかどうか，そして，それらの知識をうまく消化し，社会生活に役立てる素質・知的能力をもっているかどうかを測定しようとするものである。

このことについては，公務員試験の受験案内には，「公務員として必要な一般的知識および知能」と記されている。このため，教養試験の分野は，大きく一般知識と一般知能の2つの分野に分けられる。

一般知識の分野は，政治，法律，経済，社会，国際関係，労働，時事問題などの社会科学と，日本史，世界史，地理，思想，文学・芸術などの人文科学，物理，化学，生物，地学，数学などの自然科学の3つの分野からなっている。

一般知識の分野の特徴は，出題科目数が非常に多いことや，出題範囲がとても広いことなどであるが，内容としては高校で学習する程度の問題が出題されているので，高校の教科書を丹念に読んでおくことが必要である。

一般知能の分野は，文章理解，数的推理，判断推理，資料解釈の4つの分野からなっている。

一般知能の分野の問題は，身につけた知識をうまく消化し，どれだけ使いこなせるかをみるために出題されているため，応用力や判断力などが試されている。そのため，知能検査に近い問題となっている。

したがって，一般知識の分野の問題は，問題を解くのに必要な基本的な知識が身についていなければ，どんなに頭をひねっても解くことはできないが，一般知能の分野の問題は，問題文を丁寧に読んでいき，じっくり考えるようにすれば，だれにでも解くことができるような問題になっている。

(2)「一般知識分野」の内容

一般知識分野は，さらに大きく3分野に分けて出題される。

社会科学分野	われわれの社会環境，生活環境に密着した分野で，政治，経済，社会，労働，国際，時事などに分かれる。学校で学んだこと，日々の新聞などから知ることができる内容等が中心で，特に専門的な知識というべきものはほぼ必要がない。
人文科学分野	歴史・地理・文化・思想・国語など，人間の文化的側面，内容的要素に関する知識を問うもので，専門的知識よりも幅広いバランスのとれた知識が必要である。
自然科学分野	数学・物理・化学・生物・地学などを通じて，科学的で合理的な側面を調べるための試験で，出題傾向的には，前二者よりもさらに基本的な問題が多い。

以上が「一般知識分野」のあらましである。これらすべてについて偏りのない実力を要求されるのだから大変だが，見方を変えれば，一般人としての常識を問われているのであり，これまでの生活で身につけてきた知識を再確認しておけば，決して理解・解答ができないということはない問題ばかりである。

(3)「一般知能分野」の内容

一般知能分野は，さらに大きく4分野に分けて出題される。

文章理解	言語や文章についての理解力を調べることを目的にしている。現代文や古文，漢文，また英語などから出題され，それぞれの読解力や構成力，鑑賞力などが試される。
判断推理	論理的判断力，共通性の推理力，抽象的判断力，平面・空間把握力などを調べるもので，多くの出題形式があるが，実際には例年ほぼ一定の形式で出題される。
数的推理	統計図表や研究資料を正確に把握，解読・整理する能力をみる問題である。
資料解釈	グラフや統計表を正しく読みとる能力があるかどうかを調べる問題で，かなり複雑な表などが出題されるが，設問の内容そのものはそれほど複雑ではない。

一般知能試験は，落ち着いてよく考えれば，だいたいは解ける問題である点が，知識の有無によって左右される一般知識試験と異なる。

教養試験は，原則として5肢択一式，つまり5つの選択肢のなかから正解を1つ選ぶというスタイルをとっている。難しい問題もやさしい問題も合わせて，1問正解はすべて1点という採点である。5肢択一式出題形式は，採点時に主観的要素が全く入らず，能率的に正確な採点ができ，多数の受験者を扱うことができるために採用されている。

◆「適性試験」「人物試験」の目的と内容

(1)「適性試験」の目的と内容

適性試験は一般知能試験と類似しているが，一般知能試験がその名のとおり，公務員として，あるいは社会人としてふさわしい知能の持ち主であるかどうかをみるのに対し，適性試験では実際の職務を遂行する能力・適性があるかどうかをみるものである。

出題される問題の内容そのものはきわめて簡単なものだが，問題の数が多い。これまでの例では，時間が15分，問題数が120問。3つのパターンが10題ずつ交互にあらわれるスパイラル方式である。したがって，短時間に，できるだけ多くの問題を正確に解答していくことが要求される。

内容的には，分類・照合・計算・置換・空間把握などがあり，単独ではなくこれらの検査が組み合わさった形式の問題が出ることも多い。

(2)「人物試験」の目的と内容

いわゆる面接試験である。個別面接，集団面接などを通じて受験生の人柄，つまり集団の一員として行動できるか，職務に意欲をもっているか，自分の考えを要領よくまとめて簡潔に表現できるか，などを評価・判定しようとするものである。

質問の内容は，受験生それぞれによって異なってくるが，おおよそ次のようなものである。

① 公務員を志望する動機や理由などについて
② 家族や家庭のこと，幼いときの思い出などについて
③ クラブ活動など学校生活や友人などについて
④ 自分の長所や短所，趣味や特技などについて
⑤ 時事問題や最近の風俗などについての感想や意見

あくまでも人物試験であるから，応答の内容そのものより，態度や話し方，表現能力などに評価の重点が置かれている。

◆「論作文試験」の目的と内容

(1)「論作文試験」の目的

「文は人なり」という言葉があるが，その人の人柄や知識・教養，考えなどを知るには，その人の文章を見るのが最良の方法だといわれている。その意味で論作文試験は，第1に「文章による人物試験」だということができよう。

また公務員は，採用後に，さまざまな文章に接したり作成したりする機会が多い。したがって，文章の構成力や表現力，基本的な用字・用語の知識は欠かせないものだ。しかし，教養試験や適性試験は，国家・地方公務員とも，おおむね択一式で行われ解答はコンピュータ処理されるので，これらの試験では受験生のその能力・知識を見ることができない。そこで論作文試験が課せられるわけで，これが第2の目的といえよう。

(2)「論作文試験」の内容

公務員採用試験における論作文試験では，一般的に課題が与えられる。つまり論作文のテーマである。これを決められた字数と時間内にまとめる。国家・地方公務員の別によって多少の違いがあるが，おおよそ1,000～1,200字，60～90分というのが普通だ。

公務員採用試験の場合，テーマは身近なものから出される。これまでの例では，次のようなものだ。

① 自分自身について	「自分を語る」「自分自身のPR」「私の生きがい」「私にとって大切なもの」
② 学校生活・友人について	「学校生活をかえりみて」「高校時代で楽しかったこと」「私の親友」「私の恩師」
③ 自分の趣味など	「写真の魅力」「本の魅力」「私と音楽」「私と絵画」「私の好きな歌」
④ 時事問題や社会風俗	「自然の保護について」「交通問題を考える」「現代の若者」
⑤ 随想，その他	「夢」「夏の１日」「秋の１日」「私の好きな季節」「若さについて」「私と旅」

以上は一例で，地方公務員の場合など，実に多様なテーマが出されている。ただ，最近の一般的な傾向として，どういう切り口でもできるようなテーマ，たとえば「山」「海」などという出題のしかたが多くなっているようだ。この題で，紀行文を書いても，人生論を展開しても，遭難事故を時事問題風に扱ってもよいというわけである。一見，やさしいようだが，実際には逆で，それだけテーマのこなし方が難しくなっているともいえよう。

次に，試験情報と自治体情報を見てみよう。

大和高田市の試験情報

令和５年度（令和６年４月採用予定）

大和高田市職員採用試験実施要項

令和５年７月２８日
大和高田市職員採用試験委員会

【受付期間】　令和５年８月１日（火）から令和５年８月１４日（月）まで（消印有効）
※簡易書留郵便でのみ受付。持参による受付は行いません。

１．試験概要
<募集内容及び受験資格>

職種 番号	職種 名称	募集人数（程度）	受験資格
①	一般事務職	１０人	昭和６３年４月２日以降に生まれた人で、学校教育法による大学（短期大学を除く）を卒業した人又は令和６年３月卒業見込みの人
②	情報処理技術職	２人	昭和５３年４月２日以降に生まれた人で、学校教育法による高等学校を卒業し、かつ、独立行政法人情報処理推進機構が実施する「応用情報技術者試験」を合格した人で、令和５年７月末時点において、情報処理技術職の職務経験が３年以上ある人
③	土木職	６人	昭和５３年４月２日以降に生まれた人で、学校教育法による大学、短期大学若しくは高等学校のいずれかの土木専門課程を卒業した人又はいずれかの土木専門課程を令和６年３月卒業見込みの人
④	電気職	１人	昭和５３年４月２日以降に生まれた人で、学校教育法による大学、短期大学若しくは高等学校のいずれかの電気専門課程を卒業した人又はいずれかの電気専門課程を令和６年３月卒業見込みの人
⑤	保育士・幼稚園教諭	１０人	昭和４８年４月２日以降に生まれた人で、保育士資格及び幼稚園教諭免許の両方を有する人又は令和６年３月末日までに両方を取得見込みの人
⑥	保健師	３人	昭和５３年４月２日以降に生まれた人で、保健師免許を有する人又は令和６年３月末日までに取得見込みの人
⑦	臨床心理士又は公認心理師	１人	昭和５３年４月２日以降に生まれた人で、公益財団法人日本臨床心理士資格認定協会が認定する臨床心理士又は公認心理師資格を有する人
⑧	特別支援教育指導員	１人	昭和４３年４月２日以降に生まれた人で、教諭普通免許状（小学校、中学校、特別支援学校のいずれか）を有する人で、令和５年７月末時点において、特別支援教育の職務経験が５年以上ある人
⑨	一般事務職（障がい者対象）	３人	昭和６３年４月２日以降に生まれた人で、学校教育法による大学（短期大学を除く。）を卒業した人又は令和６年３月卒業見込みの人で、身体障害者手帳、療育手帳又は精神障害者保健福祉手帳のいずれかの交付を受けている人

（受験資格等に関する注意事項）

※１　「大学」には、専修学校の専門課程を卒業した人又は卒業する見込みの人で、高度専門士の称号を取得した人又は令和６年３月３１日までに取得する見込みの人（当該受験資格該当課程であることの証明が得られるものに限る。）を含みます。
※２　「短期大学」には、専修学校の専門課程を卒業した人又は卒業する見込みの人で、専門士の称号を取得した人又は令和６年３月３１日までに取得する見込みの人（当該受験資格該当課程であることの証明が得られるものに限る。）を含みます。
※３　高等学校卒業程度認定試験合格者は、高等学校卒業と同等に取り扱います。
※４　保育士・幼稚園教諭は、採用後、市立の保育所、幼稚園又は認定こども園のいずれかに配属する予定です。
※５　「職務経験年数」とは、民間企業等又は公務員等として、同一事業所に１週あたり３０時間以上継続勤務していた期間のことをいいます。
①　勤務時間は、就業規則・雇用契約等に規定されている時間で、残業等の時間は含めません。
②　職務経験が複数ある場合は、通算することができます。ただし、育児休業、休職等で休んでいた期間は通算できません。
※６　採用後、日本国籍を有しない人は、公権力の行使を伴う職及び市の意思形成に参画する職には任用されません。

◎全ての職種において国籍は問いませんが、次のいずれかに該当する者は受験できません。
（１）禁錮以上の刑に処せられ、その執行を終わるまで又はその執行を受けることがなくなるまでの者
（２）大和高田市の職員として懲戒免職の処分を受け、当該処分の日から２年を経過しない者
（３）日本国憲法又はその下に成立した政府を暴力で破壊することを主張する政党その他の団体を結成し、又はこれに加入した者
（４）その他、地方公務員法に定める欠格条項に該当する者
（５）日本国籍を有しない人で、在留資格において就職などが制限されている者

【障がいへの配慮について】
受験や採用後の職務遂行にあたり配慮を希望する人は、８月１４日（月）午後５時までに必ず人事課に電話でご連絡いただき、配慮希望申出書を提出してください。期日までにお電話がない場合は受験時の対応はできません。使用する器具等は各自で持参してください。
なお、内容によっては試験の実施上、配慮できない場合もあります。

2．受験手続・申込

（1）申込方法

職員採用試験申込に関する書類については、大和高田市ホームページからのダウンロードのみの対応となります。市役所内での配布は行いません。

以下の書類を、簡易書留郵便で郵送してください（封筒に「試験申込書在中」と朱書きのこと）。

職種番号・職種	提出書類
① 一般事務職 ② 情報処理技術職 ③ 土木職 ④ 電気職 ⑤ 保育士・幼稚園教諭 ⑥ 保健師 ⑦ 臨床心理士又は公認心理師 ⑧ 特別支援教育指導員 ⑨ 一般事務職（障がい者対象）	・大和高田市職員採用試験申込書 ・学歴及び職歴　＜追加用＞　※追加する場合のみ ・受験票 ・返信用定型封筒２通（長形３号：23.5cm×12cm） →２通ともに８４円切手を貼付し、自宅の郵便番号、住所、宛名を記入してください。 ・職務経歴書（②情報処理技術職及び⑧特別支援教育指導員のみ） ・身体障害者手帳、療育手帳又は精神障害者保健福祉手帳の写し（⑨一般事務（障がい者対象）の方） ・配慮希望申出書（⑨一般事務（障がい者対象）で配慮が必要な方）

＜注意事項＞

・提出書類は、受験者本人がボールペン等で記入してください（鉛筆、消せるボールペンは不可）。
・大和高田市職員採用試験申込書及び受験票には、申込前６ヶ月以内に撮影した同一の写真を貼ってください。
・申込受付期間末日（当日消印有効）後に郵送された場合には、受験申込の受付は行わず失格としますので、締切日には十分注意してください。

（2）申込期間・郵送先

令和５年８月１日（火）から令和５年８月１４日（月）まで（消印有効）

【宛　先】〒６３５－８５１１　大和高田市大字大中９８番地４
大和高田市役所企画政策部人事課内
「大和高田市職員採用試験委員会」

（3）受験票の交付

・受験票は、申込受付期間終了後、提出された返信用封筒により送付します。
・受験票が８月２９日（火）までに届かない場合、人事課まで必ずお問い合わせください。
・試験当日には、受験票を必ず持参してください。受験票は再発行いたしませんので、なくさないようにしてください。

3．試験日時・科目・会場等

（1）一般事務（障がい者対象）以外の職種

第１次試験

日程	科目	会場
令和５年９月１７日（日） 午前９時３０分から	教養試験 【全職種】一般事務（障がい者対象）は除く 専門試験 【③土木職、④電気職、⑤保育士・幼稚園教諭】	大和高田市立高田中学校

※第１次試験の専門試験を受験する人につきましては、各自昼食のご用意をお願いします。

※合否にかかわらず、本人に結果通知します。本市ホームページでも確認できます。

※試験内容や合否に関するお問い合わせについては、一切お答えできません。

※第１次試験会場

大和高田市立高田中学校

大和高田市大中東町５番４８号

大和高田市立高田中学校へお問い合わせはしないでください。

※第１次試験合格者には、指定する期日までに、下記の書類の提出を求めます。

- ◆ 最終学校卒業（見込）証明書　【全職種】一般事務（障がい者対象）は除く
- ◆ 資格証明書若しくは免許証の写し又は取得見込証明書（写し不可）
  【②情報処理技術職、⑤保育士・幼稚園教諭、⑥保健師、⑦臨床心理士又は公認心理師、⑧特別支援教育指導員】
- ◆ 職務経験年数を証明する在職証明書
  【②情報処理技術職、⑧特別支援教育指導員】

第２次試験（予定）

職場適応性検査【全職種】一般事務（障がい者対象）は除く

個人面接　　　【全職種】一般事務（障がい者対象）は除く

実技試験　　　【⑤保育士・幼稚園教諭のみ】

＜受験方法＞

試験日時・科目・会場等についての詳細は、第１次試験合格者に通知します。

※職場適応性検査（ＷＥＢ受検）について

日程：１０月２日（月）から１０月８日（日）までの７日間内に各自選択して受検してください。

<受検方法>

・受検案内メールを受信（１０月２日（月）に第１次試験合格者に配信）
受検に必要なＵＲＬや受検方法が記載されたメールを受け取り、ＷＥＢ適正検査のログインＩＤとパスワードを取得します。

※ibt-cloud.comのドメインから送信されるメールを受信できるよう設定してください。

※通信障害等による受検期間の延長は行いません。

※受検案内メールが届かない場合は、１０月３日（火）午後１時までに人事課まで必ずお問い合わせください。

第３次試験（予定）

個人面接　【全職種】一般事務（障がい者対象）は除く

<受験方法>

試験日時・科目・会場等についての詳細は、第２次試験合格者に通知します。

（2）一般事務（障がい者対象）

第１次試験

日程	科目	会場
令和５年１０月２２日（日） 午前８時３０分から	教養試験	大和高田市役所

※点字での出題が可能です。希望される方は８月１４日（月）午後５時までに人事課に連絡し、配慮希望申出書を提出してください。

※合否にかかわらず、本人に結果通知します。本市ホームページでも確認できます。

※試験内容や合否に関するお問い合わせについては、一切お答えできません。

※第１次試験会場

大和高田市役所
大和高田市大字大中９８番４　　ＴＥＬ：０７４５－２２－１１０１

※第１次試験合格者には、指定する期日までに、下記の書類の提出を求めます。

◆ 最終学校卒業（見込）証明書

第２次試験及び第３次試験（予定）

個人面接

<受験方法>

試験日時・科目・会場等についての詳細は、第１次試験合格者に通知します。

※職場適応性検査（ＷＥＢ受検）について

日程：１０月３１日（火）から１１月６日（月）までの７日間内に各自選択して受検してください。

<受検方法>

・受検案内メールを受信（１０月３１日（火）に配信）

受検に必要なＵＲＬや受検方法が記載されたメールを受け取り、ＷＥＢ適正検査のログインＩＤとパスワードを取得します。

※ibt-cloud.comのドメインから送信されるメールを受信できるよう設定してください。

※通信障害等による受検期間の延長は行いません。

※受検案内メールが届かない場合は、１１月１日（水）午後１時までに人事課まで必ずお問い合わせください。

４．採用の時期

（１）最終合格者は採用候補者名簿に登載し、次の区分により採用します。

・採用予定者　令和６年４月１日付けで採用します。

・補欠登録者　合格者等に欠員が生じた場合に繰り上げ採用の対象となります。

（２）採用候補者名簿の有効期間は、令和６年４月１日から令和７年３月３１日までです。

（３）最終合格者のうち、卒業見込みの人が令和６年３月末日までに卒業できなかった場合又は免許、資格若しくはその両方を取得見込みの人が、所定の時期までにこれを取得できなかった場合は、その時点で採用候補者名簿（採用予定者、補欠登録者）から抹消します。

５．試験結果の開示

試験の結果については、開示請求ができます。電話などによる開示請求はできませんので、受験者本人が、受験票と本人であることを証明する書類（運転免許証等）を持って、直接市役所人事課までお越しください。

区分試験	請求できる人	開示内容	開示期間及び開示場所
第１次試験 第２次試験 第３次試験	不合格者 （本人に限る）	総合得点 総合順位	不合格通知の日から起算して２週間 大和高田市役所　人事課

※開示時間は、土曜日、日曜日及び祝日を除く午前９時から午後５時までです。

６．給与について

・　令和５年４月１日現在の行政職給料表における初任給月額は、大卒１８５，２００円、短大卒１６７，１００円、高校卒１５４，６００円で、他に地域手当、扶養手当、住居手当、通勤手当、期末・勤勉手当等がそれぞれの条件に応じて支給されます。

ただし、現在、市の財政健全化に資することを目的に、一部手当については減額措置を講じています。

・　初任給は、採用前の経歴などに応じて加算されることがあります。

7．注意事項

・受験資格がない場合、提出書類に不正があった場合又はＷＥＢ検査で受験生本人以外が受検していた場合には、直ちに受験資格を取り消します。また、採用後において発覚した場合には、免職となることがあります。
・受験のために提出された一切の書類は返却しません。取得した個人情報については、今回の職員採用試験の実施のために用い、それ以外の目的には使用しません。また、個人情報の保護に関する法律及びその他関係法令に基づき、適正に管理します。
・使用されるパソコンや通信回線上の障害等によるトラブルについては一切責任を負いません。
・合格基準に満たない場合は、募集人数以下であっても不合格となります。
・棄権又は欠席したものが１つでもある場合は、それ以降の試験は受験できず、失格となります。
・自然災害等の社会情勢により試験の日程を変更する場合は、本市ホームページでお知らせします。

＜試験についての問い合わせ先＞

大和高田市役所　企画政策部人事課内

「大和高田市職員採用試験委員会」

電話　０７４５－２２－１１０１

大和高田市の自治体情報

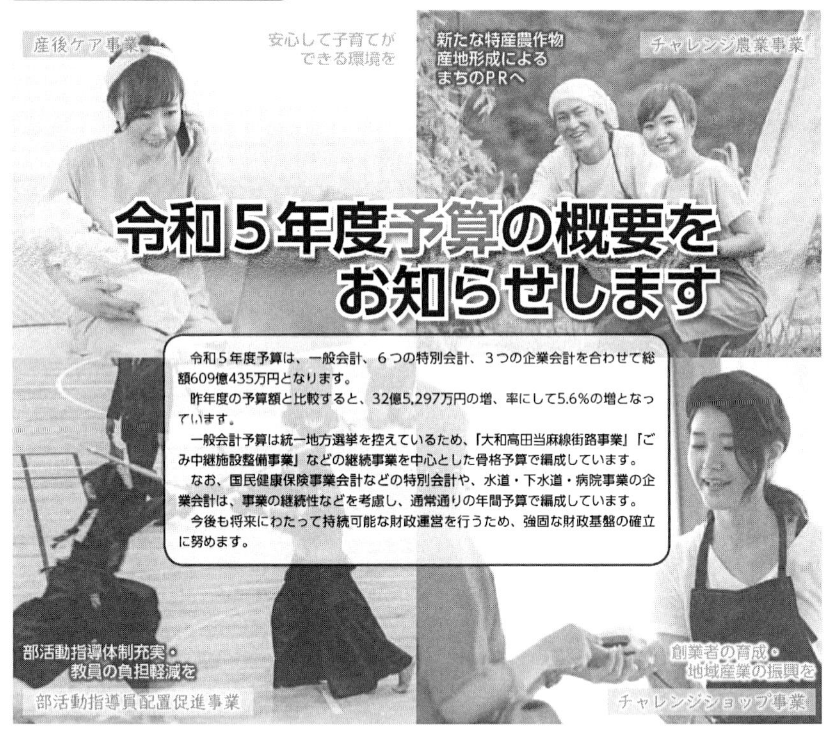

令和５年度予算は、一般会計、６つの特別会計、３つの企業会計を合わせて総額609億435万円となります。

昨年度の予算額と比較すると、32億5,297万円の増、率にして5.6%の増となっています。

一般会計予算は統一地方選挙を控えているため、「大和高田当麻線街路事業」「ごみ中継施設整備事業」などの継続事業を中心とした骨格予算で編成しています。

なお、国民健康保険事業会計などの特別会計や、水道・下水道・病院事業の企業会計は、事業の継続性などを考慮し、通常通りの年間予算で編成しています。

今後も将来にわたって持続可能な財政運営を行うため、強固な財政基盤の確立に努めます。

令和５年度の事業内容の一部を紹介します

●チャレンジショップ事業

市内で新たに店舗の開業を希望する人を対象に、商店街の空き店舗を活用したチャレンジショップを開設し、創業者の育成と市内商店街および地域産業の振興を図ります（10ページに出店者募集案内）。

●産後ケア事業

産後ケアを必要とする出産後１年を経過しない母子に対して、心身のケアや育児サポートなどを行い、安心して子育てができる環境づくりを目指します。

●チャレンジ農業事業

大和高田市の特産野菜５品目（きくな、こまつな、しろな、ほうれんそう、ねぎ）に続く新たな農作物産地形成を促進し、収益性の高い農業を実現することでまちのPRにつなげていきます。

●部活動指導員配置促進事業

市内各中学校の運動部に１名の部活動指導員を配置し、部活動の地域移行を進めることで、部活動の指導体制の充実および教員の負担軽減を図ります。

一般会計予算

歳入

291億9,000万0千円
対前年度10.7％増

総額
609億435万4千円

一般会計歳入予算

市の行政活動を支える市税収入は、主に個人市民税や固定資産税の増額により、市税収入全体で、前年度より1億3,900万円の増収を見込んでいます。

国の地方財政対策である地方交付税は、前年度より3億7,000万円の増収を見込んでいます。

また、建設事業にかかる市債においては、ごみ中継施設建設事業費の増などに伴い、11億4,600万円の増収となっています。

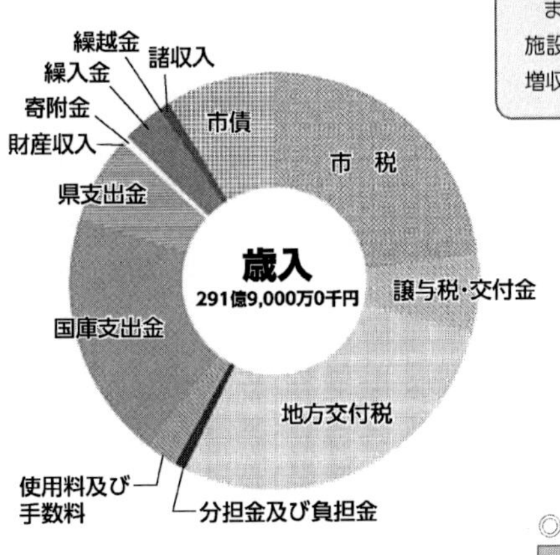

一般会計・特別会計・企業会計 合計表

一般会計		291億9,000万0千円
特別会計	国民健康保険事業	76億6,390万0千円
	国民健康保険天満診療所	1億1,610万0千円
	駐車場事業	2,040万0千円
	介護保険事業	73億3,720万0千円
	後期高齢者医療保険事業	11億9,980万0千円
	休日診療所	8,800万0千円
	小計	164億2,540万0千円
企業会計	水道事業	22億3,910万4千円
	下水道事業	33億5,103万8千円
	病院事業	96億9,881万2千円
	小計	152億8,895万4千円
	合計	609億 435万4千円
	対前年度	32億5,297万0千円（5.6％）増

◎一般会計予算（歳入）

歳入	予算額	構成比（％）	対前年度増減率（％）
市税	67億6,600万0千円	23.2	2.1
譲与税・交付金	18億 630万0千円	6.2	4.0
地方交付税	81億6,000万0千円	28.0	4.7
分担金及び負担金	2億7,317万4千円	0.9	1.0
使用料及び手数料	7億2,782万7千円	2.5	△ 1.7
国庫支出金	56億6,804万4千円	19.4	9.0
県支出金	18億9,484万8千円	6.5	1.8
財産収入	1,456万6千円	0.0	0.0
寄附金	2億0,000万0千円	0.7	19,999,900.0
繰入金	9億7,843万1千円	3.4	58.3
繰越金	0千円	0.0	0.0
諸収入	2億4,671万0千円	0.8	14.9
市債	24億5,410万0千円	8.4	87.6
（内訳）臨時財政対策債	1億3,280万0千円	0.5	△ 84.3
（内訳）借換債	2億6,780万0千円	0.9	1025.2
（内訳）事業債	20億5,350万0千円	7.0	370.2
計	291億9,000万0千円	100.0	10.7

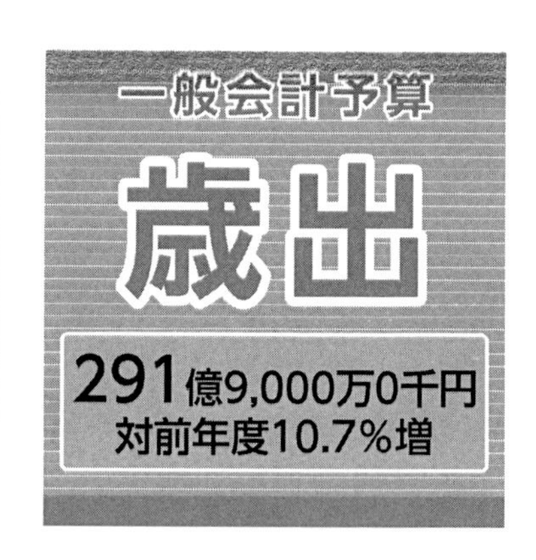

一般会計歳出予算

義務的経費（支出が法令等において義務付けられ、任意に縮減できない経費）では、公債費において、借換債を除く元利償還金で、１億100万円の減額となりました。一方、人件費においては、退職手当の減少などにより、前年度比で５億2,000万円の減額となりました。

また、投資的経費では、大和高田当麻線街路事業などの継続事業を予算計上し、ごみ中継施設建設事業費や東中２丁目雨水貯留施設整備事業費などの増に伴い、205.9%増の25億5,300万円となりました。

新年度についても、更なる市政の発展のため、魅力あるまちづくりや市民生活に密着する行政サービスの充実を図ります。

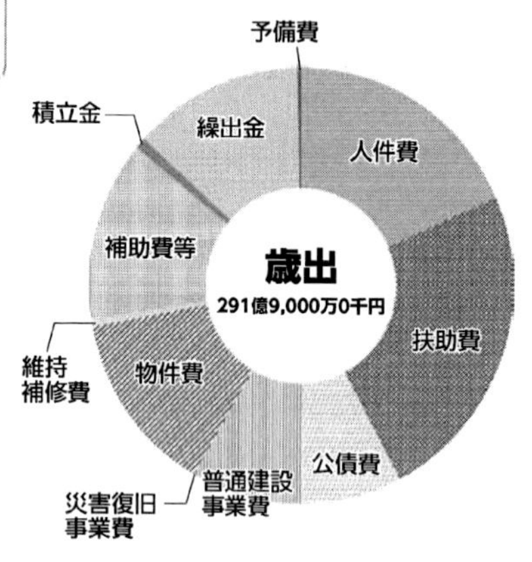

令和５年度の主な事業

認め合い、高め合う人が輝くまちづくり	国際交流の推進	290万円
子どもたちの笑顔あふれるまちづくり	スクールサポートスタッフの配置	780万円
	学習指導員の配置	2,220万円
	(新)部活動指導員の配置	120万円
	外国人講師派遣事業	2,180万円
	児童生徒派遣費補助金	60万円
	乳幼児及び子ども医療助成事業	1億1,860万円
健康でいきいきと暮らせるまちづくり	特別スポーツ教室への支援	110万円
	若者のための居場所の設置・運営	140万円
	二次救急輪番制の実施（葛城地区二次救急負担金）	1,050万円
	(新)新生児聴覚検査助成事業	170万円
	(新)産後ケア事業	560万円
活気あふれるにぎわいのまちづくり	ビジネスサポートセンター運営事業の充実	1,800万円
	融資制度の充実（商工業・農業）	3,010万円
	観光の振興	730万円
	(新)チャレンジ農業事業	140万円
	(新)チャレンジショップ事業	140万円
安心して暮らせる快適のまちづくり	旧庁舎跡地活用事業	1,880万円
	高齢者特殊詐欺等防止対策事業	100万円
	コミュニティバス「きぼう号」の運行	7,730万円
	(新)大和高田市地球温暖化対策実行計画策定支援業務	390万円
	(新)材木町市営墓地現況図及び管理資料作成業務	490万円
	野良猫と人との共生推進事業	180万円
	広域化による新ごみ処理施設の建設	8億2,090万円
	ごみ中継施設建設事業（R2～R6）	12億8,270万円
	東中2丁目雨水貯留施設整備事業（R3～R6）	2億7,090万円
自立と協働のまちづくり	ふるさと納税の推進	9,440 万円
	内部統制制度の導入（R4～R5）	110 万円

◎一般会計予算（歳出）

歳出	予算額	構成比(%)	対前年度増減率(%)
人件費	54億　362万0千円	18.5	△ 8.8
扶助費	69億2,362万3千円	23.7	3.2
公債費	21億9,180万7千円	7.5	7.0
普通建設事業費	25億5,296万7千円	8.7	205.9
災害復旧事業費	3千円	0.0	0.0
物件費	39億8,400万8千円	13.7	2.5
維持補修費	1億7,157万4千円	0.6	5.7
補助費等	38億5,543万4千円	13.2	18.9
積立金	3億　90万7千円	1.0	4051.6
繰出金	37億8,605万7千円	13.0	6.8
予備費	2,000万0千円	0.1	0.0
計	291億9,000万0千円	100.0	10.7

問 財政課（内線 4230）

「広報やまとたかだ　2023年４月号」より抜粋

第１章　大和高田市まちづくりの指針

１　策定の背景と目的

市区町村においては、これまで地方自治法により、総合計画を構成する基本要素である「基本構想」を策定することが義務付けられていました。

これに基づき、本市でも、市の最上位計画として位置付けられた長期的・総合的な市政運営の指針として、これまで４次にわたって「大和高田市総合計画」を策定してきました。

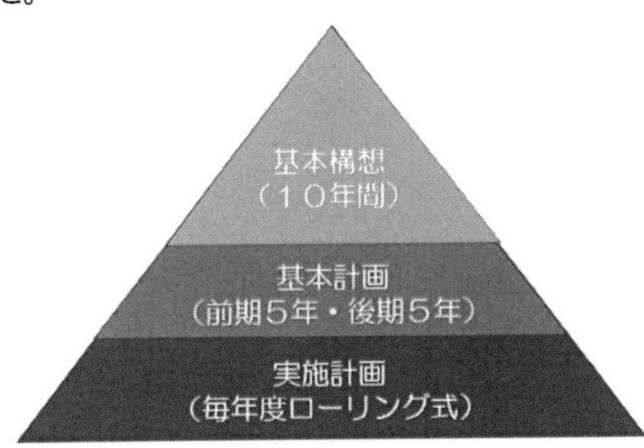

一般的な総合計画がそうであるように、本市の「総合計画」についても、１０年の基本構想（前期基本計画５年、後期基本計画５年）を基に、これに関連する全ての政策・施策を網羅的に記述したものであることから、記載内容のボリュームが非常に大きく、ポイントが分かりづらい、策定自体にかなりの労力やコストを要してしまう、計画期間が長期に及ぶため、急激な社会情勢の変化に対応した見直しが困難であるといった課題が生じていました。

このような総合計画の抱える課題が明らかになっていく中で、国の地方分権改革の推進の下、２０１１年（平成２３年）に地方自治法の一部を改正する法律が施行され、「基本構想」の策定義務がなくなり、「基本構想」を策定するかどうかは市町村の判断に委ねられることとなりました。

近年の多様化する市民ニーズや社会情勢の急激な変化に対応するため、現在の市政は、各行政分野において、様々な個別計画が策定され、計画的な行政運営がなされています。個別計画は、策定の根拠となる法律や目的、計画期間に違いはありますが、総合計画に位置付けられた施策に沿って策定され、総合計画を補完する計画となっています。

「第４次大和高田市総合計画」の計画期間（２００８年度（平成２０年度）～２０１７年度（平成２９年度）※平成３０年～令和元年度の２年間計画踏襲）が満了するため、次期計画を策定するに当たり、市民に分かりやすく、急激な社会情勢の変化にも柔軟に対応できる計画にするためにはどうすればよいか、検討を行いました。

その結果、従来の総合計画に代え、以下の点を踏まえた「大和高田市まちづくりの指針」を策定することとしました。
①網羅的・全体的な計画ではなく、本市が抱える課題の重要性・緊急性を踏まえつつ、重点的に行わなければならない施策を明らかにすることで、メリハリをつける。
②計画期間を全体で８年の計画にする。また、市長任期に合わせ４年後に計画の見直しをする。
※市長任期の１年目に指針の見直し・改定、新指針の作成を行うことで、計画期間に切れ目が生じないようにします。

２　「大和高田市まちづくりの指針」の構成

「大和高田市まちづくりの指針」は、２０２７年度（令和９年度）を目標とした目指すべき都市の将来像（以下「将来都市像」という。）とそれを実現するために取り組まなければならない基本目標、基本目標を実現するために重点的に取り組む重点施策で構成し、「大和高田市まちづくりの指針本編」とします。

重点施策に基づく個別事業を重点事業とし、重点施策以外の個別事業を基本事業と位置付け、それぞれ別冊の「重点事業集」、「基本事業集」として整理します。

また、本市の各行政分野における個別計画は、「大和高田市まちづくりの指針」を補完する分野別の計画として扱うこととします。

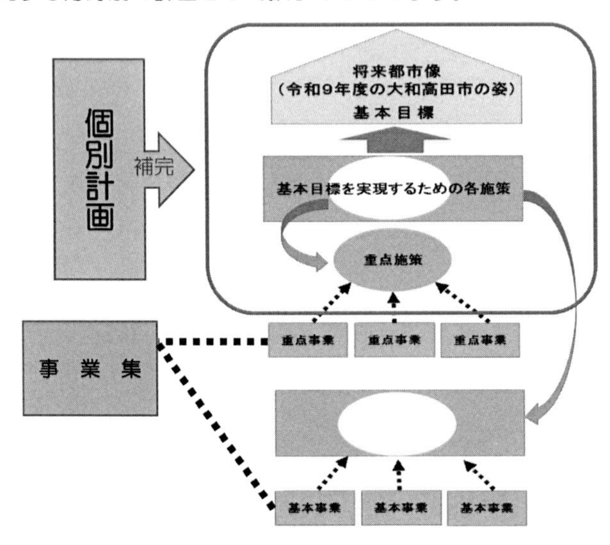

3　「大和高田市まちづくりの指針」の計画期間

「大和高田市まちづくりの指針」の計画期間は、２０２０年度（令和２年度）から２０２７年度（令和９年度）までの８年間とします。このうち、最初の４年間を前期期間とし、２０２３年度（令和５年度）に重点施策の見直しなどの改定を行います。

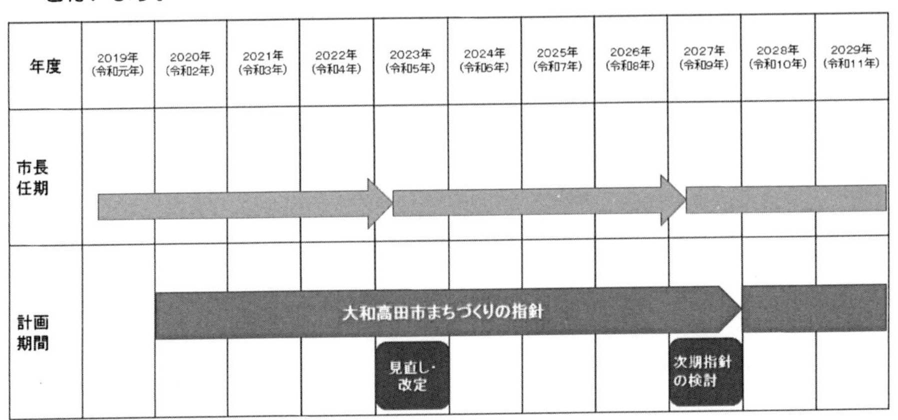

4　将来都市像実現への取組

「大和高田市まちづくりの指針」においては、将来都市像を実現するために基本目標を設定し、さらに基本目標を実現するために重点施策を位置付けています。この重点施策の進捗状況を検証するため、行政評価システムによる施策評価を行います。

また、重点施策を実現するために行う重点事業についても、事務事業評価を行うことで、重点施策の進捗管理及び重点施策の目的達成への貢献度合いを評価します。

基本目標を実現するため大きな役割を担う手段が重点施策であり、重点施策の評価をすることで、基本目標の進捗状況を把握し、改善を図ることに役立てることができます。また、重点施策の施策目的を実現するための手段が重点事業ですので、重点事業を評価することで、重点施策目的の達成状況や重点事業の重点施策への貢献度合いを把握し、事業の改善（実施方法の変更、予算の重点化、予算の減額）を効率よく行うことが出来ます。

基本事業については、重点施策に位置付けられているものではありませんが、基本目標を実現するために必要な事業ですので、基本事業の事業目的の達成度合いを把握し、事業の改善を図るため、同様に事務事業評価を行います。

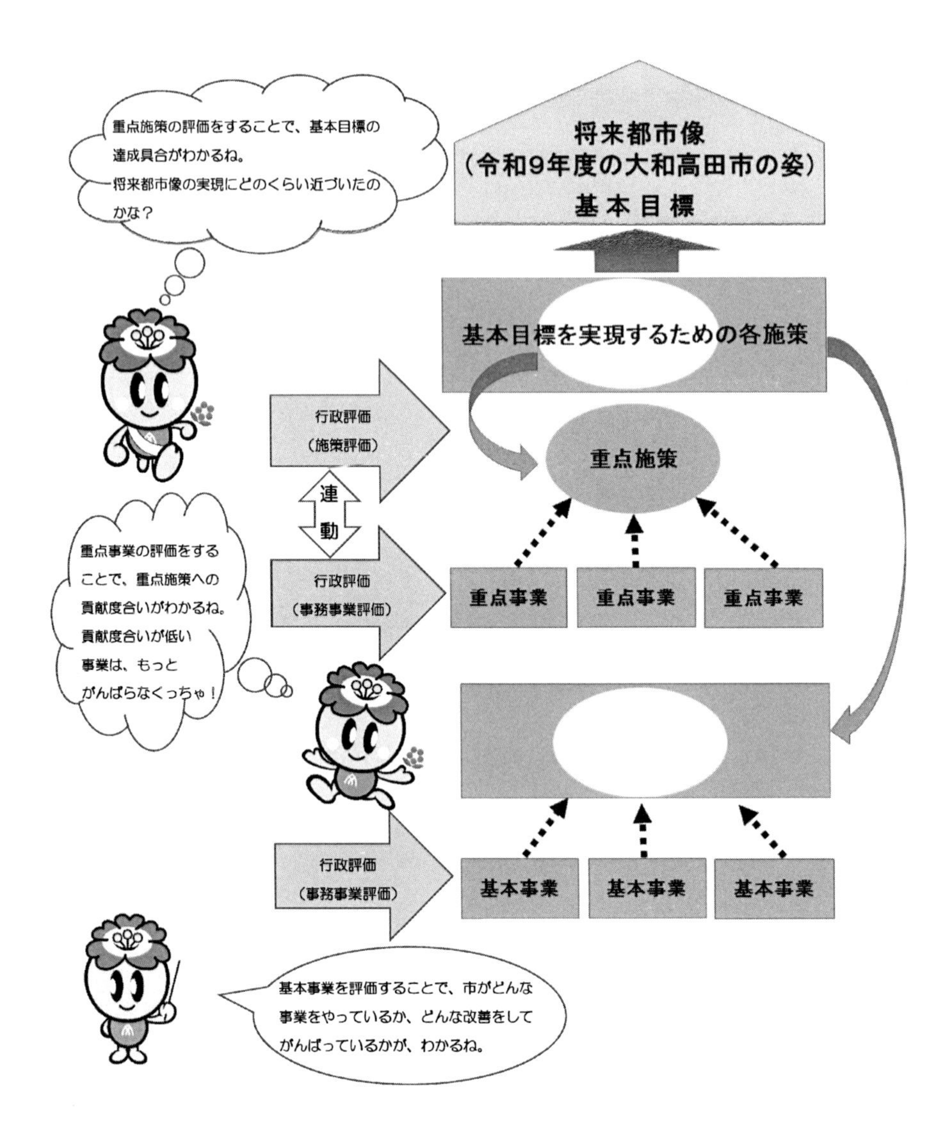
将来都市像
（令和9年度の大和高田市の姿）
基本目標
基本目標を実現するための各施策
重点施策
重点事業
重点事業
重点事業
基本事業
基本事業
基本事業
行政評価
（施策評価）
連
動
行政評価
（事務事業評価）
行政評価
（事務事業評価）
重点施策の評価をすることで、基本目標の達成具合がわかるね。将来都市像の実現にどのくらい近づいたのかな？
重点事業の評価をすることで、重点施策への貢献度合いがわかるね。貢献度合いが低い事業は、もっとがんばらなくっちゃ！
基本事業を評価することで、市がどんな事業をやっているか、どんな改善をしてがんばっているかが、わかるね。

第2章　将来都市像と基本目標

1　社会環境の変化

（1）人口減少と少子高齢化の進展

我が国の総人口は、２００８年（平成２０年）をピークに減少が続いており、２０１８年（平成３０年）１０月１日現在の人口推計[10]では、１億2，６４４万3千人で、前年に比べ２６万３千人の減少となっています。６５歳以上の高齢者人口は3，５７７万8千人で、老年人口割合（６５歳以上人口）は２８．１%と過去最高を記録しています。

また、合計特殊出生率は、２００５年（平成１７年）に1．２６まで落ち込んだ後、２０１５年（平成２７年）には1．４５まで回復しましたが、２０１８年（平成３０年）には1．４２となっています。年間出生数は２０１４年（平成２6年）の１００万4千人から２０１８年（平成３０年）には９１万8千人となっており、年間出生数の減少が続いています。

前述したように本市の人口は、１９９５年（平成7年）に７３，８０６人でピークを迎え、その後、緩やかに減少を続けています。２０１８年（平成３０年）１０月１日現在の奈良県の人口推計調査では、６２，４８９人、６５歳以上の高齢者人口は１９，１３８人で、老年人口割合（６５歳以上人口）は、３０．６７%となっています。２０１４年（平成２６年）の合計特殊出生率は、１．０６、年間出生数は、３９３人、２０１８年（平成３０年）の合計特殊出生率は１．０８、年間出生数は３３９人となっており、全国的な人口減少と少子高齢化の進展が、本市ではより顕著に表れています。

（2）経済社会の変化

近年の雇用情勢を見ると、完全失業率の改善が進んでおり、有効求人倍率は、２０１８年度（平成３０年度）平均で１．６２倍（厚生労働省「一般職業紹介状況」）となっています。

一方で、人口減少と少子高齢化の進展は、経済環境にも多大な影響を与えています。地域間で、消費活動や生産活動にばらつきが生じ、東京圏とその他の地域との間に格差が生じています。また、人口減少と少子高齢化の進展が続くことにより、労働力の供給が停滞することで、地域経済が更に悪化する可能性もあります。企業数において大多数を占め、また、地域経済の中核を担う中小企業においても、大企業と比べて人手不足感が高まってきています。

我が国の全体の経済は緩やかに回復していますが、働き世代の人口減少が続くのは確実であり、働き手の確保が課題となっています。

---

[10]**人口推計**：総務省が、国勢調査による人口を基に、その後における各月の人口の動きを他の人口関連資料から得て、毎月１日現在の人口を算出し、公表している統計のこと。

大和高田公共職業安定所管内の有効求人倍率は、２０１８年度（平成３０年度）平均で１．２２倍となっており、経済回復の効果は、十分に波及していません。

このような状況の中IoT[11]、ビッグデータ[12]、AI（人工知能）[13]の活用などの技術革新が急速な進展をみせており、こうした技術を産業や日常の生活に組み入れることで経済発展と働き手の不足などの社会的課題を両立して解決する社会「Society5.0」の実現や、人生１００年時代を迎えるに当たり、高齢者から若者まで全ての人が活躍できる社会を構築するために、働きたいと思う人が働ける場所の創出が求められています。

（３）安心・安全が重視される社会

災害は、生命・身体・財産に大きな被害をもたらします。地震災害については、２０１１年（平成２３年）の東北地方太平洋沖地震や２０１６年（平成２８年）の熊本地震、２０１８年（平成３０年）の大阪北部地震や北海道胆振東部地震など、大規模地震が相次いで発生しました。また、南海トラフ地震など、巨大地震の発生も危惧されています。

加えて、２０１５年（平成２７年）の関東・東北豪雨や２０１８年（平成３０年）の西日本豪雨、２０１９年（令和元年）に発生した台風１９号による豪雨など、台風や局所的な大雨などによる豪雨災害も頻発しており、大規模な災害に対する国民の不安は高まっています。

また、我が国の刑法犯認知件数は減少傾向にありますが、特殊詐欺（振り込め詐欺など）やサイバー犯罪、インターネット上のトラブルなど、犯罪の手口は多様化・高度化しています。

高齢者や子どもをターゲットにした犯罪も頻発しており、対策が強く求められています。

（４）地球環境問題への対策

地球環境問題の深刻化に伴い世界規模での対策が求められる中、２０１５年（平成２７年）に開催された気候変動枠組条約第２１回締結国会議（COP２１）においてパリ協定が採択されました。パリ協定は、歴史上初めて先進国・開発途上国の区別なく気候変動対策の行動をとることを義務付けた歴史的合意として、公平かつ実効的な気候変動対策のための協定となっており、２０１６年（平成２８年）に発効されました。

---

[11] IoT：Internet of Thingsの略。自動車、家電、ロボット、施設などのあらゆるモノがインターネットにつながり、新たな付加価値を生み出すというもの。
[12] ビッグデータ：スマートフォンなどを通じた位置情報や行動履歴、インターネットやテレビでの視聴・消費行動などに関する情報、また小型化したセンサーなどから得られる膨大なデータというような巨大なデータ群。
[13] AI（人工知能）：Artificial Intelligenceの略。知的な機械、特に、知的なコンピュータプログラムを作る科学と技術。

環境問題への対策は、地球に住む一人ひとりが行わなければならず、その機運も高まっています。

（5）持続可能な開発目標（SDGs）

２０１５年（平成２７年）９月の国連サミットにて採択された「持続可能な開発のための２０３０アジェンダ」にて、２０１６年から２０３０年までの国際目標として、持続可能な開発目標（SDGs）が記載されました。

SDGs は、持続可能な世界を実現するための１７のゴール・１６９のターゲットから構成され、地球上の誰一人として取り残さないことを誓っています。我が国も、２０１６年に内閣総理大臣を本部長、全閣僚を構成員とする持続可能な開発目標（SDGs）推進本部を設置し、取組を推進しており、地方公共団体においても、この取組に参加・推進していくことが求められています。

（6）高度情報化社会の発展

ICT[14]などの情報通信技術の急速な発展は、市民の日常生活の利便性を向上させ、また、行政サービスの高度化にも貢献してきました。

SNS[15]といったソーシャルメディアの利用も広がりを見せ、人々のコミュニケーション手段の多様化も進んでいます。

---

[14] ICT：Information and Communication Technology の略。情報通信技術のこと。
[15] SNS：Social Networking Service の略。登録された利用者同士が交流できる Web サービスサイトの会員制サービスのこと。

一方で、個人情報の流出などを防止する情報セキュリティの強化やICTを活用できる人と活用できない人との格差をどのように解消していくのかなどの課題もあります。

（7）公共施設の老朽化と更新費用の増大

高度経済成長期に大量に整備された公共施設や道路、橋りょう、上水道などのインフラ資産が、今後一斉に更新時期を迎え、莫大な費用が必要となります。

一方で、国と地方公共団体の税収は、今後も人口減少や少子高齢化が進むことにより、大幅な増加は見込めず、高齢化の進展に伴う社会保障費が増加していくことが見込まれる状況であり、公共施設などの老朽化対策には、財源の確保が重要な課題となっています。

２　将来都市像

（1）目指すべき都市の将来像

本市の現状と見通し、今日の本市を取り巻く社会環境の変化を踏まえ、今後８年間で本市が目指すべき都市の将来像を

「笑顔の花咲くまち　大和高田 ～みんなで奏でる幸せのハーモニー～」

と定めます。

本章の１においても記載していますが、人口減少や少子高齢化の進展、経済社会情勢の変化、安心・安全への意識の高まりなど、本市を取り巻く環境は、「第４次総合計画」策定当時と比べ、大きく変化しました。

また、将来を見据えた際には、２０２５年（令和７年）の大阪・関西万博開催や早ければ２０３７年（令和１９年）頃を予定されているリニア中央新幹線大阪延伸、AI（人工知能）の活用などIoT技術のさらなる進展など、本市にあらたな変化をもたらす可能性のある機会が数多く存在します。

これらに適切・柔軟に対応しながら、先人たちから受け継がれてきた土台の上に、「みんなが笑顔になる、みんなが笑顔で暮らせる」、そんなまちを築いていきたいと考えます。

将来都市像

「笑顔の花咲くまち　大和高田」

～みんなで奏でる幸せのハーモニー～

（2）基本目標

将来都市像を実現するため、次の６つの基本目標を定めます。

①認め合い、高め合う　人が輝くまちづくり

・人権を尊重する社会の実現及び平和を願う市民意識の醸成

人権が尊重される明るく豊かな地域社会を実現するため、一人ひとりが人権を尊重する意識を持ち、自分の人権だけでなく、他人の人権も思いやるまちづくりを進めます。また、人々が笑顔でいるためには、何よりも平和な社会が必要です。１９８５年（昭和６０年）に採択した「非核・平和都市宣言」の精神に基づき、平和を願う市民意識の醸成に努めます。

・生涯学習機会の充実・文化活動の推進・スポーツ環境の整備

市民が心豊かで生きがいを持って、よりよい人生を過ごせるように、生涯にわたって自らの人生デザインがふくらむ生涯学習機会の充実を図ります。

また、地域に伝わる伝統行事や歴史財産を守り、継承するとともに、人々に感動・誇りや生きる喜びをもたらす活動を推進し、郷土愛にあふれる未来へのまちづくり・人づくりに取り組みます。

さらに、市民が健康でいきいきと暮らせるよう、生涯スポーツの啓発、環境の整備に取り組みます。

・国際交流の推進及び国際化社会への対応

国際化が進展する中、日本人と外国人が相互理解を深め、多様な文化との交流による国際理解、世界的な視野を持つ人材の育成に努めるとともに、外国人が暮らしやすく、活動しやすい環境の整備を推進します。

②子どもたちの笑顔あふれるまちづくり

・教育環境の充実

未来を担う子どもたちが健やかに成長していくことができるよう、確かな学力、豊かな人間性やたくましい心身の育成など、知・徳・体のバランスのとれた教育の実現に取り組みます。

・子育て支援体制の充実

すべての子どもの命が守られ、もって生まれた能力を充分に伸ばして成長し、「子どもの最善の利益」が実現されるよう、多様化する価値観、ニーズに応じた子育て支援サービス（保育サービス、子育て家庭に対するサービスなど）を充実させ、安心して子育てができる環境づくりを推進します。

③健康でいきいきと暮らせるまちづくり

・医療体制の整備・健康づくり事業の推進

安心・安全な医療を提供できる体制の構築に取り組むとともに医療・保健・福祉分野の連携を含めた疾病予防対策や保健サービスの充実、地域ぐるみでの健康づくり事業の展開に努めます。

・地域福祉の推進

地域福祉推進の主体である地域住民などの参加を得て、地域生活課題を明らかにするとともに、その解決のために必要となる施策の内容などについて、庁内関係部局はもとより、多様な関係機関や、専門職も含めて協議の上、すでにある他の計画を踏まえた「大和高田市地域福祉計画」を策定し、地域福祉の推進に向けた取組を進めます。

④活気あふれるにぎわいのまちづくり

・地域産業の振興

定住人口の確保やまちのにぎわいを創出していくため、地域産業の振興や地元雇用の創出に努めます。

・農業の振興

農業者の高齢化や後継者不足などの問題が進行する中、担い手の育成、農業法人の育成、遊休農地の発生防止などに対する対策を講じます。

・観光の振興

観光への取組を通して、既存資源の整備や再確認、新たな資源の創出などに取り組み、交流人口の拡大に努めます。

⑤安心して暮らせる快適のまちづくり

・持続可能なまちづくりの推進

先人たちが進めてきた自然・歴史・文化環境整備と定住環境の整備を継承するとともに、中心市街地と生活拠点を結ぶ交通ネットワークの形成、再構築に努め、コンパクトで利便性の高いまちの維持・発展を図り、人口減少・少子高齢社会においても、だれもが安心して暮らし続けることができるまちづくりを進めます。

・都市基盤の整備

市民に身近な生活道路や市内の交通ネットワーク形成に必要な都市計画道路の整備など、まちの拠点的な基盤整備に取り組みます。

また、安心で安全な水の安定供給、快適な生活環境づくりを目指して、上下水道事業の充実に取り組みます。

・生活環境の整備と充実

安心して暮らせる住環境づくりに努めるとともに、空き家などの予防・抑制・適正管理を目指した取組を推進します。

また、生活に潤いや安らぎをもたらし、地域への愛着の心を育むことができるよう、公園整備や緑化の推進などに取り組みます。

さらに、都市環境の保全や美化推進、廃棄物処理対策に取り組み、生活環境の整備・充実に努めます。

・安全で災害に強いまちづくりの推進

交通安全及び防犯対策に取り組み、安全な市民生活の実現を目指します。

また、近年、大型台風の襲来やゲリラ豪雨が多発し、南海トラフ巨大地震の発生も懸念されており、防災、減災への対策は急務です。危機管理体制の強化や危機管理意識の高揚に努めるとともに、防災対策も踏まえた安心して暮らせるまちづくりを進めます。

⑥自立と協働のまちづくり

・財政基盤の確立

直面する人口減少局面においても、自立した行財政運営を進めていくことができるよう、安定した財政基盤の確立に向けた取り組みに努めます。

・効率的な行政運営の推進

めざましい進展が続く IoT の活用研究などを進め、効率的な行財政運営のあり方について検討を進めます。

また、広域行政や地域間連携の拡充についての検討を行い、効率的で効果的な行政サービスの提供に取り組みます。

加えて、各種の施策を効果的に進めていくためには、職員自身が意識を高めていくことも欠かすことができません。人口減少社会にあって、今後もさらに高度化・多様化する市民ニーズに的確に対応するための高い職務遂行能力を身につけることはもちろん、チャレンジ精神を持ち、常に前向きに行動できる職員の育成に取り組みます。

・市民参画による協働のまちづくりの推進

市民活動やコミュニティの強化・支援を推進し、人口減少社会においても、持続可能な市民主体の地域づくりに取り組みます。

第４章　重点施策

１　重点課題の考え方と重点施策の設定

住民に信頼される行政を展開するには、地方公共団体は、現状や政策課題を迅速かつ的確に把握することが必要です。

本市においても、前章に述べた類似団体比較、市民ワークショップ、職員ワーキング、市民アンケートなどで得られたデータを基に、様々な意見・価値観を取り入れながら、迅速性と多様なニーズに充分配慮し、多角的・総合的に判断した上で、将来都市像を実現するための６つの基本目標から、４つの重点課題を抽出し、今後４年間に特に注力する重点施策の設定を行います。

～今後４年間の重点施策～

- **医療・保健・福祉の充実**
- **若者世代・子育て世代が住みよいまちづくり**
- **災害に強いまちづくり**
- **産業の活性化**

医療・保健・福祉の充実

２０１８年（平成３０年）１０月１日現在、本市の老年人口割合（６５歳以上人口）は、３０．６７％となっていますが、人口減少と少子高齢化の進展に伴い、２０４５年（令和２７年）には４６．８％にまで上昇するものと推計されています。今後さらに加速する高齢化に適切に対応できるよう、医療・保健・福祉施策の推進に取り組みます。

（施策の例）

・地域医療体制の充実

・健康づくり・保健活動の充実

・地域共生社会の推進　など

若者世代・子育て世代が住みよいまちづくり

子育て環境の充実を図り、子育て世帯が働きやすく、安心して子どもを生み、育てられるまちを目指します。また、心豊かにたくましく学び、生きる子どもを地域全体で育むとともに、生涯にわたり学ぶことのできるまちを目指します。

（施策の例）

- 就学前教育の充実
- 保育サービスの充実
- 時代に即した教育の推進
- 総合的な子育て支援施策の展開　など

災害に強いまちづくり

生命・身体・財産に大きな被害をもたらす災害への対策については、市民ワークショップや市民・中学生アンケートからも、その関心の高さがうかがえます。市民一人ひとりが安心して暮らせるよう、災害に強いまちづくりを進めます。

（施策の例）

- 防災対策の推進
- 道路交通体系の充実　など

産業の活性化

これからの人口減少時代に対応し、持続可能な地域社会を創り出していくためには、地域産業の振興が重要な課題となります。産業の活性化に取り組み、本市における雇用の創出や労働人口の拡大を目指します。

（施策の例）

- 事業継承の推進
- 地元雇用の確保
- 農業法人の育成と遊休農地の発生防止　など

「大和高田市まちづくりの指針」より抜粋

大和高田市人事行政の運営等の状況

目次

１．職員の任免及び職員数に関する状況
２．職員の勤務時間その他の勤務条件の状況
３．職員の分限処分及び懲戒処分の状況
４．職員の服務の状況
５．職員の退職管理の状況
６．職員の研修及び人事評価の状況
７．職員の福祉及び利益の保護の状況
８．公平委員会の業務の状況

1. 職員の任免及び職員数に関する状況

(1) 職員の総数

（各年４月１日現在）

	Ｒ４年	Ｒ３年
条例定数	１，３４８人	１，３４８人
職員数	１，１４９人	１，１４０人

※特別職を除く

※上記の職員数は会計年度任用職員以外の職員数です
　フルタイム勤務の会計年度任用職員の人数は３２９人です

(2) 職員の平均年齢

（各年４月１日現在）

	Ｒ４年	Ｒ３年
平均年齢	４０歳８月	４１歳３月

(3) 採用者の状況

①採用方法

採用方法は、試験による採用と選考による採用とがあります。

②実施状況

（令和３年度実施分）

	試 験	選 考	計
一般行政職	４７	４	５１
教 育 職	２	３	５
医 療 職	３９	８	４７
計	８８	１５	１０３

(4) 退職者の状況

（令和３年度）

	定 年	定年前早期退職	自己都合	その他	計
一般行政職	６	３	３３		４２
技能労務職	１		２		３
教 育 職	２		１		３
医 療 職	２	２	３３		３７
計	１１	５	６９		８６

(5) 再任用の状況

再任用とは、高齢者の知識・経験を有効に活用するとともに、年金制度の改正にあわせ、６０歳代前半の雇用と年金の連携により定年退職者の生活を支えるため再雇用する制度です。令和３年度の再任用職員数は４０名です。

(6) 公益法人、営利法人等への派遣の状況

公益法人等のうち、その業務が大和高田市の事務・事業と密接な関連を有し、施策推進を図るため人的援助が必要なものや、大和高田市が出資している株式会社のうち、その業務が公益の増進に寄与するとともに、地方公共団体の事務・事業と密接な関連を有し、施策推進を図るため人的援助が必要なものについて、職員を派遣しており、令和３年度は２名です。

(7) 障害者の任用状況

障害者の雇用につきましては、障害者の雇用の促進等に関する法律により、障害者雇用率が定められています。法定雇用率及び令和４年６月現在における本市の雇用率は次のとおりです。

令和４年度の法定雇用率 ２．５％ 大和高田市の雇用率 ２．６％（法定雇用障害者数は ０人）

2．職員の勤務時間その他の勤務条件の状況

(1)　職員の勤務条件、休憩・休息時間の概要（令和４年４月１日現在）
職員の勤務時間は、一部の施設等を除き、８時３０分から１７時１５分までの１日７時間４５分、週３８時間４５分です。このうち１時間の休憩時間があります。

(2)　職員の年次休暇の概要と取得状況
労働基準法の規定に従い、原則として１年に２０日の有給休暇が与えられます。

令和3年（1月1日～１２月３１日）の平均取得日数　９．６日

(3)　特別休暇等の概要
年次有給休暇以外にも、特別な事由に該当する場合は、特別休暇等が認められます。

特別休暇を与える場合	期間
（１）　職員が選挙権その他公民としての権利を行使する場合で、その勤務しないことがやむを得ないと認められるとき。	必要と認められる期間
（２）　職員が証人、鑑定人、参考人等として国会、裁判所、地方公共団体の議会その他官公署へ出頭する場合で、その勤務しないことがやむを得ないと認められるとき。	必要と認められる期間
（３）　職員が骨髄移植のための骨髄若しくは末梢血幹細胞移植のための末梢血幹細胞の提供希望者としてその登録を実施する者に対して登録の申出を行い、又は配偶者、父母、子及び兄弟姉妹以外の者に、骨髄移植のため骨髄若しくは末梢血幹細胞移植のため末梢血幹細胞を提供する場合で、当該申出又は提供に伴い必要な検査、入院等のため勤務しないことがやむを得ないと認めるとき。	必要と認められる期間
（４）　職員が自発的に、かつ、報酬を得ないで次に掲げる社会に貢献する活動（専ら親族に対する支援となる活動を除く。）を行う場合で、その勤務しないことが相当であると認められるとき。 イ　地震、暴風雨、噴火等により相当規模の災害が発生した被災地又はその周辺の地域における生活関連物資の配布その他の被災者を支援する活動 ロ　障害者支援施設、特別養護老人ホームその他の主として身体上若しくは精神上の障害がある	１の年において５日の範囲内の期間

者又は負傷し、若しくは疾病にかかった者に対して必要な措置を講ずることを目的とする施設であって市長が定めるものにおける活動 ハ　イ及びロに掲げる活動のほか、身体上若しくは精神上の障害、負傷又は疾病により常態として日常生活を営むのに支障がある者の介護その他の日常生活を支援する活動	
(5)　職員が結婚する場合で、結婚式、旅行その他の結婚に伴い必要と認められる行事等のため勤務しない事が相当であると認められるとき。	市長が定める期間内における連続する5日の範囲内の期間
(5)の2　職員が不妊治療に係る通院等のため勤務しないことが相当であると認められる場合	1の年において5日（当該通院等が体外受精その他の市長が定める不妊治療に係るものである場合にあっては、10日）の範囲内の期間
(6)　6週間（多胎妊娠の場合にあっては、14週間）以内に出産する予定である女子職員が申し出た場合	出産の日までの申し出た期間
(7)　女子職員が出産した場合	出産の日の翌日から8週間を経過する日までの期間（産後6週間を経過した女子職員が就業を申し出た場合において医師が支障がないと認めた業務に就く期間を除く。）
(8)　生理日に勤務することが著しく困難な場合又は生理に有害な職務に従事する場合	1回につき2日以内で必要とする期間
(9)　生後1年に達しない子を育てる職員が、その子の保育のために必要と認められる授乳等を行う場合	1日2回それぞれ30分以内の期間（男子職員にあっては、その子の当該職員以外の親（当該子について民法第817条の2第1項の規定により特別養子縁組の成立について家庭裁判所に請求した者（当該請求に係る家事審判事件が裁判所に係属している場合に限る。）であって当該子を現に監護するもの又は児童福祉法第27条第1項第3号の規定により当該子を委託されている同法第6条の4第2号に規定する養子縁組里親若しくは同条第1号に規定する養育里親である者（児童の親その他の同法第27条第4項に規定する者の意に反するため、同項の規定により、同法第6条の4第2号に規定する養子縁組里親として委託することができない者に限る。）を含む。）が当該職員がこの項の休暇を使用しようとする日におけるこの項の休暇（これ

	に相当する休暇を含む。）を承認され、又は労働基準法（昭和22年法律第49号）第67条の規定により同日における育児時間を請求した場合は、1日2回それぞれ30分から当該承認又は請求に係る各回ごとの期間を差し引いた期間を超えない期間）
(10) 職員が妻（届出をしないが事実上婚姻関係と同様の事情にある者を含む。次号において同じ。）の出産に伴い勤務しないことが相当であると認められる場合	市長が定める期間内における2日の範囲内の期間
(11) 職員の妻が出産する場合であってその出産予定日の6週間（多胎妊娠の場合にあっては、14週間）前の日から当該出産の日後8週間を経過する日までの期間にある場合において、当該出産に係る子又は小学校就学の始期に達するまでの子（妻の子を含む。）を養育する職員が、これらの子の養育のため勤務しないことが相当であると認められる場合	当該期間内における5日の範囲内の期間
(12) 中学校就学の始期に達するまでの子（配偶者の子を含む。）を養育する職員が、その子の看護（負傷し、若しくは疾病にかかったその子の世話又は疾病の予防を図るために必要なものとして市長が定めるその子の世話を行うことをいう。）のため勤務しないことが相当であると認められる場合	1の年において5日（その養育する中学校就学の始期に達するまでの子が2人以上の場合にあっては、10日）の範囲内の期間
(13) 条例第15条第1項に規定する日常生活を営むのに支障がある者（以下この号において「要介護者」という。）の介護その他の市長が定める世話を行う職員が、当該世話を行うため勤務しないことが相当であると認められる場合	1の年において5日（要介護者が2人以上の場合にあっては、10日）の範囲内の期間
14) 職員の親族（別表第3の親族の欄に掲げる親族に限る。）が死亡した場合で、職員が葬儀、服喪その他の親族の死亡に伴い必要と認められる行事等のため勤務しないことが相当であると認められる場合	親族に応じ同表の日数欄に掲げる連続する日数（葬儀のため遠隔の地に赴く場合にあっては、往復に要する日数を加えた日数）の範囲内の期間
(15) 職員が父母の追悼のための特別な行事（父母の死亡後市長の定める年数内に行われるものに限る。）のため勤務しないことが相当であると認められる場合	1日の範囲内の期間
(16) 職員が夏季における盆等の諸行事、心身の健康の維持及び増進又は家庭生活の充実のため勤務しないことが相当であると認められる場合	1の年の6月から10月までの期間における、週休日、条例第8条の4第1項の規定により割り振られた勤務時間の全部に

	ついて時間外勤務代休時間が指定された勤務日等、休日及び代休日を除いて原則として連続する６日の範囲内の期間
(17)　地震、水害、火災その他の災害により次のいずれかに該当する場合その他これらに準ずる場合で、職員が勤務しないことが相当であると認められるとき。 イ　職員の現住居が滅失し、又は損壊した場合で、当該職員がその復旧作業等を行い、又は一時的に避難しているとき。 ロ　職員及び当該職員と同一の世帯に属する者の生活に必要な水、食料等が著しく不足している場合で、当該職員以外にはそれらの確保を行うことができないとき。	７日の範囲内の期間
(18)　地震、水害、火災その他の災害又は交通機関の事故等により出勤することが著しく困難であると認められる場合	必要と認められる期間
(19)　地震、水害、火災その他の災害又は交通機関の事故等に際して、職員が通勤途上における身体の危険を回避するため勤務しないことがやむを得ないと認められる場合	必要と認められる期間
(20)　女子職員が母子保健法（昭和40年法律第141号）の規定による保健指導又は健康診査に基づく指導事項を守るため勤務しないことがやむを得ないと認められる場合	必要と認められる期間
(21)　妊娠中の女子職員の業務が母体又は胎児の健康保持に影響があると認められる場合	当該職員が適宜休息し、又は補食するために必要な時間
(22)　妊娠中の女子職員及び産後１年を経過しない女子職員が母子保健法第10条に規定する保健指導又は同法第13条第１項に規定する健康診査を受ける場合	妊娠満23週までは４週間に１回、妊娠満24週から満35週までは２週間に１回、妊娠満36週から出産までは１週間に１回、産後１年まではその間に１回（医師等の特別の指示があった場合には、いずれの期間についてもその指示された回数）について、それぞれ、１日の正規の勤務時間の範囲内で必要と認められる時間
(23)　妊娠中の女子職員が通勤に利用する交通機関の混雑の程度が母体又は胎児の健康保持に影響があると認める場合	正規の勤務時間の始め又は終わりにつき１日を通じて１時間を超えない範囲内でそれぞれ必要とされる時間
(24)　その他市長が必要と認める場合	必要と認められる期間

(4) 職員の育児休業の概要

育児休業とは、任命権者の承認を受けて、3歳に満たない子を養育するため、当該子が3歳に達する日まで休業することができる制度です。育児休業の期間中は、給与は支給されません（期末・勤勉手当は、支給期間中の勤務した期間に応じて支給されます。）

部分休業とは、公務に支障のない範囲内で、小学校就学の始期に達するまでの子を養育するため、1日の勤務時間の一部を勤務しないことができる制度です。1日を通じて2時間以内で、正規の勤務時間の始め又は終わりに承認します。部分休業の承認を受けて勤務しない場合には、その時間に応じて給与が減額されます。育児短時間勤務は、小学校就学の始期に達するまでの子を養育するため、当該子がその始期に達するまで、常時勤務を要する職を占めたまま、育児休業法で定める勤務の形態により、希望する日及び時間帯において勤務することができる制度です。

(5) 安全衛生管理体制の整備状況

事業場の規模及び業種によって、安全衛生管理者等を選任、設置しています。

組織等	説明
総括安全衛生管理者	安全衛生管理者及び衛生管理者の指揮や、労働者の危険または健康障害を防止するための措置等の事業場の安全衛生に関する業務の統括管理を行う者
副総括安全衛生管理者	総括安全衛生管理者を補佐する者
安全管理者	総括安全衛生管理者の指揮のもとに、職場の設備や作業方法等に危険がある場合における応急措置等、安全に係る技術的事項を管理する者
衛生管理者	総括安全衛生管理者の指揮のもとに、健康に異常のある者の発見・措置や、作業環境の衛生上の調査等、衛生に係る技術的事項を管理する者
安全衛生推進者又は衛生推進者	安全管理者及び衛生管理者の選任が義務づけられていない事業場において、施設、設備等の点検、使用状況の監視等を行う者
産業医	健康診断を実施する等、労働者の健康管理等に当たるとともに、事業者又は総括安全衛生管理者を指導助言する等、専門家として活動する医師
職員安全衛生委員会	労働者の健康障害を防止するための基本対策等で衛生に関する重要事項及び労働者の危険を防止するための基本対策等で安全に関する重要事項について調査審議するため設置される委員会

3．職員の分限処分及び懲戒処分の状況

(1) 分限処分の概要及び状況

分限処分とは、公務の能率の維持及びその適正な運営の確保のために行う処分です。

（令和３年度）

処分事由	降任	免職	休職	降給
勤務実績が良くない場合				
心身の故障の場合	1		２９	
職に必要な適格性を欠く場合				
職制、定数の改廃、予算の減少により廃職、過員を生じた場合				
刑事事件に関し起訴された場合				
条例で定める事由による場合				
計	1		２９	

(2) 懲戒処分の概要及び状況

懲戒処分とは、公務員としてふさわしくない非行があった場合など職員の一定の義務違反に対して道義的責任を問う処分であり、それによって地方公共団体における規律と公務遂行の秩序を維持することを目的としています。

（令和３年度）

処分事由	戒告	減給	停職	免職
法令に違反した場合				
職務上の義務に違反し又は職務を怠った場合				
全体の奉仕者たるにふさわしくない非行のあった場合				
計	0	0	0	0

4．職員の服務の状況

(1) 服務に関する基本原則の概要

法令等及び上司の職務上の命令に従う義務	職員は職務遂行に当たって法令、条例、規則等に従い、かつ上司の命令に従わなければならない。
信用失墜行為の禁止	職員は職の信用を傷つけたり、職の全体の不名誉となる行為を行ったりしてはならない。
秘密を守る義務	職員は在職中、退職後を問わず職務上知り得た秘密を漏らしてはならない。
職務に専念する義務	職員は全体の奉仕者として、勤務時間中全力で職務遂行しなければならない。

政治的行為の制限	職員は政党その他の政治的団体の結成に関与する等の政治的行為が禁止されています。
争議行為等の禁止	職員は争議行為等が禁止されています。
営利企業等の従事制限	職員は営利企業等に従事することが制限されており、従事する場合は許可を受けなければなりません。

(2)　職務専念義務免除制度の概要

職務専念義務は、①研修を受ける場合、②厚生に関する計画の実施に参加する場合、③任命権者が定める場合に限り免除されます。

(3)　営利企業等従事許可制度の概要

地方公務員法第３８条の規定により、職員は、営利を目的とする私企業を営むことを目的とする団体の役員等への就任、自ら営利を目的とする私企業の経営、報酬を受けての事業への従事などは禁止されていますが、「職員の営利企業等の従事制限に関する規則」に定める基準に適合する場合には許可できます。

①その職員の占めている職と当該営利企業との間に特別の利害関係がなく、かつ、その発生のおそれがない場合

②その職員の職務の遂行について支障がなく、かつ、その発生のおそれがない場合

５．職員の退職管理の状況

営利企業等に再就職した元職員に対し、離職前の職務に関して、現職職員への働きかけを禁止するとともに、再就職した元職員に再就職情報の届出を義務付ける等、退職管理の適正確保に取り組んでいます。

６．職員の研修及び人事評価の状況

(1)　人材育成基本方針の概要

職員の能力開発を総合的、計画的に推進するための基本的な事項を明確にし、能力開発に関する諸施策実施の基準とするため、「大和高田市人材育成基本方針」を策定しました。

(2)　研修方針

地方分権が本格的実施の段階に入り、地方自治体を取り巻く環境は著しい変化を続けています。この変化に対応していくためには、職員一人ひとりが意欲と情熱をもって職務に取り組み、市民の役に立つ人材として育たなければなりません。本市においても「人材育成基本方針」を作成し、求められる職員像を明らかにしているところです。

令和４年度職員研修におきましても、そこで謳われている人材の育成に資するため、住民ニーズの高度化・複雑化に対応できる政策形成能力、困難な課題を克服するための問題発見・解決能力、行政の公正さや透明性を確保するうえで必要な法務能力等の養成や、職場での人材育成・自己啓発の支援を中心に実施していきます。新型コロナウイルス感染症拡大予防によりやむを得ず中止する研修が多く、十分な感染対策を工夫し実施してまいります。

(3) 研修の実施状況

① 一般研修

（令和３年度）

研　修　名	受講者数	回数
新任課長級職員研修	１０	1
新規採用職員研修	５１	2
メンタルヘルス研修	５１	1
防災研修	４７	1
新任係長級研修	４９	1
ハラスメント研修	２１	1
ラインケア研修	１３	1
ロジカルシンキング研修	１５	1
コンプライアンス研修	４１	2

② 人権研修

（令和３年度）

研　修　名	受講者数	回数
人権研修（ＬＧＢＴ）	中止	0
第４８回研究集会	中止	0
ひきこもり支援に関する講演・勉強会	１０	1

③ 派遣研修

（令和３年度）

研修名・派遣先	受講者数
市町村職員中央研修所	1
全国市町村国際文化研修所	5
奈良県市町村職員研修センター	１２４
その他	２１

(4) 職員の人事評価等について

仕事の業績（成果）を評価することは、組織目標に基づく職務の実践とともに、単なる目標達成だけに止まらず、職員一人ひとりの長所のさらなる強化と短所の改善を行い、人材を育て、いい仕事に導くことを目的とするものです。
職員一人ひとりが組織目標を明確に意識し、行動し、その結果を検証し、次の行動に役立てていく仕組みを人事評価制度に組み入れることにより、人的資産の最大活用と組織活力の向上を図ります。

本市では平成２７年度から人事評価制度を導入しました。

7．職員の福祉及び利益の保護の状況

(1)　共済組合の事業概要

常勤職員は、奈良県市町村職員共済組合または公立学校共済組合に加入しています。共済組合は、職員の掛金と地方公共団体の負担金などによって運営されており、職員とその家族の福祉の増進を図ることを目的として、次の事業を行っています。

①　短期給付事業

法定給付	保健給付	病気、負傷などの場合に支払われる給付
	休業給付	育児休業など休業する場合に支払われる給付
	災害給付	災害により死亡した場合などに支払われる給付
法定外給付	附加給付	病気・負傷・災害などの場合に附加して支払われる給付

②長期給付事業

退職給付	退職共済年金	職員（共済組合員）期間等２５年以上の者が退職した場合で、６５歳に達したときなどに支給
障害給付	障害共済年金	共済組合員が在職中の病気や負傷により重度の障害状態となった場合に障害の程度に応じて支給
	障害一時金	軽度の障害の状態のときに支給
遺族給付	遺族共済年金	共済組合員が死亡したときに支給

③福祉事業

健康診断等の保健事業のほか、貸付事業、貯金事業、宿泊事業を行っています。

(2)　公務災害補償の概要と実施状況

公務上の災害（負傷、疾病、障害又は死亡）又は通勤による災害を受けた場合、地方公務員災害補償基金から一定の補償がなされます。

(令和３年度)

認定件数	傷病	死亡
公務上の災害	9	
通勤途上の災害	1	

(3)　職員の健康診断等の概要

労働安全衛生法に従い､職員の健康診断を年１回実施しており､職員の健康に配慮しています。

(4)　メンタルヘルスへの対応状況

「職員こころの相談室」を開設しているほか、ストレスに対する自己や職場管理について、メンタルヘルス研修を行っています。

(5)　ハラスメントへの対応状況

ハラスメントについては人事課内に職員の相談窓口を設置し相談の対応をしています。

(6)　その他職員福祉のための独自の制度の概要
市職員の厚生及び共済を図るため、大和高田市職員互助会を設置しています。
主な事業として、給付事業（慶弔金や見舞金等）、貸付事業等を行っています。

8．公平委員会の業務の状況

(1)　勤務条件に関する措置の要求の状況
職員は、給与等勤務条件に関して公平委員会に当局が適当な措置を講じるよう要求することができます。
令和３年度につきましては、職員の措置要求は１件でした。

(2)　不利益処分に関する不服申立ての状況
職員は、懲戒その他その意に反する不利益な処分に関して、公平委員会に不服の申立てをすることができます。
令和３年度につきましては、職員の不服申立てはありませんでした。

(3)　職員の苦情処理についての状況
勤務条件に関する措置の要求及び不服申立てに必ずしもいたらないような職員の苦情に適切に対応するために設けられました。
令和３年度につきましては、職員の苦情処理はありませんでした。

「大和高田市人事行政の運営等の状況」より抜粋

第2部

教養試験
社会科学・人文科学

- 政治・経済・社会
- 歴　史
- 地　理

社会科学　政治・経済・社会

POINT

政治：学習法としては，まず，出題傾向をしっかり把握すること。出題形式や出題内容は当然変わっていくが，数年単位で見ると類似した内容を繰り返していることが多い（後述の「狙われやすい！重要事項」参照）。そのような分野を集中的に学習すれば効果的である。学習の中心となるのは基礎・基本の問題であるが，要点がまとまっているという点で，まずは本書の問題にしっかり取り組むとよい。そしてその学習の中で問題点や疑問点が出てきた場合に，教科書・学習参考書・辞典・専門書で学習内容をさらに高めていこう。

経済：まず高等学校の「政治・経済」の教科書で，次の項目のような主要な要点をまとめてみよう。

(1) 国内経済…金融政策・財政政策・景気変動・国民所得・GNIとGDP・三面等価の原則・国家予算・独占禁止法・公正取引委員会など

(2) 第二次世界大戦後の国際経済の歩み…OECD・EEC→EC→EU・GATT→WTO

(3) 国際経済機構…IMF・IBRD・IDA・UNCTAD・OPEC・OAPEC・ケネディラウンド → ウルグアイラウンド → ドーハラウンド・FTA → EPA → TPP

最新の動向については，ニュースや時事問題の問題集で確認しておこう。

社会：社会の学習法は，問題を解くことと合わせて，新聞等を精読するに尽きる。記事をスクラップするなどして，系統的に理解を深めていくことが大切である。新聞などに掲載されている社会問題は，別の様々な問題と関連していることが多い。1つのテーマを掘り下げて理解することにより，社会で起きている時事的な問題をより横断的に結びつけてとらえることが可能となる。そのためにも，様々なメディアを通じて日々新しい情報をチェックし，政治・経済・社会・環境など，網羅的にニュースを把握しておくようにしておきたい。

狙われやすい！重要事項

- ☑国会や選挙の制度
- ☑国際的な機構や国際政治
- ☑基本的人権（各論まで）
- ☑金融政策や財政政策の制度と実情
- ☑少子高齢化や社会保障
- ☑日本経済の実情
- ☑日本と世界の国際関係
- ☑科学技術や医療などの進歩
- ☑社会的な課題

演習問題

1 日本の国会に関する記述として，妥当なものはどれか。

1　立法機関の独立を保つため，国会議員には不逮捕特権が与えられている。そのため，現行犯の場合や国会の会期外である場合も含め，任期中の逮捕は免れる。

2　国会の会議の種類として，常会，臨時会，特別会，参議院の緊急集会が挙げられる。そのうち，衆議院議員の任期満了に伴う選挙が行われた後に召集されるのは臨時会である。

3　衆議院には，いくつかの優越が認められている。衆議院において可決された法律案が参議院において否決された場合には，特別会が開かれ，そこで同意が得られない場合には，衆議院の議決が国会の議決となる。

4　総理大臣は，国会において指名され，天皇によって任命される。衆議院と参議院において異なる者を指名した場合には，衆議院において3分の2以上の多数が得られることを条件に，衆議院の議決が国会の議決となる。

5　国会に法律案を提出できるのは，国会議員に限られている。そのため，内閣が特定の法律案の成立を望む場合には，与党の国会議員によって提出される。

2 **日本の統治機構に関する記述として，妥当なものはどれか。**

1　衆議院において内閣不信任案が可決された場合，または，参議院において問責決議案が可決された場合，内閣は総辞職しなければならない。ただし，10日以内にその決議を行った院が解散された場合，総辞職を免れることができる。

2　内閣総理大臣は，他の国務大臣を罷免できる。ただし，その国務大臣が国会議員である場合には，所属する院の同意が必要となる。

3　内閣は，最高裁判所の長たる裁判官を除く裁判官を任命する。最高裁判所の長たる裁判官は，国会によって指名され，天皇によって任命される。

4　内閣は，法律の定めるところにより，非行のあった裁判官を罷免する弾劾裁判所を設置する。この裁判所の裁判官の過半数は，国会議員でなければならない。

5　最高裁判所は，訴訟の手続などについて定めた規則を制定できる。また，下級裁判所に関する規則を定める権限を，下級裁判所に委任することができる。

3 **わが国の選挙制度に関する記述として，妥当なものはどれか。**

1　衆議院議員選挙において導入されている比例代表制は，全国を1区とし，投票の際に，政党名か名簿に記載された候補者名のいずれかを記入する非拘束名簿式によって実施される。

2　参議院議員選挙において導入されている比例代表制は，全国を11ブロックに分け，投票の際に政党名を記入する拘束名簿式によって実施される。

3　最高裁判所が国政選挙について，一票の格差を違憲，あるいは違憲状態と判断したことがある一方，選挙そのものを無効とした例はない。

4　最高裁判所が，参議院の都道府県選挙区の一部で導入された合区について違憲と判断したことがある一方，衆議院の1人別枠方式の合理性を否定した例はない。

5　選挙権を与える年齢が18歳以上に引き下げられたことに伴い，被選挙権の年齢も2歳ずつ引き下げられ，参議院議員選挙には28歳以上の有権者が立候補できるようになった。

4 各国の政治制度に関する記述として，妥当なものはどれか。

1　権力集中制が採用されている中国では，各国の議会に相当する機関は存在せず，立法権，司法権，行政権を掌握する国務院が最高機関として君臨し，国務院総理が国家元首としての地位を有する。

2　ドイツの大統領は，国家元首として位置付けられているが，その権限の多くは儀礼的なものにとどまり，実際には，議院内閣制の下，議会と内閣によって重要な政策が決定され，実施されている。

3　フランスの大統領は，直接選挙によって選出されるが，大統領は国民議会の解散権を持たないため，重要な施策について国民投票に付託する権限が与えられている。

4　イギリスの首相は，上院議員の中で多数を占める政党の党首が就任する慣習が定着しているものの，上院で過半数を占める政党がない場合には，「ハング・パーラメント」という不安定な状況となり，連立政権が形成される。

5　アメリカの議会は，大統領との間に政策への姿勢や政治的意見の相違がある場合，大統領を弾劾することができる一方で，大統領はそれに対抗して議会を解散することができる。

5 各国の司法制度に関する記述として，妥当なものはどれか。

1　中国の政治は，全国人民代表大会に権力が集中しているという特徴があるが，司法権に関しては，例外として同大会からの独立がはかられている。

2　フランスでは，法律について憲法との適合性を抽象的に審査する機関がないため，具体的な訴訟事件を通じて違憲審査が行われる。

3　ドイツの憲法裁判所は，他の裁判所において提訴された事件の上訴を受けて，法律が合憲であるか違憲であるかを審査する。

4　イギリスの最高裁判所は，貴族院の議員から裁判官を選ぶ制度が定着しており，その任にあたる者は法律貴族と呼ばれる。

5　アメリカの連邦最高裁判所の裁判官は，元老院の助言と承認に基づき大統領によって任命され，その任期は終身とされている。

6 **国連平和維持活動（PKO）に関する記述として，妥当なものはどれか。**

1　侵略等の国際法違反があった場合，その違法行為によって被害を受けた国の側に立ち，部隊などを展開することを原則とする活動である。

2　活動のための予算は，通常の国連の予算の一部が充当されるため，活動が拡大すると，国連の他の活動の予算を圧迫することが指摘されている。

3　指揮権については，原則として，安全保障理事会が付与する権限に基づいて国連事務総長が持つとされている。

4　日本は，国際連合の活動を重視する立場から，自衛隊の発足当初から参加を継続している。

5　国連や非政府組織の要員を警護するための日本の自衛隊による行動は，2016年以降禁じられている。

7 **イギリスの政治に関する記述として，妥当なものはどれか。**

1　議会は，貴族院と庶民院の2つの院で構成されており，その権限は庶民院の方が強い。

2　首相は，庶民院において多数を占めた政党の党首が上院議長によって任命される。

3　庶民院が内閣不信任決議を行った場合，首相に解散権が認められていないため，内閣は総辞職しなければならない。

4　裁判所に違憲立法審査権がある旨が憲法に明文で定められている。

5　2005年に最高裁判所が廃止され，貴族院に設置された最高法院が最上級審を担当する。

8 **国際連合に関する記述として，妥当なものはどれか。**

1　原則として，総会の決定には法的拘束力があるため，それに従わない国には制裁が課せられることがある。

2　信託統治理事会は，旧植民地の独立の支援などを任務とする機関であり，最も活発に活動している組織の1つである。

3　事務局は，事務総長および国連職員によって構成され，事務総長は，安全保障理事会の常任理事国から選出される慣習が確立している。

4　経済社会理事会は，文化，経済を含む広範な問題を扱う機関であるが，これを構成し協議に参加するのは，各国の政府の代表者に限定されている。

5　安全保障理事会における実質事項の決定のためには，「9カ国以上が賛成すること」「常任理事国が拒否権を行使しないこと」の2つの要件が必要となる。

9 マックス・ウェーバーによる近代官僚制論に関する記述として，妥当なものはどれか。

1　官僚制は，支配の類型のうち，伝統的支配の最も典型的な形態である。
2　官僚の地位を得る用件として，世襲的に為政者や君主に仕える家計の出身であることが求められる。
3　官僚相互の関係は対等でなければならないため，明確な権限の原則や階統構造は否定される。
4　官僚制は，行政組織だけではなく，大規模な組織に共通する管理の仕組みである。
5　官僚制は，適応力を欠いた固定的な対応に結び付き，これは，「訓練された無能力」と呼ばれる。

10 基本的人権に関する記述として，妥当なものはどれか。

1　国際人権規約は，人権の保障を世界的な規模で広げることに大きく貢献したが，その規定には法的拘束力がないため，その弱点を補うべく，国際連合において世界人権宣言が定められた。
2　社会権は，平等権や自由権と比較すると比較的早い時期に広まった権利であり，フランス人権宣言やアメリカ独立宣言にもその内容が盛り込まれた。
3　日本国憲法には，多くの人権についての規定があるが，その中でも，精神の自由については公共の福祉による制限を受ける旨が明確に定められている。
4　日本の最高裁判所の判例によれば，薬局の距離制限を定めた法律は，国民の権利を著しく侵害するため，違憲である。
5　新しい人権の例として環境権が挙げられるが，この権利は，日本国憲法の条文に何ら根拠を持たないため，情勢の変化に対応すべく，環境基本法においてその権利が盛り込まれた。

11 **日本国憲法に関する記述として，妥当なものはどれか。**

1　憲法の改正には，衆議院と参議院において，総議員の3分の2以上の賛成による発議と，国民投票による過半数の賛成が必要となる。このように，通常の法律より厳格な改正手続を定めた憲法は，硬性憲法と呼ばれる。

2　憲法は，日本の最高法規である。よって，最高裁判所には，高度に政治的な問題について，他の案件に優先して法律等が憲法に適合するか否かを判断することが義務付けられている。

3　憲法は，地方自治について規定している。その内容は，法律の範囲内で地方自治を認める規定を置いていた大日本帝国憲法と比較すると，より充実したものとなっている。

4　憲法の条文には，国民の義務についての規定が含まれていない。これは，近代憲法が民衆による権力の監視を目的として定められたことと深く関係している。

5　憲法の平和主義に関連する規定として，前文の平和的生存権，9条の戦争放棄，戦力不保持などが挙げられる。一方で，国の交戦権については，国家の防衛のため止むを得ない場合を除き，認められないと定められている。

12 **近年の法改正等に関する記述として，妥当なものはどれか。**

1　行政手続における特定の個人を識別するための番号の利用等に関する法律が施行されたことに伴い，税の申告等に用いるマイナンバー制度が導入された。

2　民法の改正に伴い，これまで同等とされてきた婚内子と婚外子の間に，法定相続の割合に合理的な範囲で差を設けることになった。

3　女性のみに設けられた再婚禁止期間は撤廃され，男女ともに離婚が成立した後であれば，直ちに婚姻が認められることになった。

4　人を故意に死に至らしめた犯罪については，公訴時効を設けない制度が改められ，犯行後一定期間が成立すれば罪に問われない制度が新たに導入された。

5　不起訴や起訴猶予となっていた犯罪について，検察審査会が2度にわたって「起訴すべき」との議決を行った場合，裁判所が裁判官に起訴を命ずる制度が導入された。

13 令和以降に成立した法律に関する記述として，妥当なものはどれか。

1　令和2年に成立した「公職選挙法の一部を改正する法律」により，町村議会議員選挙において立候補の際に納める供託金が廃止された。

2　特定非営利活動法人（NPO法人）設立にあたり，その手続を慎重に進めるため，令和2年度に成立した「特定非営利活動促進法の一部を改正する法律」により，認証の申請に係る必要書類の縦覧期間が2週間から1カ月に延長された。

3　令和2年に成立した「労働基準法の一部を改正する法律」により，労働者保護の観点から，賃金請求権の消滅時効期間が延長された。

4　令和3年に成立した「新型インフルエンザ等対策特別措置法等の一部を改正する法律」により，新型インフルエンザ等まん延防止等重点措置が廃止され，緊急事態宣言に一本化された。

5　令和3年に成立した「デジタル庁設置法」に基づき，デジタル社会の形成に関する施策を迅速かつ重点的に推進することなどを任務とするデジタル庁が設置されたが，民間の力を最大限に活用するため，国務大臣を置かないことが明記された。

14 日本の裁判所による法律の違憲審査に関する記述として，妥当なものはどれか。

1　裁判所による違憲審査の対象になるのは法律のみであるから，命令，規則，処分，条例は含まれない。

2　最高裁判所において違憲とされた法律も形式的には存続し，その廃止や改正には国会における手続きが必要となる。

3　憲法には，明文で下級裁判所における違憲審査権が定められていないため，地方裁判所には違憲判決を下す権限はない。

4　最高裁判所は，過去に合憲とされた法律について違憲判決を下すことはできないため，憲法が関わる裁判の判決には厳格な要件が求められる。

5　最高裁判所は，裁判に世論を反映させるため，違憲審査の適否について国民投票を求めることができる。

15 **国際収支統計に関する記述として，妥当なものはどれか。**

1　財やサービスについての輸出入は，貿易収支として，経常収支の一部に含まれる。

2　国境を越えた利子や配当の流れは第一次所得収支として扱われ，経常収支の一部に含まれる。

3　資本移転等収支は，外国に対する消費財の無償供与や寄付，国際機関への拠出によって構成される。

4　日本にとっての負債を増やす資本の取引は，金融収支のプラス要因として作用する。

5　2014年に国際収支統計が改訂されたことに伴い，外貨準備増減が資本収支に統合された。

16 **経済学説と経済政策に関する記述として，妥当なものはどれか。**

1　ケネーは，重商主義の立場から国の富を増大させるためには，輸入を抑制しつつ輸出を促進することの重要性を主張した。

2　マルサスは，比較生産費説の立場から，各国は比較優位を持つ生産物に特化し，国際分業と自由貿易を進めるべきであるとした。

3　ケインズは，不況や恐慌の原因をマクロ経済における供給過剰にあるとし，政府が経済過程に介入して，生産活動を抑制すべきであることを説いた。

4　ラッファーは，増税によって得られた財政収入を有効需要の創出に充てることにより，経済の安定的な成長がもたらされるとして，減税の重要性を強調する説を批判した。

5　フリードマンは，裁量的政策に懐疑的な立場から，貨幣供給量の増加率を安定化させるなどを柱とする金融政策の必要性を説いた。

17 **日本の財政に関する記述として，妥当なものはどれか。**

1　政府が財源調達のために発行する国債のうち，公共事業，出資金，貸付金の原資を目的とするものについては，財政法に規定されている。

2　21世紀以降，基礎的財政収支の黒字が続いていることに伴い，債残高の急速な増加が懸念されており，歳入や歳出構造の見直しが課題となっている。

3　一般会計は，国が事業を営むために特定の歳入と歳出を結びつけることに特徴があるが，非効率的な運営などについて批判が高まり，その数は減らされる傾向にある。

4　新年度が始まる4月1日までに予算が成立しないときは，当面の支出に充てるために，補正予算が編成される。

5　地方交付税交付金は，近年の地方創生の方針を受けて急速に拡大し，社会保障関係費や国債費を上回る水準になっている。

18 日本の消費税に関する記述として，妥当なものはどれか。

1　消費税は，消費者が家計から直接負担するため，直接税に分類される。

2　消費税の特徴として，低所得者と比較し，所得が高い層への負担が過重になる点が挙げられる。

3　消費税率が10%に引き上げられる際，酒類及び外食を含む飲食料品については，税率を8%に据え置く措置が講じられた。

4　定期購読契約を結び，週2回以上発行される新聞については，軽減税率の対象となった。

5　導入された当時の消費税率は5%であり，10%への引き上げも含め2度にわたって税率の変更が行われた。

19 市場機構に関する記述として，妥当なものはどれか。

1　市場の失敗が存在しない場合，完全競争市場における均衡は，資源配分が最適になるとともに，所得分配も望ましい水準となる。

2　市場における不均衡について，超過需要が発生すると価格は上昇し，逆に超過供給が生じると価格は下落する。

3　外部不経済を放置して生じる均衡を望ましい水準と比較すると，価格は過大に，量は過小になる。

4　公共財は，他の財と異なり，同時に消費できない競合性，対価を払わない者を排除できる排除性という性質を持つため，市場の失敗の典型例とされる。

5　完全競争市場における生産者は，価格を自ら先導できるプライスリーダーとして行動する。

20 財政政策に関する記述として，妥当なものはどれか。

1　マスグレイブは，財政の役割として，物価の調整，資源配分の最適化，所得の再分配を挙げた。

2　ケインズは，乗数理論により，公共投資などの財政支出が国民所得の増大をもたらすことを示した。

3　ラッファーは，増税が税収を増やし，減税が税収を減らすことの普遍性について，ラッファーカーブによって示した。

4　不況期に税制や予算を操作し，減税や歳出の拡大をはかることは，ビルト・イン・スタビライザーの典型的な例である。

5　フィスカル・ポリシーの特徴として，他の政策に比べて，決定までの時間がかからないことが挙げられる。

21 日本銀行に関する記述として，妥当なものはどれか。

1　日本銀行は，発券銀行として日本銀行券を発行するが，具体的な発行高の決定の際には，財務大臣の承認が必要である。

2　日本銀行は，金や信託商品を含む様々な資産を保有するが，法律により日本の国債を保有することはできない。

3　日本銀行は，他の銀行から当座預金を預かるが，その払戻の際には，日本銀行の負担により利息を支払うことが義務付けられており，マイナス金利を導入することはできない。

4　民間の銀行は，預かった預金のすべてを貸付等に用いてよいわけではなく，日本銀行が設定する準備率に基づいてその一部を準備金としなければならず，1991年以降その率が大きく変動するようになった。

5　金融政策は，日本銀行政策委員会金融政策決定会合における議決によって決定されるが，この決定は，総裁，副総裁，審議委員の多数決によるものである。

22 外国為替相場に関する記述として，妥当なものはどれか。

1　外国に比べて金利が高い状態を持続することは，その国の通貨を減価させる要因となる。

2　購買力平価説によれば，外国に比べて物価が急上昇することは，その国の通貨を増価させる要因となる。

3　国際通貨基金は，長期資金の供給を行うとともに，外国為替相場や外国為替市場についてのルールを策定し，運用する機関である。

4　固定為替相場制では，通貨当局などが，増価傾向にある通貨を売却し，減価傾向にある通貨を購入することによって，相場の変動を抑制する。

5　変動為替相場制では，通貨当局による外国為替市場への介入は禁じられている。

23　財政とその機能に関する記述として，妥当なものはどれか。

1　財政とは，公的な部門による収入と支出であるから，民間企業が支出の対象となることはない。

2　好況期に累進税制などを通じて税収が増える一方で，社会保障等の歳出が抑制されることを通じて景気の過熱を防ぐのは，ビルト・イン・スタビライザーと呼ばれる働きの1つである。

3　消費税などの間接税は，所得の低い世帯ほど実質的な負担が増加するため，累進的な特徴を持つ。

4　国債は，日本銀行による直接の引受を原則として発行されるため，将来的なインフレーションの懸念が高まることが指摘されている。

5　プライマリーバランスが黒字になると，国債の発行残高は累増することが知られており，これを減らすためには，収支を赤字に誘導しなければならない。

24　外国為替レートを円安に導く要因として，妥当なものはどれか。

1　日本への観光客の増加

2　日本からの輸出の急激で大規模な増加

3　日本における急激なデフレーションの進行

4　日本銀行による大規模な外国通貨の売却

5　日本から海外への企業進出の増加

25 日本の少子高齢化対策に関する記述として，妥当なものはどれか。

1　保育所に入れずに待機させられている児童数を減少させるための施策が推進されたが，待機児童数は4年連続で増加し，2021年4月現在で2万人を超えた。

2　子ども・子育て支援法が，2021年に改正されたことに伴い，子育て支援に積極的に取り組む助成制度が創設された。

3　中学校卒業までの子どもを養育する者に対する児童手当は，2022年10月から所得制限が撤廃され，すべての世帯を対象とすることになった。

4　介護保険は，要介護・要支援の認定を得た者に対し，在宅や施設において介護サービスの提供を受けられるようにする制度であり，その費用は全額保険から拠出される。

5　2020年に成立した年金制度改正法により，年金の受給開始時期の選択肢の縮小が図られることになった。

26 日本の社会保障制度に関する記述として，妥当なものはどれか。

1　公的医療保険は，従来，健康保険，共済組合短期給付，国民健康保険などに分かれていたが，社会保障と税の一体改革が進められる中で，国民健康保険に統合されている。

2　公的年金は，積立方式で運営されているが，この方式の欠点として，高齢者の割合が高まると年金財政が逼迫（ひっぱく）すること，世代間の不公平感が強いことなどが挙げられている。

3　公的扶助の柱となっている生活保護は，保護基準を下回った者に対して一律で金銭が給付されるため，勤労意欲を減退させるなどの問題点が指摘されている。

4　障害者自立支援法が名称も含めて改正される形で制定された障害者総合支援法には，地域社会における共生の実現に向けた保健福祉施策などが盛り込まれている。

5　公的介護保険は，要支援3段階と要介護3段階の合計6段階の分類に基づき，一部負担によってサービスの給付を受けることができる制度である。

27 公害や環境問題に関する記述として，妥当なものはどれか。

1　水俣病と新潟水俣病は，カドミウムなどによる土壌汚染によって発生した。

2　四日市ぜんそくをめぐる訴訟において，裁判所は，共同不法行為の成立を認めなかった。

3　日本は，温室効果ガスの排出削減等を定めた京都議定書が期限切れを迎えた際，その延長に反対し，延長の枠組みからの離脱を表明した。

4　日本において家電や自動車のリサイクルについての法律を制定する際，消費者側の負担についての規定は盛り込まれなかった。

5　名古屋議定書では，遺伝資源の利用に伴う権益について，専らその資源を利用する側が優先して配分を受けるべきであるとする文言が盛り込まれた。

28 日本銀行の金融政策に関する記述として，妥当なものはどれか。

1　日本銀行は，物価安定の目標を，消費者物価の前年比上昇率2%と定めていたが，エネルギー価格の高騰等による物価の上昇により，2023年4月に前年比上昇率3%に修正した。

2　2%の物価目標を達成するために導入されたマイナス金利政策は，物価の上昇を受けて，2023年5月に解除された。

3　マイナス金利政策とは，市中銀行の預金金利をマイナスにすることで，通貨供給量を増大させようとする政策である。

4　日本銀行が保有する国債の残高は，2022年度末現在，過去最高額となった。

5　物価安定目標を達成するためにマネタリーベースを拡大することを，イールドカーブ・コントロールという。

29 日本における社会の高齢化に関する記述として，妥当なものはどれか。

1　高齢化に伴い，社会保障に関する財政の悪化が懸念されている。そのうち，医療保険については，75歳以上の者を対象とする後期高齢者医療制度が導入された。

2　高齢化が進む中で，高齢者の社会参加が課題となっている。雇用者には，定年を廃止することによって，希望する高齢者の雇用を継続することが義務づけられた。

3　日本の一般会計における社会保障の占める割合は，増加を続けている。社会保障関係費の割合は，国債費，地方交付税交付金に次いで3番目に位置している。

4　介護保険は，40歳以上の者に加入が義務付けられる社会保険である。要支援から要介護に至る10段階の等級に応じて，本人の負担無しでサービスを受けられる仕組みであるが，財政の悪化から，負担割合を増やす方向での検討が進んでいる。

5　シルバー人材センターは，高齢者の雇用の確保などを目的に設立されている機関である。このセンターを通じて成立した雇用関係については，いかなる場合も，最低賃金や労働災害についての諸法令の対象外とされている。

30　領土問題に関する記述として，妥当なものはどれか。

1　国際連合憲章では，国の領土保全に関連する場合であれば，積極的な武力による威嚇又は武力の行使を認めている。

2　日本の領土について，魚釣島をはじめとする尖閣諸島については中国が，また，竹島については韓国が，それぞれ領有を主張している。

3　日本の最南端に位置するのは南鳥島，また，最東端に位置するのは沖ノ鳥島であり，いずれも排他的経済水域の範囲を判断する上で重要な役割を担っている。

4　1951年に締結され，1952年に発効したサンフランシスコ平和条約により，日本には，千島列島・南樺太に関する諸権利が認められた。

5　1956年に合意された日ソ共同宣言において，北方領土に関する問題が触れられなかった経緯が，今日におけるロシアとの北方領土問題を複雑化させる要因の一つとなった。

31　社会保障の歴史に関する記述として，妥当なものはどれか。

1　17世紀のイギリスにおいて制定されたエリザベス救貧法は，対象者の生活を維持したまま，生活費の給付を行うことを柱としていた。

2　社会保障制度の根幹として，人々に社会権を認めることが挙げられるが，この権利は市民革命期に確立した。

3　ベバリッジ報告では，人々が生涯にわたって社会保障の恩恵を受けられるべきであるとの方針が示された。

4　ドイツの社会保険制度が確立された際，ほぼ同時に労働者への権利付与や社会主義者の活動の自由が認められた。

5　世界人権宣言は，社会保障に関する規定を含んでおり，この宣言を認めた国には，その制度を整備する法的義務が課される。

32 日本の生活保護制度に関する記述として，妥当なものはどれか。

1　生活保護に至る前の困窮者に対応するため，「生活困窮者自立支援法」が制定され，就労準備支援事業や家計改善支援事業が実施されている。

2　生活保護世帯の子どもが大学等に進学する際，一時金を給付する制度が廃止されて久しいため，制度の復活が急務となっている。

3　生活保護制度の中には健康管理支援事業が組み込まれており，不摂生に起因する生活習慣病についての医療措置への支援は行わないこととされている。

4　医療扶助について，生活保護受給世帯の者に対する医療サービスの提供にあたり，後発医薬品を使用することは原則として禁じられている。

5　生活保護の受給開始にあたり，資力調査が行われないことが問題視されている。

33 環境基本計画に関する記述として，妥当なものはどれか。

1　環境基本計画は，公害対策基本法に基づいて5年ごとに策定されており，2018年には第5次の計画が閣議決定された。

2　プラスチックゴミは，生物によって摂取されず，海底に蓄積するという問題があるため，プラスチックゴミの抑制が海洋汚染対策における喫緊の課題とされている。

3　計画に基づく具体策には，持続可能な生産と消費を実現するグリーンな経済システムの構築が盛り込まれた。

4　都市と農村のあり方については，双方が互いに自立した経済圏を構築することの重要性が構築された。

5　計画には，経済，国土，地域，暮らし，技術，国際，エシカル消費の7つの観点が示された。

34 令和4年度食料・農業・農村白書に関する記述として，妥当なものはどれか。

1　2022年の我が国における農産物の輸入額と輸入数量は，ともに大幅な増加となった。

2　我が国の主要農産物の輸入構造は，少数の特定国に依存している。

3　我が国畜産経営の2021年の経営費に占める飼料費の割合は，約2割程度となっている。

4　2022年11～12月実施の農業者への調査では，コスト高騰分を販売価格に転嫁したとの回答が50%を超えた。

5　農業経営体の経営耕地面積の規模を見ると，10ha未満の農業経営体が経営する面積が増加する一方，10ha以上の経営体が経営する面積は減少傾向となっている。

35　日本における交通事故や道路交通法の動向に関する記述として，妥当なものはどれか。

1　交通事故件数は緩やかな増加を続けており，2020年の交通事故死者数は2839人であった。

2　2020年における交通事故死者に占める65歳以上の高齢者の割合は半数以上にのぼった。

3　飲酒運転による交通事故については増加が続いており，罰則強化が奏功していないことが明らかになった。

4　80歳以上の高齢者には，運転免許更新時に認知機能検査が義務付けらており，認知症のおそれがあるとの結果が出された場合には，医師の診断が義務付けられている。

5　準中型免許については，運転歴5年以上の経歴を持つ25歳以上の者に受験資格が与えられる。

36　パリ協定に関する記述として，妥当なものはどれか。

1　京都議定書と異なり，パリ協定には，温室効果ガスの排出量についての長期的な目標が明記されている。

2　地球温暖化防止に積極的な役割を果たしてきた日本は，パリ協定の発効に先立ち，国内での批准手続を完了させた。

3　パリ協定には，気候変動について，世界の平均気温上昇を産業革命以前に比べて10℃より十分低く保ち，5℃に抑える努力をするという目標が盛り込まれている。

4　ロシアのプーチン大統領は，2019年11月，パリ協定からの離脱を国連に正式に通告した。

5　フロンガスの代替として開発されたハイドロフルオロカーボンは，温室効果の抑制が高いことから，パリ協定に実効性を持たせる切り札としての役割が期待されている。

37 男女共同参画社会に関する記述として，妥当なものはどれか。

1　第5次男女共同参画基本計画により，政策・方針決定過程への女性の参画拡大，女性の理工系人材の積極的な育成，女性に対する暴力の根絶などの課題が列挙された。

2　男女雇用機会均等法により，すべての雇用管理において性差別が禁止されており，2006年の改正により，従来の間接差別に加え直接差別の禁止も盛り込まれた。

3　女性活躍推進法に基づき，すべての企業に対して，女性の活躍を推進する行動計画の策定が義務付けられている。

4　政治分野における男女共同参画推進法により，政党等には，立候補者の男女比を一定以内にすることが義務付けられた。

5　女性の国会議員の比率は，日本は北欧諸国に次いで低い比率であり，改善が求められている。

38 消費者行政に関する記述として，妥当なものはどれか。

1　消費者庁は，2001年に1府12省庁制がスタートして以降，初めて新設された庁である。

2　消費者基本法に基づき，各都道府県は消費者基本計画の策定を行っている。

3　消費者安全法に基づき，各地方自治体には消費者安全確保地域協議会が設置され，被害に遭いやすい高齢者等についての情報が共有されている。

4　特定商取引法が改正され，高齢者を狙ったつけ込み型の契約を規制するとともに，同一の商品の大量購入などについては，契約の取り消しができるようになった。

5　2015年より，健康増進に関する効果，安全性などについての国による個別の審査に合格すると，機能性表示食品として販売することができるようになった。

39 D. リースマンが示した社会的性格に関する記述として，妥当なものはどれか。

1　D. リースマンは，主著である『文化の諸様式』において，社会的性格の変遷について論じた。

2　伝統志向型とは，自らが生きる時代より古い規範を主体的に探求し，それを人生の指針とする性格類型である。

3　内部志向型とは，社会の内部において共有された価値観を重視する性格類型であり，中世以前に典型的であるとされた。

4　他人志向型は，他人の意向に敏感に反応し，その意向や社会に同調しやすい性格類型である。

5　D. リースマンによる類型化において重視されたのは，他者の期待の内面化であるmeとそれに反応するIであった。

40 社会調査に関する記述として，妥当なものはどれか。

1　面接調査法は，調査票をあらかじめ配布した上で記入を依頼し，後日回収する調査法である。

2　統計的方法のうち，全数調査は，多大な労力がかかるため，20世紀以降先進各国では実施されなくなった手法である。

3　観察法のうち，参与観察は，生活の実情を詳しく把握し対象となるグループへの愛着を強く持つことにより，観察の客観性を確保できるという利点を持つ。

4　無作為抽出は，非確率標本抽出法とも呼ばれ，調査者の意図に合った調査対象を選択する点に特徴がある。

5　電話調査法は，調査にあたって時間や費用を抑えることができる一方，複雑な質問をしたい場合や多くの質問をしたい場合などに困難を伴う。

41 現代社会におけるマスメディアの機能についての諸学説に関する記述として，妥当なものはどれか。

1　リップマンは，マスメディアの主要な機能について，疑似環境に影響を受けたステレオタイプから人々を開放する点を挙げた。

2　ラザースフェルドらは，マスメディアによる強力で直接的な効果に懐疑的な立場から，「コミュニケーションの2段階の流れ仮説」を提唱した。

3　マコームズとショーは，自らの意見が少数派であることを自覚すると，その意見を表明することをためらうことから，「沈黙のらせん」と呼ばれる現象をもたらすことを指摘した。

4　ノエル・ノイマンは，マスメディアが人々の政治的な意見を直接変えることに至らなくても，話題や争点に大きな影響を与える点を指摘した。

5　マスメディアの影響が極めて限定的であるという学説の代表として，「皮下注射モデル」「弾丸理論」などが挙げられる。

42　日本の労働法に関する記述として，妥当なものはどれか。

1　労働組合法によれば，使用者は，労働組合に加入しないこと，あるいは脱退することを雇用の条件とすることができる。

2　争議行為によって会社に損害を与えた場合，その争議行為が適法なものであったとしても，労働組合はその賠償に応じなければならない。

3　男女雇用機会均等法は，就業規則等において，明文で男女についての記述がなくても，実質的に男女差別につながる間接差別についても禁じている。

4　労働関係調整法によれば，裁判所が緊急調整を決定した場合，一定期間，労働争議が禁止される。

5　使用者は，労働基準法よりも優遇した労働条件について，同法を根拠としてその引き下げを広く行うことができる。

43　社会集団の類型に関する記述として，妥当なものはどれか。

1　ギディングスは，生成社会や組成社会といった概念を用いて集団を類型化する手法を批判し，社会の多様性をありのままにとらえることの重要性を強調した。

2　マッキーバーは，対面的かつ直接的な接触により連帯感などがみられる社会を第1次集団と呼んだ。

3　クーリーは，包括的な共同関心に支えられる集団をコミュニティ，特定の関心に基づく人為的集団をアソシエーションと呼んだ。

4　テンニースは，本質意思に基づく共同社会をゲゼルシャフトと呼ぶとともに，選択意思に基づく利益社会をゲマインシャフトと類型化した。

5　高田保馬は，地縁や血縁などの基礎的な結びつきによる社会を基礎社会，類似性や利益などの結びつきに基づき，基礎社会から展開される社会を派生社会と呼んだ。

44 **IMF（国際通貨基金）の2023年4月の「世界経済見通し」による世界経済動向に関する記述として，妥当なものはどれか。**

1　世界経済の成長率の見通しは，2024年も低下を続け，2.0％を下回ると見込まれている。

2　経済成長が鈍化しているのは，主に発展途上国である。

3　世界のインフレ率は，2024年も上昇し続け，9％を超える見通しである。

4　2022年に新型コロナウイルスの影響が最も顕著だった国は，イギリスである。

5　2022年にインドの経済成長率は，中国を上回った。

45 **日本の電力事情に関する記述として，妥当なものはどれか。**

1　日本の電力消費は，第二次世界大戦後，一貫して増え続けている。

2　日本は水資源に恵まれていて，2021年度における発電電力量に占める水力発電の割合は，50％を超えている。

3　2021年度における電気事業者の火力発電による発電電力量は，天然ガスのほうが石炭よりも大きい。

4　2021年度における原子力発電による発電電力量は，太陽光発電による発電電力量を上回っている。

5　日本では，2016年度から電力の小売業への参入が完全に自由化され，2023年5月時点で，登録小売電気事業者数は1,000事業者を超えている。

46 **日本の教育事情に関する記述として，妥当なものはどれか。**

1　令和4年度学校基本調査によると，幼保連携型認定こども園の在学者数は，令和4年5月1日現在，過去最高を記録した。

2　令和4年度学校基本調査によると，高等学校卒業者の大学（学部）進学率は，60％を超えている。

3　2019年の国際数学・理科教育動向調査（TIMSS）では，小学校4年生の理科の平均点は前回調査を上回った。

4「教育のICT化に向けた環境整備5か年計画」では，学習者用コンピュータの整備目標を，2クラスに1クラス分程度整備することとしている。

5　令和3年度子供の学習費調査によると，世帯の年間収入が1,200万円以上の世帯は，400万円未満の世帯に比べて，高等学校に通う子供の補助学習費平均が2倍となっている。

《解答・解説》

1 2

解説 1　誤り。国会議員の不逮捕特権は，会期中に限られる。ただし，所属する院の許諾があれば，逮捕されることがある。なお，現行犯の場合，不逮捕特権は及ばない。また，会期外に逮捕された場合，所属する院の要求があった場合には，その会期中，釈放しなければならない。　2　正しい。なお，衆議院が任期満了前に解散され，総選挙が行われた後に召集されるのは特別会である。　3　誤り。衆議院において可決され，参議院で否決された法律案を成立させるためには，衆議院において，出席議員の3分の2以上の賛成が必要となる。　4　誤り。総理大臣の指名について，衆議院と参議院で異なる者を指名した場合には，両院協議会が開かれ，そこで一致しない場合，衆議院の議決が国会の議決となる。また，衆議院で指名が行われた後，参議院が指名しないまま，国会休会中の期間を除き10日が経過した場合も同様である。　5　誤り。法律案を提出できるのは，議員，委員会，内閣である。ただし，議員が法律案を提出するためには，あらかじめ一定数の賛同が必要である。

2 5

解説 1　誤り。衆議院において内閣不信任案が可決された場合，10日以内に衆議院が解散されない限り，内閣は総辞職しなければならない。衆議院の解散・総選挙が行われた場合，選挙後に特別会が召集された際，内閣は総辞職し，その後，総理大臣の指名が行われる。一方，参議院の問責決議には法的拘束力がなく，また，参議院には解散の制度がない。　2　誤り。内閣総理大臣は，任意に国務大臣を罷免でき，所属する院の同意は不要である。　3　誤り。第1文については正しいが，最高裁判所の長たる裁判官は，内閣によって指名され，天皇によって任命される。　4　誤り。弾劾裁判所は国会に設置され，また，その裁判官はすべて国会議員である。　5　正しい。日本国憲法第77条で定められた内容に関する記述である。

3 3

解説 1　選択肢の記述は，参議院議員選挙において導入されている比例代表制についてのものである。衆議院では，小選挙区比例代表並立制が導入されており，比例代表制は拘束名簿式である。　2　選択肢の記述は，衆議院議員選挙において導入されている比例代表制についてのものである。　3　正しい。衆議院議員選挙が中選挙区制によって行われていたときに違憲判決が下されたものの，選挙そのものについては有効とされた。　4　2016年に行われた参議院議員選挙より，都道府県ごとに行われていた選挙に「合区」を導入したが，これは，一票の格差の是正を求める裁判所の意向を汲んだものである。また，衆議院議員選挙における都道府県ごとの小選挙区制の数を決定する際に前提となっていた「一人別枠方式」については，その合理性は失われたと判断した。　5　国政選挙や憲法改正の国民投票において投票できる年齢は20歳から18歳に引き下げられたものの，被選挙権については変更されておらず，参議院議員選挙の被選挙権は30歳以上の有権者に与えられている。

4　2

解説　1　誤り。中国では，全国人民代表大会に権力が集中した。そこで，国家元首である国家主席をはじめとして，軍，司法を含む重要な役割を担うポストが決められる。国務院は，行政機関であり，そのトップである国務院総理は，国家主席の指名に基づき，全国人民代表大会によって任命される。　2　正しい。ドイツの政治は議院内閣制を特徴とし，国家元首である大統領は，一定の役割を果たしているものの，儀礼的なものにとどまる。　3　誤り。大統領は国民議会を解散することができる。大統領が直接選挙によって選出される点，国民投票に付託する権限を持つ点は正しい。　4　誤り。上院を下院とすると正しい記述となる。上院議員は，内閣の推薦に基づいて国王が任命するため，上院議員についての選挙は行われていない。　5　誤り。大統領が弾劾によって罷免されるのは，国家反逆罪などの犯罪行為があった場合であり，意見や政策の違いは対象外である。また，大統領に議会に関する権限はない。

5　5

解説　1　誤り。司法における主要な役職も中国の全国人民代表大会において選出される。　2　誤り。フランスでは，法律についての違憲審査が憲法評議会において抽象的に行われる。なお，選択肢の内容に合致するのは，アメリカや日本の司法制度である。　3　誤り。ドイツの憲法裁判所は，行政機関とともに他の裁判所からも分離されている。　4　誤り。イギリスの最高法院は，貴族院議員である法律貴族が裁判官の役割を担っていたが，最高裁判所の設立に伴い，そのような兼任は順次廃止されることになった。したがって「定着している」という表現は誤りである。　5　正しい。アメリカの連邦最高裁判所の裁判官の任命は，大統領の政治色が強く反映されやすいことで知られている。

6 **3**

解説 1　誤り。国連平和維持活動（PKO）による活動の原則の1つとして，「中立」が挙げられる。つまり，一方の側に立つという趣旨の記述は誤りである。　2　誤り。国連平和維持活動（PKO）に関する予算は，通常の国連の予算と別建てとなっている。　3　正しい。国連平和維持活動（PKO）の指揮権は，国連事務総長が持つ。　4　誤り。自衛隊の発足は1954年であるが，日本が参加できるようになったのは，1992年に「国際連合平和維持活動等に対する協力に関する法律」を制定してからである。　5　誤り。2016年に施行された安全保障関連法に基づき，政府は同年の閣議において，陸上自衛隊に「駆けつけ警護」（国連や非政府組織などのスタッフが攻撃を受けている現場に駆けつけ，武器を使用して救助すること）の新任務を与えると決定した。つまり，「禁じられている」という記述は誤りである。

7 **1**

解説 1　正しい。庶民院（下院）の議員が選挙によって選ばれるのに対し，貴族院（上院）の議員は，内閣の推薦に基づき，国王によって任命される。　2　誤り。イギリスの首相は，庶民院において多数を占めた政党の党首が国王によって任命される。　3　誤り。首相は，内閣不信任決議に対抗して庶民院を解散することができる。なお，「庶民院による内閣が内閣不信任に対抗する場合」以外の解散については，一時期庶民院の同意を要件とする法律が制定されたが，その後これを廃止し，首相による解散権を拡大する方針が示された。　4　誤り。イギリスでは，成文法としての憲法はなく，慣習や歴史的文書がその役割を果たしている。また，伝統的に議会への信頼が厚く，法律について，裁判所による明確な違憲審査権はないものと解されている。　5　誤り。イギリスでは，2005年の法改正により，従来は貴族院に設置され法律貴族が審理を担っていた最高法院が廃止され，2009年に最高裁判所が新設された。

8 5

解説 1　誤り。総会による決定の効力は，原則として勧告にとどまる。ただし，予算，新加盟国の承認の最終的な決定については，拘束力がある。
2　誤り。パラオの独立により，信託統治理事会は任務を終了している。
3　誤り。事務総長は，安全保障理事国の常任理事国以外の小国から選出される慣習が確立している。　4　誤り。経済社会理事会は，非政府組織(NGO)も協議の対象としている。　5　正しい。常任理事国は，アメリカ，イギリス，フランス，ロシア，中国の5カ国である。

9 4

解説 1　誤り。官僚制は，「伝統的支配」ではなく，「合法的支配」の典型である。　2　誤り。選択肢の記述は，家産官僚制についての説明であり，近代官僚制においては，資格任用制が原則となる。　3　誤り。明確な権限の原則や階統構造はマックス・ウェーバーによる官僚制論の主要な論点である。　4　正しい。官僚制は，大規模な組織に共通する現象であるととらえられた。　5　誤り。「訓練された無能力」というキーワードは，マックス・ウェーバーではなく，マートンによって提唱された。

10 4

解説 1　誤り。国際人権規約と世界人権宣言の規定が逆になっている。
2　誤り。基本的人権の中で社会権の歴史は浅く，それが盛り込まれたものとしては，1919年に定められたドイツのワイマール憲法が最初の例として挙げられる。　3　誤り。公共の福祉による制限が明確に定められているのは，経済的自由についての規定である。　4　正しい。薬局の距離制限は，職業選択の自由，営業の自由に反し，違憲とされた。　5　誤り。環境権は，日本国憲法に定められた生存権や幸福追求権を根拠に主張されている。また，環境基本法に環境権についての規定はない。

11 1

解説 1　正しい。ちなみに，通常の法律と同様の手続によって改正できる憲法は，軟性憲法である。　2　誤り。最高裁判所は，高度に政治的な問題は，一見して明白に違憲でない限り司法審査になじまないとする「統治行為論」を採用している。　3　誤り。大日本帝国憲法には，地方自治についての規定がなかった。　4　誤り。日本国憲法には，勤労の義務，納税の義務，保護する子どもに普通教育を受けさせる義務などが定められており，国民の義務についての規定が含まれていないとするのは誤りである。　5　誤り。日本国憲法第9条において交戦権が否定されているが，選択肢のような除外規定はない。

12　1

解説　1　正しい。マイナンバー制度は，2016年より本格的に導入された。　2　最高裁判所による違憲判決を受けて，婚内子と婚外子の間の相続差別が撤廃された。　3　女性の再婚禁止期間は短縮されたものの，撤廃されたわけではない。　4　人を故意に死に至らしめた犯罪についての公訴時効は，廃止された。　5　不起訴や起訴猶予となっていた犯罪について，検察審査会が2度にわたって「起訴すべき」との議決を行った場合，裁判所が任命した弁護士が検察官役となり，起訴する制度が導入された。

13　3

解説　1　誤り。供託金とは，公職選挙に立候補する際に，法務局に供託を義務づけられている金員または国債証書である。令和2年に成立した「公職選挙法の一部を改正する法律」により，それまで不要とされていた町村議会議員選挙においても導入された。　2　誤り。令和2年に成立した「特定非営利活動促進法の一部を改正する法律」により，特定非営利活動法人（NPO法人）の設立の迅速化のため，設立認証の形成に寄与する申請に係る必要書類の縦覧期間が1カ月から2週間に短縮されるとともに，事務負担の軽減のため所轄庁への提出書類の一部が削減された。　3　正しい。令和2年に成立した「労働基準法の一部を改正する法律」により，賃金請求権の消滅時効期間が2年から5年に延長された。　4　誤り。令和3年に成立した「新型インフルエンザ等対策特別措置法等の一部を改正する法律」により，新型インフルエンザ等まん延防止等重点措置が創設され，また，新型インフルエンザ等緊急事態措置において施設の使用制限等の要請に応じない者に対する命令，及び命令に違反した場合，過料を科すことが可能となった。　5　誤り。令和3年に成立した「デジタル庁設置法」では，デジタル社会の形成に関する施策を迅速かつ重点的に推進するため，デジタル社会の形成に関する内閣の事務を内閣官房と共に助けるとともに，デジタル社会の形成に関する行政事務の迅速かつ重点的な遂行を図ることを任務とするデジタル庁を設置する旨を定めているが，デジタル大臣，デジタル副大臣等が置かれている。

14 2

解説 1　誤り。裁判所の違憲審査の対象になるのは，法律だけではなく，命令，規則，処分，条例が含まれる。　2　正しい。違憲判決後，国会において廃止や改正の手続が行われるまで，その法律は存続する。　3　誤り。下級裁判所も違憲判決を下すことができる。ただし，その後，上訴され，覆ることがある。　4　誤り。最高裁判所は，従来の判例を変更することができる。ただしその際は，15名の裁判官全員で構成される大法廷での審理が必要となる。　5　誤り。違憲審査の適否についての国民審査の制度は存在しない。

15 2

解説 1　サービスの取引については，貿易収支とは区別される。貿易収支とサービス収支を合わせて貿易・サービス収支といい，これは経常収支に含まれる。　2　正しい。海外からの利子や配当の受け取りは，第一次所得収支のプラスをもたらす。　3　選択肢の文は，第二次所得収支についてのものである。資本移転等収支は，資本財についての収支である。例えば，海外に対して道路やダムなどのインフラについての援助を行った場合などがこれに該当する。　4　金融収支のプラス要因として作用するのは，日本にとっての資産を増やした場合と負債を減らした場合である。　5　2014年に行われた国際収支統計の改訂に基づき，資本収支は廃止された。また，外貨準備増減は，直接投資，証券投資，金融派生商品，その他投資とともに，金融収支に含まれる。

16 5

解説 1　誤り。トーマス・マンについての記述である。ケネーは，重農主義の立場から，農業労働が富の源泉であること，政府は自由放任主義的な政策を進めるべきであることなどを主張した。　2　誤り。リカードについての記述である。マルサスは，貧困の原因は人口の増加であるから，それを抑制すべきであると主張したことなどで知られる。　3　誤り。ケインズは，不況や恐慌の原因は有効需要の不足であるとし，公共投資などによってそれを増大させるべきであるとした。　4　誤り。ラッファーは，税率が高い水準にある場合には，減税によってインセンティブを刺激し，経済活動を活発化させ，かえって税収を増やすことができると主張した。　5　正しい。フリードマンらが主張した説はマネタリズムと呼ばれる。

17　1

解説　1　正しい。財政法第4条に，公共事業，出資金，貸付金の原資を目的とする国債についての規定がある。　2　基礎的財政収支（プライマリーバランス）は赤字が続いており，このことが国債残高の増加をもたらしている。　3　選択肢は，特別会計についての説明である。特別会計は減少傾向にあるが，東日本大震災の後，復興に関する特別会計が新設された。　4　選択肢は，暫定予算についての説明である。補正予算は，予算成立後にその修正等が必要になった際に編成される予算である。　5　一般会計における歳出項目の上位は，多い順から，社会保障関係費（33.6％），国債費（22.3％），地方交付税交付金等（15.0％）（令和3年度）で，全体の約7割を占めている。

18　4

解説　1　誤り。消費税は，商品やサービスを提供する事業者が納税義務者となるため，間接税に分類される。なお，直接税の例としては，所得税や住民税が挙げられる。　2　誤り。消費税は，低所得者の負担が相対的に大きくなる逆進性を持つ税である。そのため，税率が10％に引き上げられた際には，低所得の高齢者世帯が対象となる給付金を支給するなどの対策が講じられた。　3　誤り。「酒類及び外食を含む飲食料品」を「酒類及び外食を除く飲食料品」とすると正しい記述になる。　4　正しい。消費税率が10％に引き上げられた際，「酒類及び外食を除く飲食料品」と「定期購読契約を結び，週2回以上発行される新聞」が軽減税率の対象となり，税率が8％に据え置かれた。　5　誤り。導入当時の消費税率は3％であり，その後，5％，8％，10％と3度にわたって引き上げられた。

19 2

解説 1　誤り。完全競争市場における均衡は，資源配分が最適になるものの，所得分配については，望ましい水準になるとは限らない。　2　正しい。市場における価格調整についての記述である。　3　誤り。外部不経済の例とされる公害を生じている場合，政府などによる介入が行われないと，量は過大に，価格は過小となる。　4　誤り。「同時に消費できる非競合性，対価を払わない者を排除できない非排除性という性質を持つ」とすると正しい記述になる。　5　誤り。完全競争市場における生産者や消費者は，価格を決定できないプライステイカー（価格受容者）として行動する。

20 2

解説 1　誤り。「物価の調整」を「経済の安定」とすると正しい記述になる。　2　正しい。ケインズは，『雇用・利子および貨幣の一般理論』などを著し，乗数理論を提唱したことなどで知られる。　3　誤り。ラッファーが提唱した「ラッファーカーブ」は，減税がインセンティブを増大させることなどによって税収を増やす可能性があることを示した。　4　誤り。選択肢の説明は，フィスカル・ポリシーについての記述である。ビルト・イン・スタビライザー（自動安定化装置）の例として挙げられるのは，累進課税，失業給付などである。　5　誤り。フィスカル・ポリシーは，不況期に減税や公共投資の拡大などをはかる政策であるが，行政機関などによる立案，議会による審議や議決などが必要となるため，他の政策よりも時間がかかる。

21 5

解説 1　誤り。日本銀行は政府などから一定の独立性が確保されており，選択肢に示したような承認の手続は不要である。　2　誤り。国債を政府から直接買うことは原則として禁じられているものの，市場から購入することは可能である。　3　誤り。日本では，2016年からマイナス金利が導入されている。　4　誤り。日本銀行は，1991年以降，準備率を変更しない状態が長く続いた。なお，準備率は，支払準備率，預金準備率，法定準備率などと呼ばれる。金融政策の1つである支払準備率操作は，金融機関に対して預金の一定割合を現金または中央銀行への預金の形で保有することを義務付け，情勢に応じて，この預金準備率を変更し，操作する政策である。　5　正しい。

金融政策は，多数決で決定される。

22 4

解説 1　誤り。金利が高い国の通貨は，その通貨に対する需要が相対的に増えることを通じて，増価させる要因となる。　2　誤り。購買力平価説によれば，物価が上昇した国の通貨は減価し，逆に物価が低下した国の通貨は増価する。　3　誤り。「長期」を「短期」とすると正しい記述となる。国際通貨基金（IMF）が短期資金の供給を行うのに対して，国際復興開発銀行（IBRD）などは長期資金の供給を担う。　4　正しい。例えば，円の需要が増え円高に向かいそうなときは，円が売却される。戦後の日本では，1949年から1970年代のはじめまで，固定為替相場制が導入されていた。　5　誤り。変動為替相場制の下でも，通貨当局による外国為替市場への介入は行われる。例えば，1985年には，ドル高を是正するための協調介入が行われた。

23 2

解説 1　誤り。民間企業も，公共事業の受注や補助金の給付などを通じて支出の対象となる。　2　正しい。ビルト・イン・スタビライザーは，「景気の自動安定化装置」や「景気の自動調節機能」を意味する。　3　誤り。「累進」を「逆進」とすると正しい記述になる。　4　誤り。日本銀行による国債の直接的な引受は原則として禁止されている。よって，「日本銀行による直接の引受を原則として発行される」とする記述は誤りである。　5　誤り。「黒字」と「赤字」の記述が逆である。なお，プライマリーバランスは，基礎的財政収支とも呼ばれ，国債の発行による歳入およびその償還・利払いを除く収支を意味する。

24 5

解説 1　誤り。日本への観光客が増加すると，外国人による日本への支払が増えるため，円の需要が増加する。よって，円買が進み，円高に導く要因となる。　2　誤り。日本からの輸出の増加も，日本への支払と円の需要の増加，円買，円高を促す。　3　誤り。日本における急激なデフレーションは，日本において物価が下がり，輸出を増やすものと考えられる。よって，選択肢2に示した要因により，円高が進む。　4　誤り。日本銀行による大規模な外国通貨の売却は，同時に円を買うことを意味するため，円高が進む。

5　正しい。企業が日本から海外に進出する場合，日本円を売り，外国の通貨を調達する必要が生じるため，外国為替レートを円安に導く。

25 2

解説 1　誤り。2021年4月現在の待機児童数は4年連続で減少した結果，5,634人となった。ちなみに，2017年には26,081人だったので，4年間で20,447人減少し，約5分の1になった。　2　正しい。改正された子ども・子育て支援法において，子育て支援に積極的に取り組む施策が盛り込まれた。同法において，選択肢に示した助成制度の創設に加え，0～2歳児の保育所等運営費のうち，財源を確保するため一般事業主から徴収する拠出金の割合を引き上げることなどが定められた。　3　誤り。中学校卒業までの子どもを養育する児童手当については，2022年10月から高所得者を支給対象外とすることが決まった。　4　誤り。介護サービスの費用の一部は自己負担であるから，「全額保険から拠出される」との記述は誤りである。他の記述については正しい。ちなみに，介護サービスの費用の負担割合は，1割から3割の間で，所得によって決定される。　5　誤り。2020年に成立した金制度改正法により，年金の受給開始時期の選択肢は，「60歳から70歳の間」であったものが，「60歳から75歳の間」に拡大された。

26 4

解説 1　誤り。公的医療保険が統合された事実はない。公的医療保険は，概ね，大企業の従業員などが加入する「組合健保」，中小企業の従業員などが加入する「協会けんぽ」，公務員などが加入する「共済組合（短期給付）」，自営業者などが加入する「国民健康保険」，75歳以上の者が加入する「後期高齢者医療制度」に分けられる。　2　誤り。日本の公的年金は，積立方式に賦課方式を加味した修正積立方式によって運営されている。選択肢に述べられた欠点は，賦課方式についてのものである。　3　誤り。生活保護における給付額は，本人の収入，親族からの援助，扶養家族の有無などの事情を加味して個別に決定される。　4　正しい。障害者総合支援法は，2012年，障害者自立支援法を改正する形で成立した。　5　誤り。公的介護保険における分類は，要支援2段階，要介護5段階，合わせて7段階である。

27 3

解説 1　水俣病と新潟水俣病の原因物質はメチル水銀である。カドミウムなどの土壌汚染を原因として発生したのはイタイイタイ病である。　2　四日市ぜんそくをめぐる訴訟では，裁判所が共同不法行為の成立を認め，原告側勝訴の判決が下され，確定した。　3　正しい。2012年に京都議定書が期限切れを迎えた際，日本はその延長の枠組みからの離脱を表明した。なお，新たな枠組みに向けた交渉等には参加している。　4　家電や自動車のリサイクルに関する法律には，消費者側の費用負担についての規定がある。　5　名古屋議定書には，遺伝資源の利用に伴う権益について，資源を提供した側に配慮した配分をすべきである旨が盛り込まれた。

28 4

解説 1　誤り。2023年5月現在，消費者物価の前年比上昇率2％という物価安定目標は変わっていない。　2　誤り。マイナス金利政策は，2023年5月現在，解除されていない。　3　誤り。マイナス金利政策とは，金融機関が日本銀行に預ける預金の一部にマイナス0.1％の金利をかけ，企業などへの貸し出しを促すための政策である。　4　正しい。2022年度末に日本銀行が有する国債の残高は，約582兆円となり，過去最大となった。　5　誤り。物価安定目標を達成するためにマネタリーベースを拡大するのは，オーバーシュート型コミットメントである。イールドカーブ・コントロールとは，金融市場の調節によって長短金利の操作を行うことである。

29 1

解説 1　正しい。後期高齢者医療制度（長寿医療制度）は，75歳以上の者を他の医療保険から切り離し，公的負担，本人負担，他の医療保険からの拠出などによって運営する制度である。　2　誤り。雇用者には，本人が希望する場合，定年の廃止，定年の延長，継続雇用のいずれかにより，65歳までの雇用が義務づけられている。なお，2021年4月施行の高年齢者雇用安定法の改正により，70歳までの就業機会の確保が努力義務として設けられている。3　誤り。一般会計に占める社会保障関係費の割合はトップである。　4　誤り。介護保険は，要支援1～2，要介護1～5の7段階の等級により，原則として本人負担1割でサービスを受けられる仕組みである。　5　誤り。シルバー人材センターを通じて結ばれた雇用関係についても，最低賃金法，労働者災害補償保険法などが適用される。

30 2

解説 1　誤り。国際連合憲章第2条第4項には，「すべての加盟国は，その国際関係において，武力による威嚇又は武力の行使を，いかなる国の領土保全又は政治的独立に対するものも，また，国際連合の目的と両立しない他のいかなる方法によるものも慎まなければならない」と定められている。よって，「積極的な武力による威嚇又は武力の行使を認めている」とする選択肢の記述は誤りである。　2　正しい。なお，日本は歴史的な事実や国際法上の諸原則を踏まえ，尖閣諸島および竹島は日本の領土であるという立場である。　3　誤り。「南鳥島」と「沖ノ鳥島」を入れ替えると，正しい記述になる。　4　誤り。サンフランシスコ平和条約には，日本の「千島列島・南樺太（南サハリン）の権利，権限及び請求権の放棄」が盛り込まれた。　5　誤り。1956年に合意された日ソ共同宣言において，「正常な外交関係が回復された後，平和条約の締結交渉が継続される」こと，およびソ連が歯舞群島・色丹島を日本に「平和条約が締結された後，現実に引き渡す」ことが規定されている。

31 3

解説 1　誤り。エリザベス救貧法は，浮浪者とみなされたものを強制収容する内容を含んでいた。　2　誤り。世界で初めて社会権を認めたのは，1919年のワイマール憲法であるから，「市民革命期に確立」という記述は誤りである。　3　正しい。1942年のイギリスにおいて示されたベバリッジ報告は，「ゆりかごから墓場まで」ということばで，人々が生涯にわたって社会保障の恩恵を受けられるべきであるとの方針を示した。　4　誤り。ビスマルクによって社会保険が創設された際，社会主義者の弾圧などが強化されたため，「アメとムチ」と呼ばれている。　5　誤り。国際人権規約が法的拘束力を持つのに対して，世界人権宣言には拘束力や強制力がない。

32 1

解説 1　正しい。生活困窮者自立支援法は，自治体に対し，就労準備支援事業や家計改善支援事業などに取り組むことを努力義務として定めている。

2　誤り。生活保護世帯の子どもが大学等に進学する際には，進学準備給付金を給付する制度がある。　3　誤り。健康管理支援事業は，健康管理への支援を進めるものであるが，生活習慣病への医療措置への支援が行われないというのは誤りである。　4　誤り。医療にかかる費用を抑制するため，医療扶助において原則として後発医薬品（ジェネリック医薬品）を用いることが定められている。　5　誤り。生活保護の受給に先立ち，資力調査などが行われる。

33　3

解説　1　誤り。「公害対策基本法」を「環境基本法」に，「5年」を「6年」に置き換えると正しい記述となる。　2　誤り。プラスチックごみを魚などの海洋生物が食べることで，水産資源や生態系に悪影響を与えることが問題となっている。　3　正しい。計画における具体策には，他に，国土のストックとしての価値の向上などが盛り込まれた。　4　誤り。都市と農山漁村が資源を補完し支え合う「地域循環共生圏」の考え方が提唱された。　5　誤り。エシカル消費は，社会・環境に配慮した消費行動を意味するが，このことは環境基本計画ではなく，『2018年環境・循環型社会・生物多様性白書』に盛り込まれた。

34　2

解説　1　誤り。2022年の我が国における農産物の輸入額は，為替相場の影響もあいまって，前年に比べ3割以上増加したが，輸入数量は，微増にとどまった。　2　正しい。我が国の農産物輸入額において，輸入先上位6か国が占める割合は6割程度であり，とうもろこし，大豆，小麦，牛肉は，上位2か国で8～9割を占めている。　3　誤り。我が国の畜産経営の2021年の経営費に占める飼料費の割合は，約3～6割を占めていて，飼料価格の高騰に対する緊急対策が実施された。　4　誤り。2022年11～12月実施の農業者への調査では，コスト高騰分を販売価格に転嫁したとの回答は13.5％にとどまり，コスト高騰に伴う農産物・食品への価格転嫁が課題となっている。　5　誤り。農業経営体の経営耕地面積の規模は，10ha未満の農業経営体が経営する面積が減少する一方，10ha以上の経営体が経営する面積は2022年に59.7％と増加傾向となっており，経営耕地面積の規模が拡大している。

35 2

解説 1　誤り。交通事故発生件数，交通事故による死傷者数ともに減少傾向にある。なお，交通事故死者数のピークは1970年であった。　2　正しい。交通事故死者に占める65歳以上の高齢者の割合は，55.4％にのぼり，半数を超えている。　3　誤り。飲酒運転による交通事故は減少しており，2020年には前年より525件減少し，2522件となった。　4　誤り。80歳以上を75歳以上とすると正しい記述となる。　5　誤り。3.5トン以上7.5トン未満の貨物自動車を運転するのに必要な準中型免許は，18歳以上であれば取得が可能である。

36 1

解説 1　正しい。パリ協定において，温室効果ガス排出量を21世紀後半に実質ゼロとする長期目標が定められている。なお，実質ゼロとは，排出量と吸収量のバランスを取ることを意味する。　2　誤り。パリ協定の発効は2016年の11月4日であるが，日本が批准したのは，同月8日であった。　3　誤り。パリ協定には，気候変動について，「世界の平均気温上昇を産業革命以前に比べて2℃より十分低く保ち，1.5℃に抑える努力をする」という数値目標が盛り込まれており，選択肢に示された数値は誤っている。　4　誤り。「ロシアのプーチン大統領」を「アメリカのトランプ大統領」とすると正しい記述になる。なお，1度は脱退をしたアメリカだが，2021年にバイデン大統領のもと，パリ協定に復帰をはたしている。　5　誤り。ハイドロフルオロカーボンは，排出された際の温室効果が高いことから，2016年以降，生産規制の対象となっている。

37 1

解説 1　正しい。第5次男女共同参画基本計画は2032年度末までの「基本認識」及び2027年度末までを見通した「施策の基本的方向」及び「具体的な取組」を定めたものである。　2　誤り。「直接」と「間接」を入れ替えれば正しい記述となる。なお，間接差別とは，一見すると性とは無関係である表現でも，実質的に男女差別などにつながるような規定や慣行である。　3　誤り。女性活躍推進法に基づき，行動計画の策定が義務付けられているのは，国，地方自治体，従業員101人以上の企業である（以前は300人以上の大企業が対象であったが，2022年4月同法の改正により，101人以上300人以下の企業も対象となった)。　4　誤り。政治分野における男女共同参画推進法により，政党等には立候補者の男女均等化に自主的に取り組むよう求められている。　5　誤り。日本における女性の国会議員の比率は先進国では最低であり，世界でも低い水準であるが，北欧諸国は4割前後である。

38 3

解説 1　誤り。1府12省庁制がスタートして以降，初めて新設されたのは観光庁である。　2　誤り。消費者基本法に基づく消費者基本計画を策定しているのは国である。　3　正しい。選択肢の説明は，2014年に改正された消費者安全法についての記述である。　4　誤り。選択肢の説明は，2016年に改正された消費者契約法についての記述である。　5　誤り。「特定保健用食品」とは異なり，「機能性表示食品」は国による個別の審査は行われておらず，事業者の責任において，科学的根拠に基づいた機能性を表示した食品である。

39 4

解説 1　誤り。D. リースマンが社会的性格の変遷について論じたのは，『孤独な群衆』である。『文化の諸様式』はR. ベネディクトによる文化人類学に関する著書である。なお，社会的性格とは，集団や社会層に属する人々において共通にみられる性格上の特徴を意味する。　2　誤り。社会の伝統に従順に同調することを特徴とするのが伝統志向型である。つまり，伝統や慣習に受動的に従うのが特徴であり，「自らが生きる時代より古い規範を主体的に探求」するという記述は誤りである。　3　誤り。内部志向型は，自分自身の内面的な価値に同調して行動することを特徴とする類型であり，近代社会において典型的なものとされた。具体的には，自らの理性に照らし，思想や行動の妥当性を検討する姿勢を示す。よって，「社会の内部によって共有された価値観を重視」，「中世以前に典型的」とする記述は誤りである。　4　正しい。他人志向型は，現代の大衆社会において支配的となった類型であるとされた。この類型は，外部志向型とも呼ばれ，自らの主体的な判断ではなく，他人に同調する点に特徴がある。　5　誤り。他者の期待の内面化であるme（客我）とそれに反応するI（主我）の相互作用によって社会的自我の形成を論じたのはG.H. ミードである。彼によれば，自我意識とは客我であり，行為の主体は主我である。

40 5

解説 1　誤り。選択肢の文は，配票調査法についての説明である。面接調査法は，調査員が被調査者を直接訪問しながら調査票に調査結果を記入する方式である。　2　誤り。全数調査に労力がかかることについては正しいが，日本の国勢調査は，全数調査の手法が用いられている。　3　誤り。観察法により実情を詳細に把握することができる点は正しいが，グループへの愛着により，客観性が損なわれる可能性がある。　4　誤り。無作為抽出は，数理統計的手法により標本を抽出する手法であり，確率標本抽出法とも呼ばれる。
5　正しい。電話調査法は，調査対象者に電話を用いて質問する調査法である。

41 2

解説 1　誤り。リップマンは，マスメディアの機能について，疑似環境を設定すること，人々が単純化されたステレオタイプを用いた反応を示しやすいことなどを挙げた。　2　正しい。ラザースフェルドらは，マスメディアからの直接的な影響よりも，オピニオンリーダーとのパーソナルコミュニケーションによる影響の方が大きいとした。　3　誤り。ノエル・ノイマンに関する記述である。　4　誤り。マコームズとショーに関する記述である。　5　誤り。「皮下注射モデル」や「弾丸理論」は，マスメディアが世論に大きな影響を及ぼすとする弾丸理論の代表的な学説である。

42 3

解説 1　誤り。労働組合に加入しないこと，あるいは脱退することを雇用の条件とすることは禁じられている。これは，黄犬契約と呼ばれ，典型的な不当労働行為である。　2　誤り。労働組合による適法な争議行為には，民事上，刑事上の免責が認められている。つまり，損害賠償責任を負うことはない。　3　正しい。間接差別の例として，身体的特徴や転勤に迅速に応じられるかどうかといった内容が挙げられる。　4　誤り。「裁判所」を「内閣総理大臣」とすると正しい記述になる。　5　誤り。労働基準法では，使用者に対して労働条件の改善に努める義務を課しており，同法を根拠とした引き下げは認められないと解されている。

43 5

解説 1　誤り。ギディングスは，血縁や地縁に基づく自生的な社会を生成社会，特定の活動のための人為的な社会を組成社会と呼んだ。　2　誤り。選択肢の記述は，クーリーについての説明である。　3　誤り。選択肢の記述は，マッキーバーについての説明である。　4　誤り。「ゲゼルシャフト」と「ゲマインシャフト」についての記述が逆である。　5　正しい。高田保馬は，選択肢に示した社会の類型とともに，「基礎社会衰耗の法則」を提唱したことでも知られる。

44 5

解説 1　誤り。世界経済の成長率見通しは，2023年に2.8%で底を打ち，2024年にはやや加速して3.0%となる見込みである。　2　誤り。経済成長が鈍化しているのは，主に先進国である。　3　誤り。世界のインフレ率は，2022年の8.7%から，2024年には4.9%へと鈍化していく見通しである。　4　誤り。2022年に新型コロナウイルスの影響が最も顕著だった国は中国で，前年の成長率8.4%から3.0%に縮小した。　5　正しい。インドの経済成長率は2022年に中国を上回り，2024年も中国を上回って6%を超える見通しである。

45 3

解説 1　誤り。日本の電力消費は，2011年の東京電力福島第一原子力発電所事故以降，減少傾向である。　2　誤り。2021年度の発電電力量に占める水力発電の割合は，約7.5%である。　3　正しい。2021年度の天然ガスによる発電電力量は約3,558億kWh，石炭による発電電力量は約3,202億kWhである。　4　誤り。2021年度の原子力発電による発電電力量は約708億kWh，太陽光発電による発電電力量は約861億kWhで，太陽光発電のほうが上回っている。　5　誤り。2023年5月26日時点の登録小売電気事業者数は726事業者である。

46 1

解説 1　正しい。令和4年5月1日現在，幼保連携型認定こども園の在学者数は，82万1千人で，過去最高を記録した。　2　誤り。令和4年度の高等学校卒業者の大学（学部）進学率は，56.6%だが，過去最高となった。　3　誤り。2019年の国際数学・理科教育動向調査（TIMSS）では，小学校4年生の理科は前回調査より平均点が低下し，58か国中4位となった。　4　誤り。学習者用コンピュータの整備目標は，3クラスに1クラス分程度である。　5　誤り。高等学校に通う子供の補助学習費については，世帯の年間収入が1,200万円以上の世帯は，400万円未満の世帯に比べて，3倍以上になっている。

社会科学　歴 史

POINT

日本史：日本史の対策としては以下の3点が挙げられる。

まず，高校時代に使用した日本史の教科書を何度も読み返すことが必要となってくる。その際，各時代の特色や歴史の流れを大まかにつかむようにする。その上で，枝葉にあたる部分へと学習を進めていってもらいたい。なぜなら，時代の特色や時代の流れを理解することで，それぞれの歴史事象における，重要性の軽重を判断できるようになるからである。闇雲に全てを暗記しようと思っても，なかなか思うようにはいかないのが実情であろう。

次に，テーマ別に整理し直すという学習をすすめる。高校時代の教科書はある時代について政治・社会・文化などを一通り記述した後に，次の時代に移るという構成になっている。そこで各時代のあるテーマだけを順にみてその流れを整理することで，分野別にみた歴史の変化をとらえやすくなる。そうすることで，分野別に焦点化した歴史理解が可能となろう。

最後に，出題形式からみて，空欄補充や記述問題にきちんと答えられるようになってもらいたい。空欄補充問題や記述問題に答えられるようになっていれば，選択問題に答えることが容易となる。難易度の高い問題形式に慣れていくためにも，まずは土台となる基礎用語の理解が不可欠となってくる。

世界史：世界の歴史の流れを理解し，歴史的な考え方を身につけることが「世界史」を学習する上で最も重要となってくる。しかし，広範囲にわたる個々ばらばらの細かい歴史的事項を学習するだけでは，「世界史」が理解できたとは言えない。それぞれの歴史的事項が，どのような背景や原因で起こり，どのような結果や影響を与え，また他地域との結びつきはどうだったのかなど，世界の歴史の大まかな流れと全体のメカニズムについて理解するよう努めたい。そうすることが，世界史の試験対策となる。

特に，日本と世界の結びつきについては，各々の時代背景を比較しながら理解することが必要である。また，近現代が重視されるのは，現代の社会の形成に直接的に影響を与えているからである。その観点から考えると，近現代の出来事を理解するとともにその影響についても考察し，現在の社会といかなるかかわりを持つのか，把握することも必要となってこよう。

狙われやすい！重要事項

☑江戸時代の幕藩体制～現代までの日本の変遷
☑産業革命
☑市民革命
☑第一次世界大戦～現代までの世界の変遷
☑中国王朝の変遷

演習問題

1　室町文化に関する記述として，妥当なものはどれか。

1　金閣に代表される東山文化は，3代将軍足利義満の時代に形成された。
2　足利義政が建てた銀閣は，寝殿造の代表的な建築物である。
3　枯山水は，禅宗の影響を受けた庭園の様式である。
4　室町時代には，臨済宗や曹洞宗などの禅宗が武士層に広まった。
5　千利休によって，侘茶が完成された。

2　次のA～Eのうち，江戸幕府の行った政策として，正しいものを全てあげているのはどれか。

A　徳川秀忠の時代，元和の武家諸法度を出すことによって，諸大名の居城以外の城を全て破却することを命じた。このことが，諸大名の軍事力の削減につながった。

B　徳川綱吉の時代，生類憐みの令を出すことによって，大名・庶民を問わずに生物愛護の精神を醸成することを目指した。このことが，後の時代の泰平の構築につながった。

C　徳川吉宗の時代，上げ米を行うことによって，幕府の収入を増やし財源を再建することもめざした。このことが，諸大名の経済的負担を軽減させた。

D　松平定信が大老を担っている時代，旧里帰農令を出すことによって，都市に出てきた農民の帰農を促した。このことが，農村の復興になると考えられた。

E　徳川慶喜の時代，江戸幕府はその権力を失ったことによって，王政復古の大号令を出した。このことが，幕府の滅亡につながった。

1　A，B，C　　2　B，C，D　　3　C，D，E
4　A，D　　　5　B，C

3 幕末から明治政府の成立にかけての歴史に関する記述として，妥当なものはどれか。

1　幕府にとって，外国からの開国の要求にどう対応するかということは，極めて難しい問題であった。1844年には，オランダ国王から開国勧告が伝えられ，翌年，幕府はこれを受諾する旨を伝えた。
2　1858年に調印された日米和親条約は，勅許を得ていなかったこと，治外法権を認めたこと，関税自主権が日本に認められていなかったことなどの問題を抱えていた。この調印に中心的な役割を果たした井伊直弼は，桜田門外で暗殺された。
3　幕末には，朝廷と幕府の提携によって体制の安定化をはかる公武合体運動が進められた。その機運を背景に，孝明天皇の妹である和宮が徳川家茂と結婚した。
4　日本が開国して以降，財の輸入は飛躍的に増大した。その中でも，アメリカとの取引は開国当初から大きな割合を占めた。
5　明治維新により，永らく続いた武家による政治は終焉を迎えた。徳川慶喜による大政奉還に先立ち，諸藩主が土地と人民を返上する版籍奉還が行われた。

4 第二次世界大戦前の日本の政治に関する記述として，妥当なものはどれか。

1　1914年に第一次世界大戦が勃発後，シベリアへの出兵を契機に米価が高騰したことによって全国に米騒動が広がり，この責任を取る形で寺内内閣が倒れた。
2　1918年に誕生した原内閣は，爵位を持たない平民宰相として，政党の影響を排除した超然内閣を標榜した。
3　1925年に普通選挙法が成立し，選挙権が25歳以上の男子に拡大した際，同時に，社会運動を制約する治安維持法が廃止された。

4　国際連盟が発足した際，日本は，世界から積極的な役割を果たすことが期待されていたものの，孤立主義を主張する帝国議会の反発を背景に，加盟には至らなかった。

5　1932年に起こった5・15事件において，青年将校らが高橋是清大蔵大臣などを殺害し，政党内閣は終焉を迎えた。

5　日本の土地制度の歴史に関する記述として，妥当なものはどれか。

1　大化の改新前，各豪族が私有し，管理していた土地は屯倉と呼ばれ，豪族の管理下にある部曲という者によって耕作された。

2　大化の改新前，朝廷の直轄地は田荘と呼ばれ，朝廷の管理下にあった田部という部民によって耕作された。

3　班田収授法により，民衆に徴税義務を課すことを前提に口分田が与えられたが，その対象は6歳以上の男子に限られていた。

4　開墾を奨励するため，723年に三世一身法が発布され，新たに池や溝などの灌漑施設を作りつつ開墾した者には，三世まで土地の私有が認められた。

5　743年に発布された墾田永年私財法により，開墾した田について，永久に私有することが認められ，開墾に携わった者は，身分に関わらず，無制限に土地を使用できた。

6　第一次世界大戦前後の社会状況に関する記述として，正しいものはどれか。

1　イタリアは日本やドイツとの同盟関係から，大戦当初から同盟国側にて参戦し，大戦の勝利国として戦後の秩序形成に国際連盟の常任理事国となって参加した。

2　イギリスは中東問題に対して最も責任を持つ立場から，積極的に地域和平に貢献し，戦後のアラブ人とトルコ人，ユダヤ人などの和解に対して尽力した。

3　フランスはロシアとの同盟関係を重視したことから，大戦以前からロシアを協調してドイツを封じ込め，大戦勃発後はドイツとの戦いの表に立つようになった。

4　アメリカは世界大戦後，世界の指導者としての自覚を強め，国際連盟の常任理事国として世界の秩序維持に貢献しようとした。

5　日本は世界大戦に直接参加しなかったことから，空前の好景気（大戦景気）を迎えるに至った。その結果，1920年代を通して日本は好景気が持続した。

7 中世のヨーロッパに関する記述として，妥当なものはどれか。

1　西フランク王国は，ヴェルダン条約，メルセン条約によって成立した国家であり，強大な王権を特徴とし，後のドイツ国家の源流となった。

2　神聖ローマ帝国は，オットー1世の戴冠によって成立した国家であり，11世紀を最盛期とし，形式的には19世紀はじめまで存続した。

3　ローマ・カトリック教会は，ヨーロッパにおいて最大の宗教的権威として君臨したが，グレゴリウス7世が聖職の売買を解禁したことから，一部では腐敗が進んだ。

4　イェルサレムは，複数の宗教の聖地とされ，10世紀にキリスト教徒の巡礼者が急増し，その勢いに乗り，11世紀にはイスラーム系のセルジューク朝が滅ぼされた。

5　14世紀から15世紀にかけて続いた百年戦争では，当初フランス軍が優勢であったが，ペストの流行や，農民の反乱の頻発などもあり，最終的にはイギリス軍が勝利した。

8 大航海時代に関する記述として，妥当なものはどれか。

1　エンリケ航海王子はジョアン1世の王子であり，15世紀に，アフリカ西岸の探検やインド航路の開拓を奨励することなどを通じ，ポルトガルの海外発展に貢献した。

2　ヴァスコ・ダ・ガマは，ドァルテ1世の命を受けて航海に出発し，喜望峰，アフリカ東岸を経て，インドのカリカットに到達した。

3　コロンブスは，地球球体説を批判する立場から独自の海図を用いて航海を繰り返したが，最初の航海において金，銀，胡椒を手に入れ，植民地経営によって巨万の富を築いた。

4　アメリゴ・ヴェスプッチは，天文学と地理の研究成果をもとに現在のアメリカの探検を試みたものの，結局到達することができず，計画は挫折した。

5　マゼランは，スペインのカルロス1世の援助を受けて出港し，南アフリカの南端に水路を発見したものの，アジアに到達する前に没した。

9 **ルネサンスと宗教改革に関する記述として，正しいものはどれか。**

1　ドイツでは，伝統的なカトリックの勢力と，宗教改革によって生まれたプロテスタントとの対立が三十年戦争を引き起こしたが，ローマ教皇の発したナントの勅令によって終結し，プロテスタントの信仰が公認された。

2　ルネサンスは，人間性の解放をめざした文化運動であり，イベリア半島からイスラム勢力を追放することに成功したスペインを基点とし，イタリアへと波及した。

3　95か条の論題を通じて免罪符の販売を批判したことにより，カトリック教会から破門されたルターは，神聖ローマ皇帝に保護されたことで，聖書のドイツ語訳を完成させることができた。

4　宗教改革は，信仰の単位を個人から教会へ移行させることによって，近代資本主義だけではなく，個人主義を支える独特の職業倫理を生み出した。

5　ルネサンスや宗教改革によって切り開かれた合理的精神は，コペルニクス，ケプラー，ガリレイによる地動説の提唱や，ニュートンの万有引力の法則の発見につながり，近代以降の思想に大きな影響を与えた。

10 **ヴェルサイユ体制の成立とそれ以後の情勢に関する記述として，妥当なものはどれか。**

1　パリ講和会議は，第一次世界大戦の戦勝国である連合国が同盟国に対する講和条件を話し合った会議であった。イギリス，フランス，アメリカが主導する一方，会議の後半では，敗戦国の一部も参加が認められた。

2　十四ヵ条の平和原則を唱えたことで知られるウィルソンは，第一次世界大戦への積極的な参戦を主張して再選された。彼の主張は，欧州各国から理想なき現実主義であるとの批判にさらされた。

3　委任統治とは，第一次世界大戦後に，ドイツやオスマン帝国の領土を処分するために，国際連盟から統治を委任される方式である。パレスチナは，1920年にイギリスの委任統治を受けることとされた。

4　ヴェルサイユ条約では，国際連盟の設立が決定された。この国際機関の設立により，史上初めて勢力均衡方式によって平和の確立，維持，回復をはかるルールが確立された。

5　第一次世界大戦後，国際社会において，軍縮や平和の機運が高まった。しかしながら，ケロッグ・ブリアン条約により，国際紛争を解決する手段として武力の行使が容認されたことをきっかけに，各国間の緊張が高まった。

11　第二次世界大戦以後の国際関係に関する記述として，正しいものはどれか。

1　第二次世界大戦後，疲弊した全欧州に対して米国はマーシャル・プランを発表した。その結果全欧州は米国の経済援助を受け，資本主義国家として自立することになった。
2　世界大戦前から米国の経済的な支配を受けていたキューバは，戦後，社会主義国家を目指した革命を起こした。その中心人物がカストロとゲバラである。
3　東アジアや西アジアなどで勢力を伸張させたソビエト連邦の影響の強い勢力に対し，米国を中心とした勢力はイスラーム国家と協力して北大西洋条約機構を結成した。
4　中東では米国が支援する国家と，アラブ人の支持を受ける勢力の間で複数回の中東戦争が行われた。この対立の中から，第二次石油危機が発生した。
5　独立をする際に宗教的な問題から様々な問題が発生している。その代表が，多数の住民がヒンドゥー教徒である一方，支配階層にムスリムが多いことを背景とするカシミール問題である。

12　イスラーム社会の歴史に関する記述として，妥当なものはどれか。

1　7世紀にムハンマドによって開かれたイスラーム教は，唯一神アッラーへの絶対的な帰依を説く一方で，ユダヤ教やキリスト教における神を当初から否定していたため，後の紛争の火種を抱えた。
2　ムハンマドの死後，イスラーム教は，メッカの大商人からの迫害を避けメディナに移住したが，この一連の動きは聖遷（ヒジュラ）と呼ばれた。
3　ムハンマドの死後，義父のアブー・バクルが初代カリフとなったことにより，正統カリフ時代が始まり，この時代にはササン朝ペルシアが滅ぼされた。

4　後ウマイヤ朝は，アラブ人に特権を与えたウマイヤ朝の政策をイスラームの教えに背くものと批判した勢力が革命を起こすことによって成立した。

5　10世紀になると，チュニジアにブワイフ朝が，イランにファーティマ朝が成立するなど，イスラーム社会は新たな発展を遂げた。

13　近代のヨーロッパに関する記述として，正しいものはどれか。

1　アメリカ独立戦争の直前に，パトリック・ヘンリーが『コモン・センス』を刊行して独立の必要性と共和制の長所を説き，トマス・ペインは「我に自由を与えよ，しからずんば死を」という演説を行い，独立運動を盛り上げた。

2　フランスでは，ブリュメール18日のクーデターによって，ナポレオンが総裁政府を打倒した。その後，パリの民衆が政治犯の釈放を求めて，バスティーユ牢獄を襲撃した。

3　1933年にドイツではヒトラー率いるナチス政権が成立し，軍需経済や公共事業で失業者を減らす一方で，言論の自由の抑制やドイツ民族の優秀性を主張してユダヤ人の迫害を行った。

4　1919年にベルリンで開かれた第一次世界大戦の講和会議では，戦勝国であったドイツが，イタリアからアルザス・ロレーヌ地方を取り戻すなどして，国力を蓄えた。

5　イギリスでは，穏健な立憲王政を主張する長老派と議会主権を主張する独立派が対立し，独立派のクロムウェルは長老派を追放するとともに，チャールズ1世を裁判の上処刑し，共和政を攻撃した。

14　絶対主義の下での戦争に関する記述として，妥当なものはどれか。

1　16世紀後半にフランスにおいて勃発したユグノー戦争において，カトリックの側をスペインが，プロテスタントの側をイギリスが支援した。

2　オランダ独立戦争では，北部7州によって結成されたユトレヒト同盟に対し，イギリスが敵対する姿勢を示したため，情勢の混迷が続いた。

3　ドイツにおけるプロテスタントと神聖ローマ皇帝らによって繰り広げられた三十年戦争において，戦争終結時に締結されたウィーン条約の一部が今日の国際関係や国際法の基礎となった。

4　18世紀はじめに繰り広げられた北方戦争以降，ロシアの没落とスウェーデンの台頭が顕著になった。
5　絶対主義の下で起きた戦争は，国王の勢力が衰退し，教会などが絶対的な権力を獲得していた状況を反映していた。

15 中国の王朝史に関する記述として，妥当なものはどれか。

1　殷および周は邑と呼ばれる都市国家の段階であり，統一王朝ではなかったが，周の時代には，甲骨文字を用いた神権政治が初めて行われ，他の邑を従えた。
2　始皇帝によって中国が統一され，秦が成立し，それまでの封建制から，全国を郡と県に分けて官僚を派遣する郡県制が導入された。
3　前漢は，武帝の時代に度重なる外征により領土を拡大させながら，商人を優遇する政策を成功させたが，一方で農村を基盤とした豪族が急速に衰退した。
4　隋は，外征を成功させ，財政を立て直すために土木事業を抑制した煬帝の時代に最盛期を迎えたが，律令制の構築に失敗した太宗の時代に滅亡した。
5　唐が滅亡した後，すぐに宋が成立し，軍人出身の趙匡胤による統治が実現したが，彼は頻繁に節度使を文官に代えるなど，文治主義に基づく施策を行いながらも，中央の軍の強化をはかった。

解答・解説

1 3

解説 1　誤り。3代将軍足利義満の時代に形成され，金閣に代表されるのは北山文化である。東山文化は，8代将軍足利義政の時代に形成され，銀閣に代表される文化である。　2　誤り。足利義政が建てた銀閣は，書院造の建築物である。　3　正しい。枯山水は，水を用いずに岩石や砂利を組み合わせて自然の景色を象徴的に表している。龍安寺や大徳寺などの禅宗の寺院でつくられた。　4　誤り。禅宗が武士層に広まったのは，鎌倉時代である。　5　誤り。千利休が侘茶を完成させたのは，桃山文化期である。

2 5

解説 A　誤り。将軍徳川秀忠は大坂の陣で勝利し，豊臣家を滅ぼした後に確かに元和の武家諸法度を発布している。しかし，その法度の中で「城の破却」を命じてはいない。なお，武家諸法度は家光時代のもの，綱吉時代のものが著名である。　B　正しい。将軍徳川綱吉はそれ以前の武断政治から文治政治への転換を加速させた将軍である。彼の生類憐みの令は単なる“犬愛護”ではなく，“生物全体への愛護”を目指したものである。他に，元禄金銀の改鋳，側用人政治の本格化など様々な政策が行われた。　C　正しい。将軍徳川吉宗は紀伊から将軍に就任した後，享保の改革を開始した。この改革の目的は悪化した幕府の財政を再建することにあった。改革の1つとして行われた上げ米は各大名から1万石あたり100石を献上させることにより，財源を確保したものである。また，見返りとして参勤交代での江戸在中期間を1年から半年にして，結果的に大名の負担が減少した。　D　誤り。内容については正しいが，定信は大老ではなく，老中である。　E　誤り。王政復古は，維新政府が出した“幕府倒幕・天皇親政”を目指した政変のことである。

3 3

解説 1　誤り。幕府は，オランダ国王からの開国勧告を拒否した。　2　誤り。日米和親条約ではなく，日米修好通商条約についての記述である。日米和親条約は，漂流民の救済や必需品の供給などを定め，1854年に調印された。　3　正しい。和宮の降嫁は実現したものの，公武合体運動は，坂下門外の変によって挫折した。　4　誤り。開国が実現し，日本の貿易が増え始めた時期，アメリカは南北戦争による分裂の危機を迎えていたため，当初，貿易をほとんど行うことができなかった。　5　誤り。大政奉還は1867年，版籍奉還は1869年のことである。

4　1

解説　1　正しい。米騒動の前段階として，第一次世界大戦勃発後，米の買い占めや売り惜しみが多発していた。　2　誤り。原内閣は，本格的な政党内閣であった。なお，超然内閣は，議会や政党の影響を受けずに，独自性を保持する内閣である。　3　誤り。1925年，治安維持法が成立し，後の労働運動などの弾圧の法的な根拠となった。　4　誤り。日本は，国際連盟の理事国を務めるなど，重要な役割を果たした。　5　誤り。高橋是清が殺害されたのは，1936年に起こった2・26事件である。5・15事件では，犬養毅首相が殺害された。

5　4

解説　1　誤り。屯倉を田荘とすると正しい記述となる。豪族は，田荘という私有地を管理し，支配していた。　2　誤り。田荘を屯倉とすると正しい記述となる。屯倉はもともと収穫物を収める倉庫を意味したが，転じて，朝廷の直轄地を意味するようになった。　3　誤り。班田収授法に基づいて口分田が与えられたのは6歳以上の男女であった。　4　正しい。723年に発布された三世一身法についての記述である。なお，既存の灌漑施設を利用して開墾した場合には，私有は本人一代までとされた。　5　誤り。743年に発布された墾田永年私財法により，開墾した者に土地の永久的な私有を認めたが，身分により，その私有には上限が定められた。

6　3

解説　1　イタリアは第一次世界大戦当時，ドイツとの同盟関係を結んでいた。しかし未回収のイタリア問題を巡り，オーストリアとは対立関係にあり，当初は大戦に対して中立政策をとっていた。後に，イギリスやフランスとの関係から連合国側で参戦し，国際連盟の常任理事国となった点は正しい。
2　イギリスは，パレスチナ人の独立を認める代わりにイギリスへの協力を求める「フセイン＝マクマホン協定」，ユダヤ人の経済援助を得るための「バルフォア宣言」，戦後の自国の利権を確保する「サイクス＝ピコ協定」という矛盾する3つの外交政策を採った。これが現在まで続く，パレスチナ問題の根本であり，和解に尽力したとはいえない。　3　正しい。19世紀末の外交においてビスマルクが目指したものは「フランスの孤立」であり，それを終わらせたものはビスマルク失脚後の「露仏同盟」である。　4　アメリカ合衆国は大戦前からモンロー主義を唱え，大戦への参加については否定的な世論が大勢だった。その世論を一変させたのがドイツの無制限潜水艦作戦などであり，これを契機に合衆国は参戦，連合国を勝利に導く。しかし，戦後は再びモンロー主義に戻り，戦後の国際連盟には議会の反対によって参加を見送った。　5　第一次世界大戦時，日本は直接戦場にならなかったことから，欧州各国への軍需などの輸出により好景気となり，これが大戦景気と呼ばれる点は正しい。大戦後は，これらの輸出が激減し，再び巨額の貿易赤字を抱えることになった。これが戦後恐慌である。

7　2

解説　1　誤り。西フランク王国は後のフランスであり，また，王権が弱かったため自律的な封建諸侯が分立していた。　2　正しい。神聖ローマ帝国は17世紀半ばに解体したものの，名称は1806年まで存続した。　3　誤り。グレゴリウス7世は聖職の売買を禁止した。だが，それにもかかわらず，売買そのものは存続した。　4　誤り。イェルサレムは11世紀にイスラーム系のセルジューク朝に占領され，そのことが十字軍遠征の必要性が説かれる根拠になった。　5　誤り。イギリスとフランスを入れ替えれば正しい記述になる。

8　1

解説　1　正しい。航海探検センターはエンリケ航海王子によって設けられた。　2　誤り。ヴァスコ・ダ・ガマが選択肢に示した航海に出発したのは，マヌエル1世の命による。　3　誤り。コロンブスは，地球球体説を信じていた。また，最初の航海において到達した地をインドと誤り，結局，金，銀，胡椒を発見できず，植民地経営にも失敗した。　4　誤り。アメリゴ・ヴェスプッチは，新大陸（現在のアメリカ）を4回にわたって探検し，その地がアジアでないことを説いた。「アメリカ」という呼称は，彼の名にちなんだものである。　5　誤り。マゼランとその一行は，現在のフィリピン諸島に到着した。

9 **5**

解説 1　三十年戦争も新・旧教徒による宗教的対立が発端となったが，選択肢はシュマルカルデン同盟によって引き起こされた，シュマルカルデン戦争のことである。アウクスブルクの和議が成立し，プロテスタントの信仰が認められることとなった。　2　ルネサンスは，東方貿易で地方都市が興隆したイタリアで始まり，ヨーロッパ各地に広まった。　3　カトリック教会から破門されたルターを保護したのは，ザクセン選帝侯である。　4　宗教改革は，中世ローマ・カトリック教会の支配から精神的な解放を成し遂げたものである。その結果，信仰の単位を教会から個人へと移行させた。　5　正しい。宗教改革やルネサンスは，それまで思想界を支配していた伝統的なキリスト教の影響力を減退させ，科学の発展や近代的な思想の発展の要因となった。

10 **3**

解説 1　誤り。パリ講和会議において，すべての敗戦国は除外された。2　誤り。ウィルソンが提唱した十四ヵ条の平和原則は，理想主義的な内容を多く含んでいた。結局，イギリスやフランスなどによる現実主義的な主張に妥協せざるを得なかった。　3　正しい。委任統治は，その名目とは別に領土を再分割するという側面を持っていた。なお，イギリスによるパレスチナに関する外交姿勢が，第二次世界大戦後の同地域をめぐる混乱の源流の1つとされている。　4　誤り。勢力均衡方式を集団安全保障に置き換えると正しい文になる。勢力均衡方式は，国や軍事同盟の間で力の均衡をはかることによって平和を維持しようとする方式であり，ウェストファリア体制前後に確立したとされる。一方，集団安全保障は，侵略を非合法化し，違反した国に共同で制裁を科すことをルール化する方式である。　5　誤り。ケロッグ・ブリアン条約では，国際紛争の解決の手段としての武力行使が否定された。

11 **2**

解説 1　第二次世界大戦の後，米国は全欧州に対して経済援助を行うというマーシャル・プランを発表した。この計画は資本主義国の拡大という意味を持っていたが，社会主義国のソビエト連邦は反発し，東欧諸国への圧力をかけたため全欧州が経済援助を受けられたことにはならない。　2　正しい。キューバ革命は，カストロとゲバラという2人の指導者によって行われた。その背景には，米国の経済的な支配への反発があった。　3　バルカン半島の南部までソビエト連邦の影響下の強い国々があった。その地に比較的近いギリシアとトルコは北大西洋条約機構に加盟し，西側陣営に位置づけられた。なお，トルコはイスラームの影響が強い国家である。　4　米国の支援を受ける国家というのはユダヤ人のイスラエルであり，アラブ人の支持を受けるのはパレスチナである。ここから中東戦争が発生したが，中東戦争に起因する石油危機は第一次である。第二次はイラン革命が原因となっている。　5　カシミールにおいて，住民の多数はムスリムであり，独立時はパキスタンへの帰属を求めた。一方，支配階層はヒンドゥー教徒であり，インドへの帰属を望んだ。結果的に住民の意向が無視され，インドに帰属することになった。

12　3

解説　1　誤り。ムハンマドは，ユダヤ教やキリスト教における神を否定したわけではなく，それらの信者を「啓典の民」として一定の評価を与えた。
2　誤り。聖遷（ヒジュラ）が行われたのは622年であり，ムハンマドの死後という記述は誤りである。　3　正しい。ササン朝ペルシアが滅ぼされたのは，第2代カリフのウマルの時代である。　4　誤り。選択肢の説明は，アッバース朝についてのものであり，アッバース朝が開かれた際に，ウマイヤ朝を支えていたウマイヤ一族がイベリア半島に逃れて成立させたのが後ウマイヤ朝である。　5　誤り。ブワイフ朝とファーティマ朝の記述が逆になっている。

13　3

解説　1　『コモン・センス』の著者はトマス・ペイン，演説を行ったのがパトリック・ヘンリーである。　2　バスティーユ牢獄の襲撃は1789年の出来事であり，フランス革命の始まりとされている。一方，ブリュメール18日のクーデターは1799年の出来事である。　3　正しい。　4　第一次世界大戦の講和会議はパリで開かれた。また，ドイツは敗戦国であり，ヴェルサイユ条約で，ドイツはフランスにアルザス・ロレーヌ地方を返還した。　5　記述はピューリタン革命に関するものであり，この革命ではクロムウェルが共和政を打ち立てた。

14 1

解説 1　正しい。ユグノー戦争を経て，アンリ4世はプロテスタント信徒に権利を付与することなどを柱とするナントの勅令を発した。　2　誤り。イギリスのエリザベス1世は，ユトレヒト同盟などが進める独立運動を支援した。　3　誤り。ウィーン条約をウェストファリア条約とすると正しい記述になる。ウィーン条約は，1961年に結ばれた外交関係に関する条約などを指す。　4　誤り。北方戦争以降，ロシアが台頭した。　5　誤り。絶対主義の下では，国王の勢力が急速に大きくなった。

15 2

解説 1　誤り。甲骨文字を用いた神権政治が行われたのは殷である。周では，血縁を中心とした封建制が成立した。　2　正しい。郡県制の基本はその後の歴代王朝にも受け継がれた。　3　誤り。武帝の時代に度重なる外征により領土を拡大させた点は正しいが，重要品目の専売や，均輸法と平準法の実施などを通じて商人から利権を奪い，商業を衰退させた。やがて，そのことが農村を基盤とする豪族の台頭につながった。　4　誤り。隋の2代目の皇帝である煬帝は，高句麗遠征に失敗するとともに大規模な土木事業を強行したことで反発を招き，彼の代で隋は滅びた。よって，外征を成功させ，土木事業を抑制したという記述は誤りである。また，太宗は唐の2代目の皇帝である。　5　誤り。趙匡胤による統治についての説明は正しい。ただし，唐が滅亡してから，宋による中国統一まで，後梁，後唐，後晋，後漢，後周の5つの王朝による五代十国時代があったので，「唐が滅亡した後，すぐに宋が成立し」という記述は誤りである。

社会科学　地理

POINT

地図と地形図：地理において地図と地形図は，頻出事項の分野である。まず地図の図法は，用途と特徴を確実に把握し，地形図は，土地利用や距離などを読み取ることができるようになる必要がある。

世界の地形：地形に関する問題は，かなり多く取り上げられる。地形の特色・土地利用・その代表例は押さえておきたい。また，大地形・沈水海岸・海岸地形なども，よく理解しておくこと。試験対策としては，地形図と関連させながら，農業・工業とのかかわりを整理しておくとよい。

世界の気候：気候に関しては，ケッペンの気候区分が最頻出問題となる。次いで農業とのかかわりで，土壌や植生の問題も出題される。気候区の特徴とその位置は明確に把握しておこう。気候区とあわせて土壌・植生なども確認しておくことも大切である。

世界の地域：アメリカ合衆国は，最大の工業国・農業国であり，南米やカナダとのかかわりを問う問題も多い。また東南アジア，特にASEAN諸国での工業・鉱物資源などは広範に出題される。EU主要国に関しては，できるだけ広く深く学習しておく必要がある。資源・農業・工業・交通・貿易など総合的に見ておこう。

日本の自然：地形・気候を中心とした自然環境は頻出である。地形や山地・平野などの特徴は理解しておきたい。

日本の現状：農業・工業などに関する問題は，今日本が抱えている問題を中心に整理するとよい。農産物の自由化が進み，労働生産性の低い日本の農業は，苦しい状況に追い込まれている。工業においては，競争力を維持していく手段を選んでいかざるを得ない状況に陥っている。環境問題も大きな課題である。このような時事的な繋がりのある問題を取り上げた出題にも対処する必要がある。

狙われやすい！重要事項

- ☑地図・地形
- ☑土壌・環境・気候
- ☑人種・民族
- ☑人口・交通
- ☑アジア・オセアニア
- ☑ヨーロッパ
- ☑南北アメリカ
- ☑アフリカ

《 演 習 問 題 》

1 世界の農産物に関する記述として，正しいものはどれか。

1　稲はインドから中国南部を原産とする三大穀物の1つであり，主要な生産地域がアジアとなっている。非常に商業的な性格が強く，生産されたものの多くは輸出され，タイが最大の輸出国となっている。

2　トウモロコシは熱帯アメリカを原産とする三大穀物の1つであり，主要な生産国はアメリカ合衆国で世界の生産量の約半分を占める。多くは飼料となり，バイオ燃料としての価値も上昇している。

3　綿花は収穫時期に乾燥した気候を好む代表的な繊維作物であり，主要な生産国は中国やアメリカ合衆国，インドなどである。産業革命の先駆けとなった作物でもあり，産業革命が始まったイギリスでの生産も多い。

4　天然ゴムはアマゾン盆地を原産地とする樹木作物であり，主要な生産地域がインドネシアやタイなどの東南アジアとなっている。石油化学産業の発展による合成ゴムの増産に伴い，生産量が急速に減少している。

5　小麦は冷涼で乾燥した気候を好む三大穀物の1つであり，生産地域は全世界に広がり，現在でも品種改良などにより拡大している。非常に自給的な性格が強く，生産国で消費されたものの残りが輸出される。

2 **東南アジアに関する記述として，妥当なものはどれか。**

1　ベトナムは，1976年に南北統一が実現して以降社会主義国として歩んできたが，近年では，ドイモイと呼ばれる改革を進めている。産業については，農業が大きな比重を占めるが，北部には豊富な鉱産資源がある。

2　タイは，タイ族や中国系住民などによって構成される立憲君主国であるが，古くから様々な国の植民地とされる複雑な歴史をたどってきた。米，チーク材，天然ゴム，錫などの生産が盛んであり，特に，米の輸出国として知られている。

3　マレーシアは，マレー人，インド系，中国系などからなる多民族国家であり，立憲君主国である。19世紀よりフランスの植民地とされてきたが，1957年に独立し，今日では，ルックイースト政策に基づき，工業化が進められている。

4　シンガポールは，中国人，マレー人，インド人などからなる立憲君主国である。古くから中継ぎ貿易港が発展してきたが，今日の経済活動では，工業やIT産業の比重が高まりつつある。

5　フィリピンは，米西戦争以降，スペイン領となった。マレー系のフィリピン人が多数を占め，宗教については，キリスト教の中でもプロテスタント系に属するものが最も多い。

3 **ラテンアメリカの産業に関する記述として，妥当なものはどれか。**

1　メキシコは，サイザル麻，サトウキビ，コーヒーなどの農産物の生産国として知られるが，石油や銀などの鉱産資源の産出も多く，工業化も急速に進んでいる。

2　キューバは，社会主義的な政策の下で外国からの観光客の誘致が禁じられているため，鉱産資源の輸出が経済を支えている。

3　ベネズエラは，鉱産資源が乏しいため，農業による生産物の輸出が経済を支えており，路線の対立からMERCOSURを脱退して以降，独自の路線を歩んでいる。

4　ブラジルでは，コーヒーのモノカルチャーから多角化した農業の発展が進んでいる一方，耐久消費財のほとんどを輸入に頼っていることが，同国経済の弱点として挙げられている。

5　アルゼンチンは，ラテンアメリカにおける内陸国で，牧畜を柱とした農業が中心的な産業であり，前近代的な大土地所有制が残存している。

4 ヨーロッパ諸国に関する記述として，妥当なものはどれか。

1 イギリスは，産業革命の発祥地であり，特にマンチェスターの綿工業は世界的に有名であったが，近年では，同都市において重化学工業が発展している。

2 ドイツでは，北部において小麦中心の混合農業が，南部において地中海式農業が行われる一方，セーヌ川とマルヌ川の合流地点の都市においては，大消費地を背景とした工業地帯が発展している。

3 フランスでは，ライ麦，じゃがいも，てんさい等を中心とする商業的混合農業が発達する一方，南東部に位置する都市では，ビール醸造，製薬業，食品加工業が発展している。

4 イタリアでは，アルプス山脈からの水力や湧水を利用して，繊維工業や化学工業が発展したが，バノーニ計画が南北間の格差を拡大させたとして批判を浴びている。

5 デンマークは，酪農王国として知られ，同国の輸出の大部分は，酪農に関するものによって占められている。

5 ハイサーグラフに関して，A～Cに当てはまるものの組み合わせとして，正しいものはどれか。

・（ A ）気候……1年を通して平均的に降水があり，夏は高温，冬は厳寒となることが多い
ハイサーグラフとしては，上下に伸びる形になる

・（ B ）気候……夏は高温で乾燥，冬は比較的温暖だが湿潤となる
ハイサーグラフとしては，左上がりの形になる

・（ C ）気候……1年を通して平均的に高温で，乾季と雨季があり月ごとの降水量の差が大きい
ハイサーグラフとしては，上方で横に伸びる形になる

	A	B	C
1	地中海性	亜寒帯	サバナ
2	地中海性	サバナ	亜寒帯
3	亜寒帯	地中海性	サバナ
4	亜寒帯	サバナ	地中海性
5	サバナ	地中海性	亜寒帯
6	サバナ	亜寒帯	地中海性

6 **図法について述べた記述として，正しいものはどれか。**

1　ミラー図法は，メルカトル図法の欠点を補った図法であり，等角航路を示すことができる。

2　正距方位図法は，地図上の2点間の距離と方位が正しい図法であり，航空図などに使われる。大圏航路を示すことができる。

3　グード図法は，ホモロサイン図法とも呼ばれ，世界地図などに利用されるが，高緯度の面積は正しく投影されない。

4　メルカトル図法は，地球儀の中心から円筒状に投影した図法で，原理的に極を表現できない。

5　ランベルト正角円錐図法は，北極ないしは南極を頂点とする扇形の地図で，ゆがみが少なく面積も正しく投影されている正積図法である。

7 **世界のエネルギー資源に関する記述として，正しいものはどれか。**

1　石炭は古期造山帯での埋蔵が多い化石燃料であり，比較的偏在性が低い。1960年代のエネルギー革命によって，石油にとって代わられ，年々その生産量，消費量ともに減少を続けている。

2　石油は新期造山帯での埋蔵が多い化石燃料であり，西アジアや北アフリカなどの特定の地域に偏在する。産油国はその利益を守るためにOPECやOAPECなどの資源カルテルを結成し，資源ナショナリズムの動きを強めた。

3　天然ガスは石油の埋蔵地域と重なることが多い化石燃料であり，開発や使用には大きな資本が必要とされる。石油や石炭に比べて低公害であるため，環境意識の高い欧州での消費が多く，生産国のロシアから鉄道を介して輸入している。

4　バイオマスエネルギーは自然界の循環エネルギーであり，1970年代のオイルショック以来，様々な形での利用が進められてきた。石炭に恵まれないブラジルではトウモロコシを原料としたバイオマスの生産が盛んである。

5　電力は経済発展の指標とされる二次エネルギーであり，各国の資源などの自然条件によって大きくその形態が異なる。日本は世界でも有数の降水量を誇る国家であり，そのことから水力発電の割合が非常に高くなっている。

8 世界の地形に関する記述として，妥当なものはどれか。

1　楯状地は，広大な地域に基盤岩が露出する低平な陸地であり，アフリカ大陸の南部から東部に連なっている。

2　カルスト地形は，炭酸塩岩の地域で溶食作用が生じることによってできる地形であり，スロベニアの地名が名称の起源となっている。

3　卓状地は，岩礁が浸食によって削り出され，平坦となった面が広がる陸地であり，バルト海やスカンディナヴィア半島東部などに広がっている。

4　リアス式海岸は，山地が隆起することによって生じる海岸であり，スペイン北西部にある湾の呼称が名称の起源となっている。

5　基盤岩石が露出している砂漠を岩石砂漠と呼ぶが，砂漠全体の中で，これが占める割合はごくわずかである。

9 日本の貿易に関する記述として，妥当なものはどれか。

1　日本は，政策として，自由貿易を推進しており，ドーハラウンド以来の交渉が難航している世界貿易機関を脱退し，自由貿易協定や経済連携協定の締結を各国と個別に進める方針に転換した。

2　日本の貿易収支は，東日本大震災とそれに伴う原子力災害の発生以来，赤字が続いていたが，2016年には，6年ぶりに黒字に転じた。

3　日本の貿易品目は，輸出と輸入において機械類がトップを占めており，その割合は，輸出入ともに半分を超えている。

4　日本の貿易相手国は，長い間，輸出入ともにアメリカが1位であったが，近年，輸入において中国がトップを占めるようになった。

5　21世紀における世界の輸出貿易に占める日本の割合は，欧州における経済危機等を背景として，緩やかな上昇傾向にある。

10 世界の工業に関するＡ～Ｄの記述のうち，妥当なものの組合せはどれか。

A　交通指向型工業のうち，臨海指向型に分類されるのは鉄鋼業や石油化学であり，また，臨空港指向型に分類されるのは先端技術産業である。

B　繊維工業のうち，綿工業は，摘み取りに多くの人手が必要になるため，賃金が生産コストの中で大きな比重を占めることから，労働集約型工業の産業に分類される。

C　総合的な組立工業である自動車工業は，組立に携わる多くの労働力を必要とする一方，比較的小規模な資本によって生産を可能とするため，その特性を生かし，急速な国際化の進展が著しい工業部門である。

D　パーソナルコンピュータや集積回路など，高度な加工技術が求められる知識集約型工業は先進国にほとんどの生産拠点が集中しており，それ以外の国々や地域における生産は極めて限定的である。

1　A，B
2　A，D
3　B，C
4　B，D
5　C，D

解答・解説

1 2

解説 1　自給的農業については，焼畑農業の雑穀やヤムイモやタロイモ，アジア式稲作の米などが著名である。米は商業的な性格は必ずしも強くない。なお，2019/20年度の最大の米輸出国はインドである。　2　正しい。トウモロコシはメキシコのように主食とする国もあるが，その多くは飼料，特に肉牛の飼料としての価値が高い。BRICSをはじめとして，肉食が増加しているということはトウモロコシの需要も増加することを意味する。また，バイオエタノールとしての需要も増加している。　3　産業革命は，イギリスのランカシャー地方の綿織物産業から始まったが，綿花が自国で取れるのではない。植民地インドの綿織物を自国で生産しようと考えたことが産業革命の契機となった。　4　石油化学産業は合成ゴムという非常に安価なゴムを生み出したが，1970年代の石油危機，近年の新興国の経済発展によって世界的に石油の価格や受容は不安定化していた。そこで，天然ゴム生産の意義が見直され，熱帯地域での栽培と生産はむしろ増加傾向にある。　5　混合農業，企業的穀物農業にも，いずれも小麦が含まれる。なお，商業的とは「売るためのもの」であり，企業的とは「大規模に売るためのもの」という意味で用いられることが多い。小麦は，自国では消費しなくても，「売るため」だけに生産することが多い作物である。

2　1

解説　1　正しい。ドイモイは，刷新と訳される政策であり，市場経済の導入が進んでいる。　2　誤り。タイは，この地域において，「緩衝国」として独立を維持してきたので，「様々な国の植民地とされる複雑な歴史」という部分は誤りである。　3　誤り。マレーシアは，フランスではなく，イギリスの植民地であった。他の記述については正しい。　4　誤り。シンガポールは，立憲君主国ではなく，共和国である。　5　フィリピンは，米西戦争を経て，スペイン領からアメリカ領になった。また，宗教については，キリスト教のカトリック系に属する者が多い。

3　1

解説　1　正しい。メキシコでは，工業化が急速に進んでいる一方，2017年以降，アメリカの政策変更により，同国との様々な摩擦が生じた。　2　誤り。キューバの主要な輸出品目は砂糖である。また，外国からの誘致が禁じられているというのは誤りであり，むしろ，観光収入は同国の経済において大きな比重を占めている。　3　誤り。ベネズエラはMERCOSURを脱退したのではなく，2016年12月1日に加盟資格を停止された。また，経済の中心は石油生産であり，鉄鋼石やボーキサイトなどの鉱産資源も豊富である。　4　誤り。ブラジルにおいて農業の多角化が進められたという点は正しいが，同国はラテンアメリカにおける最大の工業国であり，耐久消費財のほとんどを自給している。　5　誤り。パラグアイについての記述である。アルゼンチンは，大西洋に面しており，牧畜，小麦やトウモロコシの栽培が盛んである。

4 1

解説 1　正しい。マンチェスターは，イギリス中西部に位置するランカシャー地方の工業都市である。　2　誤り。フランスについての記述であり，文中の都市はパリである。　3　誤り。ドイツについての記述であり，文中の都市はミュンヘンである。　4　誤り。バノーニ計画は，イタリア国内における南北間格差を縮小させるための政策である。　5　誤り。デンマークは，酪農の他に，鉱物資源などが豊富で，2018年の主要輸出品は医薬品，産業機械及びその部品，衣料品となっている。

5 3

解説 ハイサーグラフは「縦軸に気温」「横軸に降水量」をとり，月の順に点を結んだものである。縦軸方向に線が伸びるのであれば，「気温の年較差が大きい」ことを示し，横軸方向に線が伸びるのであれば「降水量の多い月と少ない月の差がはっきりとしている（雨季と乾季が存在する）」ということになる。グラフの傾きが小さいのであれば「気温の年較差が小さい」ことになり，グラフが上方に存在するのであれば，「年中高温の熱帯」になる。　A　グラフが上下に伸びることから「気温の年較差が大きい」，つまり亜寒帯や温暖湿潤気候の可能性が高くなる。　B　一般的には気温が高くなる夏に降水量が増えるが，地中海性気候では冬の方が降水量が増加する。総雨量はあまり多くないので注意が必要である。　C　グラフが上方に集中するのが熱帯気候の特色である。乾季と雨季が存在するということからグラフは横方向に伸びる。ちなみに同じ熱帯気候でも熱帯雨林気候は横に伸びず，右上に集中する。

6 4

解説 1　誤り。ミラー図法はメルカトル図法の欠点を補ったが，経線方向の伸びを圧縮したため，正角性は失われている。　2　誤り。正距方位図法で距離と方位が正しいのは中心点を含む2点間のみである。　3　誤り。グード図法は正積図法であり，面積は正しい。　4　正しい。　5　ランベルト正角円錐図法は，名前の通り正角図法である。面積は正しく投影されない。

7 2

解説 1 石炭が古期造山帯を中心に存在し，埋蔵量の偏在性が低く世界各地で生産されるという点は正しい。エネルギー革命により，石炭の消費量が減少したように思われるが，現在でも，鉄鋼業や発電で極めて多く消費されており，生産量・消費量ともに増加傾向にある。 2 正しい。石油は新期造山帯を中心に存在するが，日本のように新期造山帯だが余り石油を産出しない国，ナイジェリアのように新期造山帯ではないが石油を産出する国など様々な態様が見られる。約60%が中東に埋蔵される。 3 天然ガスの欠点として，「利用に技術と資本が必要なこと」「輸送が困難なこと」などが挙げられる。気体であるため鉄道では輸送できず，冷却して液体化し，タンカーやパイプラインを利用して輸送する。 4 オイルショック以来，各国で代替エネルギーの開発が進められている。とくに，「高い技術をもつ国」や「国内に化石燃料を産出しない国」ではバイオマスエネルギーの生産が増加している。ただし，バイオマスはあくまでも農業生産があってのことであり，その土地の農業に関係する。ブラジルは砂糖プランテーションが発展していたことから，トウモロコシではなくサトウキビが正しい。トウモロコシを原料とするバイオマスは米国において生産されている。 5 日本は温暖湿潤気候に属し，春季の台風も多いことから水資源には恵まれているが，人口が1億を超え，山地が急峻であり河川も短いことから利用できる水資源はそれほど多くない。特に，水力発電の割合は10%未満であり非常に少ない。

8 2

解説 1 誤り。楯状地についての説明は正しいが，これが広がるのは，バルト海やスカンディナヴィア半島東部などである。 2 正しい。溶食とは，岩石が水と接した際の化学反応によって侵食される現象である。 3 誤り。卓状地についての説明は正しいが，これが広がるのは，アフリカ大陸の南部から東部，デカン高原などである。 4 誤り。名称の起源についての記述は正しいが，リアス式海岸は，起伏の大きな山地が海面下に沈水することによって形成される。 5 誤り。岩石砂漠が砂漠全体に占める割合は約9割である。

9 2

解説 1　誤り。日本が，自由貿易協定（FTA）や経済連携協定（EPA）を結んでいるという点は正しいが，世界貿易機関（WTO）を脱退したという事実はない。　2　正しい。2016年の貿易黒字は，4兆69億円である。　3　誤り。機械類が貿易のトップを占めているという点は正しいが，半分を超えているというのは誤りである。2016年のデータによれば，機械類の割合は，輸出が37%，輸入が26%である。　4　誤り。輸出の1位に関して，年によって中国とアメリカになり，中国がトップを占めているわけではない。　5　誤り。21世紀における世界の輸出貿易に占める日本の割合は，緩やかな低下傾向にある。一方，中国は，急速に伸びている。

10 1

解説 A　正しい。一般に工業は，その立地により，原料指向型，市場指向型，労働力指向型，臨海指向型，臨空港指向型，電力指向型，用水指向型に分けられる。なお，臨海指向型，臨空港指向型は，合わせて交通指向型と呼ばれる。交通指向型工業とは，交通に便利な地域に立地しやすい工業である。そのうち，臨海指向型の例としては，造船業，鉄鋼業，石油化学工業などが，また，臨空港指向型の例としては，先端技術産業が挙げられる。B　正しい。一般に，工業は，重点的に求められる生産要素などから，労働集約型工業，資本集約型工業，知識集約型工業などに分類される。労働集約型工業とは，生産過程において労働力が必要となり，生産コストの中で賃金などが大きな比重を占める工業である。　C　誤り。自動車工業が，総合的な組立工業であること，組立に携わる多くの労働力を必要とすること，急速な国際化の進展が著しいことは正しい。一方，生産のためには，大規模な資本が必要となるので，「比較的小規模な資本によって生産を可能とする」という記述は誤りである。　D　誤り。パーソナルコンピュータや集積回路など，高度な加工技術が求められる知識集約型工業である点は正しいが，「先進国にほとんどの生産拠点が集中」「それ以外の国々や地域における生産は極めて限定的」という記述は誤りである。例えば，輸出に着目すると，中国などの比重が高い。
以上より，正解は1である。

第3部

教養試験
自然科学

- 数　学
- 物　理
- 化　学
- 生　物
- 地　学

自然科学　数学

POINT

数学の分野では，高校までの学習内容が出題される。教科書に出てくる公式を覚えるだけではなく，応用問題への対応が必要となる。以下に示す単元ごとの最重要事項を確実に押さえ，本書でその利用法を習得しよう。

「数と式」の内容では，一見何をしたらよいか分かりづらい問題が出てくるが，「因数分解」，「因数定理」，「剰余の定理」，「相加平均・相乗平均の関係」などを用いることが多い。その他にも，「分母の有理化」や根号，絶対値の扱い方などをしっかり確認しておこう。

「方程式と不等式」の内容では，特に二次方程式や二次不等式を扱う問題が頻出である。「二次方程式の解と係数の関係」，「解の公式」，「判別式」を用いた実数解や虚数解の数を求める問題は確実にできるようにしたい。また，「二次不等式の解」，「連立不等式の解の範囲」については，不等号の向きを間違えないように注意しよう。余裕があれば，「三次方程式の解と係数の関係」や「円の方程式」なども知っておきたい。

「関数」の内容でも，中心となるのは二次関数である。「二次関数のグラフの頂点」，「最大値と最小値」，「x軸との共有点」は確実に求められるようにしよう。また，グラフを「対称移動」や「平行移動」させたときの式の変形もできるようにしたい。その他にも，「点と直線の距離」，「三角関数」の基本的な公式なども知っておきたい。

「数の性質」の内容では，「倍数と約数」，「剰余系」，「n進法」などの問題が出題される。これらについては，とにかく多くの問題を解いてパターンを覚えることが重要である。

「微分・積分」の内容では，グラフのある点における「接線の方程式」，グラフに囲まれた「面積」が求められるようになっておきたい。

「場合の数と確率」の内容では，まずは順列・組合せと確率計算が正しくできなければならない。その際，場合の数が多かったり抽象的であったりして考えにくいようであれば，樹形図の活用や問題の具体的な内容を書き出すことで，一般的な規則性が見つかり解法が分かることがある。余事象を利用することで，容易に解ける問題もある。「同じものを含む順列」，「円順列」などもできるようにしたい。

「数列」の内容では，等差数列，等比数列，階差数列の一般項や和の公式を覚えよう。余裕があれば，群数列にも慣れておこう。

「図形」の内容では，三角形の合同条件・相似条件，平行線と角に関する性質，三角形・四角形・円などの基本的性質や，面積の計算方法などは必ずと言ってよいほど必要となるので，しっかりと整理しておくこと。

数学の知識は「判断推理」や「数的推理」の問題を解く際にも必要となるため，これらと並行して取り組むようにしたい。

狙われやすい！重要事項

- ☑二次方程式・不等式
- ☑二次関数の最大値・最小値
- ☑平面図形の面積

演習問題

1 $A=2x^2-3x+1$，$B=4x^2+3x-5$，$C=-2x^2+5$のとき，$A+B+C$の式をxの整数として表したものはどれか。

1 x^2+1　2 $2x^2+1$　3 $3x^2+2$　4 $4x^2+1$　5 $5x^2+2$

2 xの方程式$kx^2-2(k-1)x+k+2=0$が解をもつときのkの値の範囲として正しいものはどれか。

1 $k<-\frac{1}{2}$　2 $k<\frac{1}{6}$　3 $k\leqq\frac{1}{6}$　4 $k\leqq\frac{1}{4}$　5 $k\leqq 1$

3 2次関数$y=x^2+ax+5$は$x=-3$のとき最小値をとる。この最小値として正しいものはどれか。

1 0　2 −1　3 −2　4 −3　5 −4

4 次の△OABの辺AB上に点Pをとり，OA＝a，OB＝b，∠AOP＝α，∠POB＝βとするとき，OPの長さをa，b，α，βを用いて表したものとして，正しいものはどれか。

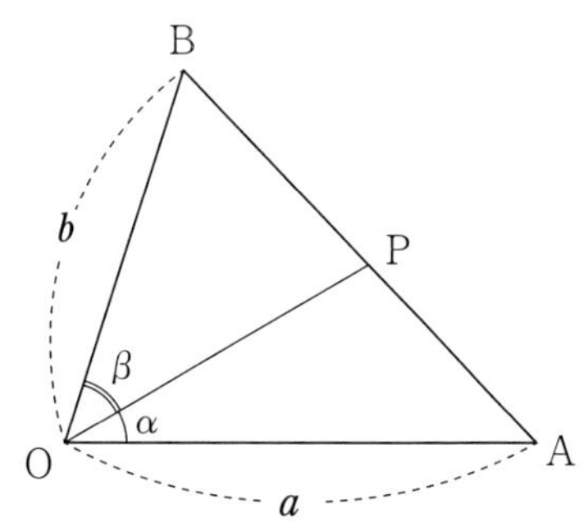

1　$\dfrac{ab\sin(\alpha+\beta)}{a\sin\alpha+b\sin\beta}$　2　$\dfrac{ab}{a\sin\alpha+b\sin\beta}$　3　$\dfrac{\sin(\alpha+\beta)}{a\sin\alpha+b\sin\beta}$

4　$\dfrac{ab\sin(\alpha+\beta)}{a\sin\alpha}$　5　$\dfrac{ab\sin(\alpha+\beta)}{b\sin\beta}$

5 ここに男性8人，女性5人，合わせて13人のミュージシャンがいる。ここから，男性と女性を2人ずつ選び，4人のグループを結成したい。このとき，グループの組み合わせの数として正しいものはどれか。

1　280通り　2　300通り　3　320通り　4　340通り
5　360通り

6 $f(x)=x^3-3x^2-9x+2$の極大値を求めよ。

1　5　2　6　3　7　4　8　5　9

7 $a_1=2$，$a_{n+1}-a_n=5$ $(n=1, 2, 3, \cdots)$ で定められる数列 $\{a_n\}$ の第100項として正しいものはどれか。

1　218　2　318　3　397　4　497　5　518

8 半径7cmと半径2cmの円があり，直線ℓは共通外接線を表している。中心間の距離が13cmのとき，斜線で示した部分の台形の面積として妥当なものはどれか。

1　36cm^2　2　42cm^2
3　48cm^2　4　54cm^2
5　63cm^2

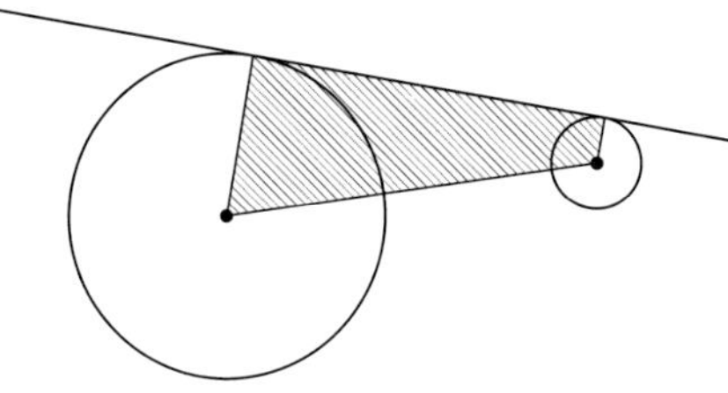

9 $\frac{1}{7}$を小数に直したとき，小数第100位の数字は次のうちどれか。

1　2　　2　4　　3　5　　4　8　　5　0

10 2次関数$y=-2x^2$のグラフを平行移動して，頂点が（-2，-3）にくるようにしたとき，その放物線の方程式として正しいものはどれか。

1　$y=-2x^2-12x-16$　　2　$y=-2x^2-4x$

3　$y=-2x^2-8x-11$　　4　$y=-2x^2-8x-16$

5　$y=2x^2-4x$

11 次の図は，正三角形を敷きつめた図形に，自然数をある規則に基づいて書き並べ，5段目以降を省略したものである。7段目における左端と右端の数の和として，正しいものはどれか。

1　82
2　84
3　86
4　88
5　90

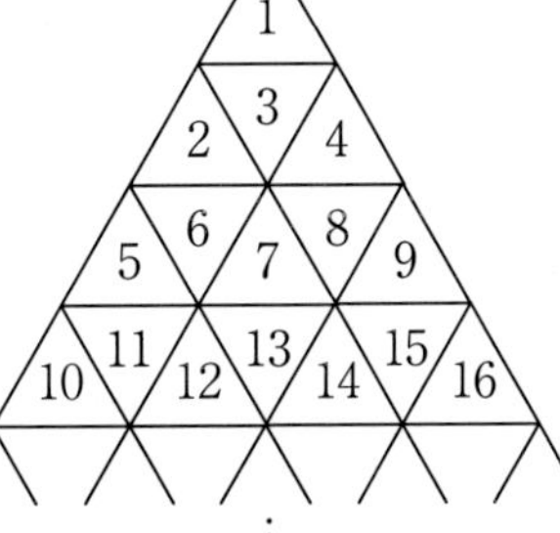

解答・解説

1 4

解説

$$
\begin{array}{r}
2x^2-3x+1 \\
4x^2+3x-5 \\
+)\ -2x^2\quad\ +5 \\
\hline
4x^2\quad\ +1
\end{array}
$$

上の式より，正解は$4x^2+1$

以上より，正解は4。

2 4

解説 $k=0$のとき，与えられた方程式は$2x+2=0$となるので，$x=-1$が解となる。よって，$k=0$…①は条件を満たす。

$k\neq0$のとき，$kx^2-2(k-1)x+k+2=0$の判別式をDとすると，解をもつための条件は，

$$\frac{D}{4}=(k-1)^2-k(k+2)\geqq0$$
$$-4k+1\geqq0$$
$$k\leqq\frac{1}{4}\cdots②$$

①②より，kの範囲は$k\leqq\frac{1}{4}$となる。

以上より，正解は4。

3 5

解説

$$y=x^2+ax+5$$
$$=\left(x+\frac{a}{2}\right)^2-\frac{a^2}{4}+5$$

よって，頂点は$\left(-\frac{a}{2},\ -\frac{a^2}{4}+5\right)$

$x=-3$のとき最小値をとるので

$$-\frac{a}{2}=-3$$
$$a=6$$

よって，頂点のy座標は$-\frac{6^2}{4}+5=-4$になるから最小値は-4である。

以上より，正解は5。

4 1

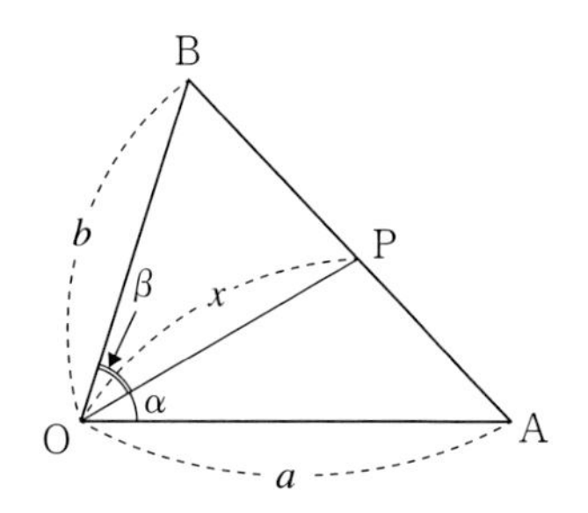

解説 $OP=x$とする。

$\triangle OAP+\triangle OPB=\triangle OAB$であるから，

$$\frac{1}{2}ax\sin\alpha+\frac{1}{2}bx\sin\beta=\frac{1}{2}ab\sin(\alpha+\beta)$$

$$x(a\sin\alpha+b\sin\beta)=ab\sin(\alpha+\beta)$$

$$\therefore \quad x = \mathrm{OP} = \frac{ab\sin(\alpha+\beta)}{a\sin\alpha + b\sin\beta}$$

以上より，正解は1。

5 1

解説 求める組み合わせの数は，男性8人の中から2人を選ぶ組み合わせの数と，女性5人の中から2人を選ぶ組み合わせの数をかけることによって求められる。

$${}_8\mathrm{C}_2 \times {}_5\mathrm{C}_2 = \frac{8\times7}{2\times1}\times\frac{5\times4}{2\times1} = 280\text{〔通り〕}$$

以上より，正解は1。

6 3

解説

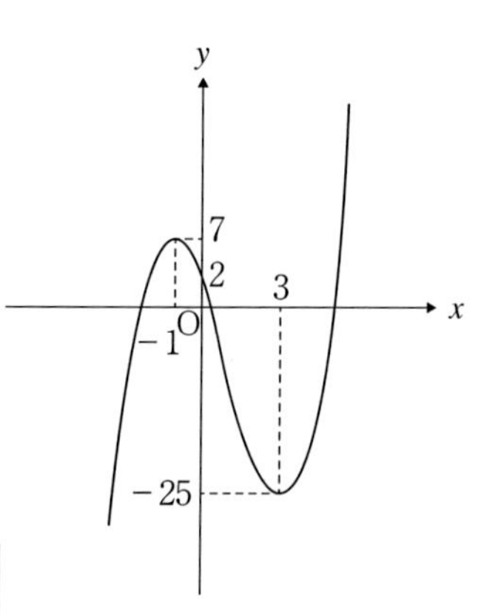

$$f(x) = x^3 - 3x^2 - 9x + 2$$

$$\begin{aligned} f'(x) &= 3x^2 - 6x - 9 \\ &= 3(x^2 - 2x - 3) \\ &= 3(x+1)(x-3) \end{aligned}$$

よって，

$f'(x)=0$になるのは$x=-1$，3のときであり，増減表は次のようになる。

x		-1		3	
$f'(x)$	$+$	0	$-$	0	$+$
$f(x)$	↗	7	↘	-25	↗

よって，$x=3$のとき，極小値-25，

$x=-1$のとき，極大値7をとる。

以上より，正解は3。

7 4

解説 $a_{n+1} - a_n = 5(n = 1,\ 2,\ 3,\ \cdots)$ という漸化式から，数列 $\{a_n\}$ は公差5の等差数列であることがわかる。
よって，$a_n = 2 + 5(n - 1) = 5n - 3$
$\therefore\ \ a_{100} = 5 \times 100 - 3 = 497$
以上より，正解は4。

8 4

解説 円の接線は，その接点を通る半径に垂直になることに注意する。上底の長さは2cm，下底の長さは7cmである。また，高さを$x$cmとおく。なお，図において台形の高さを表す共通外接線を図のように下に平行移動することによって，三平方の定理を用いることができる。

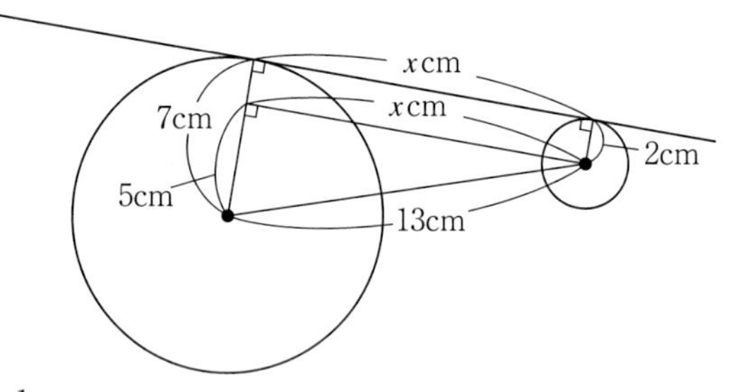

$5^2 + x^2 = 13^2$ より，
$x^2 = 144$ であり，
$x > 0$ より $x = 12$〔cm〕
となる。これが，台形の高さに対応するので，求める台形の面積は，

$\dfrac{1}{2} \times$(上底＋下底)$\times$高さ$= \dfrac{1}{2} \times (2 + 7) \times 12 = 54$〔$\mathrm{cm}^2$〕
以上より，正解は4。

9 4

解説 $1 \div 7 = 0.142857142857\cdots = 0.\dot{1}4285\dot{7}$ となり，$\dfrac{1}{7}$ は6個の数字1, 4, 2, 8, 5, 7の繰り返しとなる循環小数である。$100 \div 6 = 16$ あまり4より，小数第100位は16回繰り返したあとの4つ目の数字だから8になる。
以上より，正解は4。

10 3

解説 関数$y = ax^2$のグラフを，頂点が（p，q）にくるように平行移動した放物線の方程式は，$y = a(x-p)^2 + q$なので，$y = 2x^2$のグラフの頂点が（-2，-3）にくるようにすると，

$y = -2(x+2)^2 - 3 = -2x^2 - 8x - 11$

以上より，正解は3。

11 3

解説 左端の1，2，5，10……の各項の差に着目すると，1，3，5……となっている。一方，右端の1，4，9，16……の各項の差に着目すると，3，5，7……となっている。

数列の一般項をa_n，階差数列の一般項をb_nとすると，

$$a_n = a_1 + \sum_{k=1}^{n-1} b_k$$

が成り立つが，求める項が数個（本問では7個）の場合には，差を書き出して求めてもよい。

段	1	2	3	4	5	6	7
左端の数	1	2	5	10	17	26	37
前項との差		1	3	5	7	9	11

段	1	2	3	4	5	6	7
右端の数	1	4	9	16	25	36	49
前項との差		3	5	7	9	11	13

表より，7段目の左端の数と右端の数の和は，$37 + 49 = 86$

以上より，正解は3。

自然科学　物 理

POINT

物理の分野では，ほとんどが高校物理の内容を中心とした問題で，下記のいずれの単元からも出題される可能性がある。しかし，出題パターンは限られており，優先的に取り組むべきなのは「力学」で，「電磁気」，「波動」がこれに続く。ほとんどが計算問題であるが，正誤問題や穴埋め問題が出る場合もある。

「力学」では，「等速直線運動」や「等加速度直線運動」が基本となり，「落体の運動」，「斜面をすべる物体の運動」などはこれらの知識を用いて解いていくことになる。また，覚えた公式をどの問題で，どういう形で利用するのか，自身で判断できるようにならなければいけない。例えば，「落体の運動」では自由落下，鉛直投げ下ろし，鉛直投げ上げ，水平投射，斜方投射といった様々な運動形態が出てくる。その他にも，「糸の張力」，「ばねの弾性力」，「浮力」といった力の種類や，「仕事とエネルギー」，「運動量」などを題材にした問題も多い。

「熱と気体」では，「熱量の保存」に関する計算問題や，「物質の三態と状態変化」に関する正誤問題または穴埋め問題が頻出である。覚えることが少ない単元なので，しっかりと練習しておけば得点源になりやすい。

「波動」では，まず波の基本公式を覚え，波長，振動数，速さ，周期といった物理量を用いて，式変形ができるようになっておくべきである。そして，最も重要なのが「ドップラー効果」を題材にした計算問題であり，基本公式は確実に覚えておかなければならない。そのうえで，音源と観測者が静止している場合，近づく場合，遠ざかる場合によって，基本公式の速度の符号が変わることに気を付けてほしい。実際の試験問題では，問題文からいずれの場合であるか読み取り，自身の判断で公式を立てられるようにならなければいけない。なお，この単元では波の性質（反射，屈折，回折，干渉など）やその具体例，温度と音速の関係など，基本的性質を問う正誤問題が出題されることが多いので注意しよう。

「電磁気」では，コンデンサーや電気抵抗のある電気回路を題材にした計算問題が非常に多い。公式としては，「オームの法則」，「合成抵抗」，「合成容量」,「抵抗率」に関するものは確実に使えるようになっておきたい。余力があれば,「キルヒホッフの法則」も覚えておこう。計算パターンは限られているが,コンデンサーや抵抗の数,および接続方法を変えた多様な問題が出題されるので注意が必要である。接続方法には「直列接続」と「並列接続」があり,実際の試験問題では,与えられた電気回路のどこが直列(または並列)接続なのか自身で判断できなければならない。

「原子」では,まずはα線,β線,γ線の基本的な性質や違いを理解しよう。そのうえで,「核分裂」や「核融合」の反応式が作れること,「放射性原子核の半減期」に関する計算問題ができるようになっておこう。この単元も,是非とも得点源にしたい。

学習方法としては,本書の例題に限らずできるだけ多くの問題を解くことである。公式を丸暗記するより,具体的な問題を解きながら考える力を養っていこう。難問が出題されることはほとんどないので,教科書の練習問題や章末問題レベルに集中して取り組むようにしたい。

狙われやすい! 重要事項

- ☑ **力のつりあい**
- ☑ **等加速度運動**
- ☑ **音波の性質**
- ☑ **電気回路**

演習問題

1 地上から小球を29.4m/sで真上に投げ上げた。最高点の高さとして正しいものはどれか。ただし，重力加速度は9.8m/s^2とする。

1　35.6m　　2　42.1m　　3　43.5m　　4　44.1m　　5　45.6m

2 海面上に密度が920kg/m^3の氷山が出ている。海面上に出ている氷山の体積は氷山全体の体積の約何％であるか。ただし，海水の密度は1020kg/m^3とする。

1　7.8%　　2　8.8%　　3　9.8%　　4　10.8%　　5　11.8%

3 今A地点から，200Hzの汽笛を鳴らしながら秒速30mの速さで列車が遠ざかっている。また，A地点にいたXも，その正反対の向きに秒速5mで走っている。このとき，Xが聞いた汽笛の音の振動数の概数として，正しいものはどれか。ただし，音速は秒速340mであり，概数は小数第1位を四捨五入して求めるものとする。

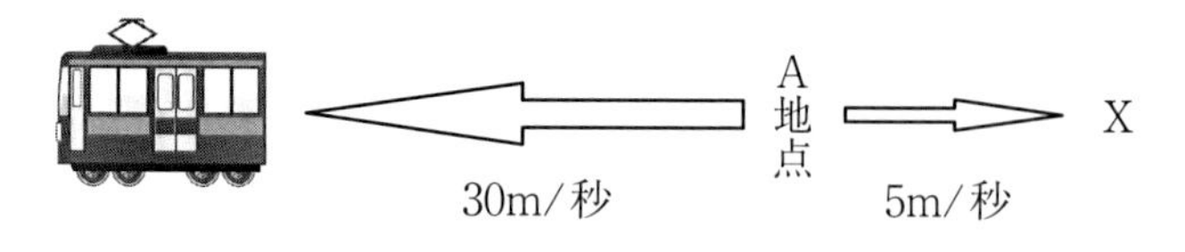

1　175Hz　　2　177Hz　　3　179Hz　　4　181Hz　　5　183Hz

4 2個の同じ容器A，Bに密度の異なる2種類の液体を同じ重さだけ入れ，それぞれの容器に同じ金属球をばねばかりにつり下げ完全に浸したところ，下図のようになった。このときの液体の密度は（ア）で，はかりが示す数値は（イ）になる。（ア）（イ）の組み合わせとして正しいものはどれか。

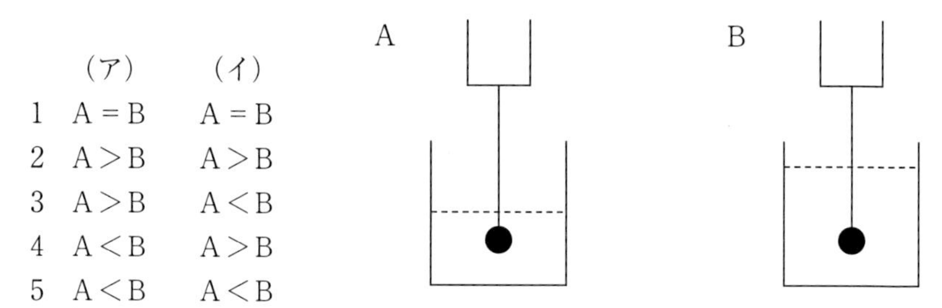

	（ア）	（イ）
1	A＝B	A＝B
2	A＞B	A＞B
3	A＞B	A＜B
4	A＜B	A＞B
5	A＜B	A＜B

5 **図のように，ばね定数の異なる軽いばねA，Bに，質量が等しいおもりを吊り下げ，さらにそれらを縦に接続した。Aのばね定数を4k，Bのばね定数をkとし，2つのばねの伸びの合計が12cmであったとすると，ばねAの伸びとして正しいものはどれか。**

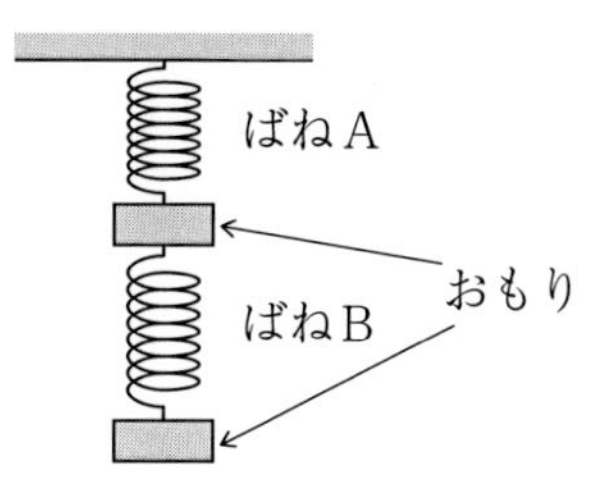

1　2cm　　2　3cm　　3　4cm
4　5cm　　5　6cm

6 **音波と波動に関する記述として，最も妥当なものはどれか。**

1　音源や観測者が運動をしているとき，観測者に聞こえる音波の振動数は音源が出している振動数と異なる。
2　サイレンを鳴らした救急車がこちらに近づいてくるとき，サイレンの音は徐々に低くなって聞こえてくる。
3　ドップラー効果は，電波や光などではみられず，音源と観測者が一直線上にある際に発生する。
4　2つの音源から出た音波の振幅が同じとき，その2つの波動が重なり合い振幅が0になることを「うなり」という。
5　昼夜で音の聞こえ方を比較したとき，夜は地表付近の空気の温度が下がるので，音が上向きに屈折し遠くの音がよく聞こえる。

7 **次の図において，抵抗R_2に4Aの電流が流れたとき，この回路の電源電圧Eは何Vであるか。ただし，電池の内部抵抗は考えないものとする。**

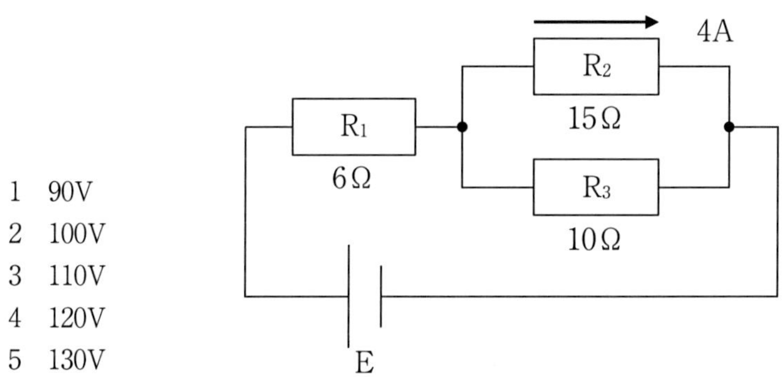

1　90V
2　100V
3　110V
4　120V
5　130V

8 図のように，3Ωの抵抗を並列に4つつなぎ，さらに10Vの電源と電流計を接続したとき，この回路全体の消費電力は何Wか。ただし，電源と電流計の抵抗を0とし，消費電力は小数第2位を四捨五入して求めるものとする。

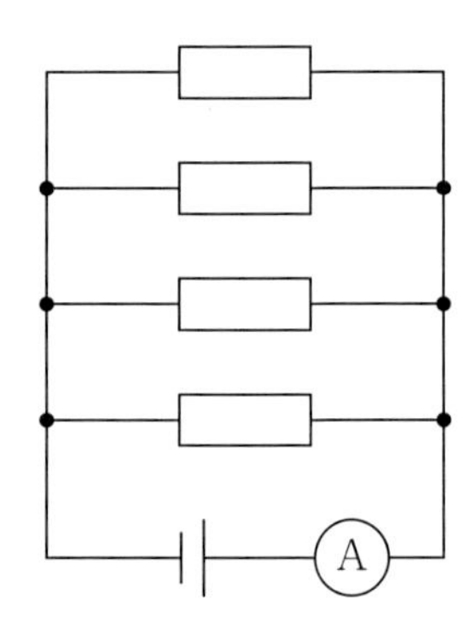

1　97.3W　　2　103.7W
3　133.3W　　4　151.9W
5　167.7W

解答・解説

1 4

解説 最高点の高さをh〔m〕とすると，このとき小球は静止する。よって，鉛直投げ上げの式$v^2 - v_0{}^2 = -2gh$に，$v = 0$〔m/s〕，$v_0 = 29.4$〔m/s〕，$g = 9.8$〔m/s²〕を代入すると，

$$0^2 - 29.4^2 = -2 \times 9.8 \times h$$

$$h = \frac{29.4^2}{2 \times 9.8} = 44.1$$

より，最高点の高さは，44.1mとなる。
以上より，正解は4。

2 3

解説 V〔m³〕の氷山が海中に沈んでいるとすると，氷山が押しのけた海水の質量は

1020〔kg/m³〕$\times V$〔m³〕$=1020V$〔kg〕

氷山全体の体積をx〔m³〕とすると，氷山全体の質量は

920〔kg/m³〕$\times x$〔m³〕

アルキメデスの原理より，「物体に生じる浮力は物体が押しのけた液体の重さに等しい」ので，鉛直方向のつり合いより

920〔kg/m³〕$\times x$〔m³〕$= 1020V$〔kg〕

$920x$〔kg〕$= 1020V$〔kg〕

ここで，$\dfrac{V}{x}\times 100$を求めれば，氷山の何％が沈んでいるのかが導き出せる。

$\dfrac{V}{x}\times 100=\dfrac{920}{1020}\times 100 \fallingdotseq 90.2$〔%〕

よって，海面上に出ている氷山の体積の割合は

$100-90.2=9.8$〔%〕

以上より，正解は3。

3 4

解説 ドップラー効果についての問題である。一般に，音源の振動数をf_0〔Hz〕，音速をV〔m/s〕，音源の速度をv〔m/s〕，観測者の速度をu〔m/s〕とすると，観測者が聞く音源の振動数は$f=f_0\times\dfrac{V-u}{V-v}$で表される。ただし，$v$と$u$の符号は，観測者から見て音の進行方向と同じ向きを正とし，逆向きを負とする。

求める音の振動数は，$f=200\times\dfrac{340-5}{340-(-30)}\fallingdotseq 181$〔Hz〕

以上より，正解は4。

4 3

解説

（ア） 2種類の液体の密度を考えるとき，金属球の有無は関係ない。問題文の図より，同じ重さ（質量と重力加速度の積）の場合の液体の体積は，(Aの体積)＜(Bの体積）となる。ここで，（密度）＝$\left(\dfrac{\text{質量}}{\text{体積}}\right)$…①より，重さが同じ場合の密度は（Aの密度）＞(Bの密度）となる。

（イ） アルキメデスの原理より「物体に生じる浮力は物体が押しのけた液体の重さに等しく」なる。金属球の体積は等しいので，「金属球が押しのけた液体の体積は等しく」なり，①より密度が大きい液体の方が質量は大きく，重いことになる。よって，（Aにかかる浮力）＞(Bにかかる浮力）となる。ここで，ばねばかりが示す数値は，{(重さ)－(浮力)} に比例し，金属球の重さは等しいので，ばねはかりが示す数値は浮力が大きいほど小さくなり，A＜Bとなる。

以上より，正解は3。

5 3

解説 ばねAの伸びをa〔cm〕，ばねBの伸びをb〔cm〕，おもりの質量をm〔kg〕，重力加速度をg〔kg/s^2〕とする。
まず，ばねの伸びの合計が12cmであるから，$a+b=12$……①
次に，ばねAにおける力のつり合いに着目すると，フックの法則より，
　$4ka=2mg$……②
また，ばねBにおける力のつり合いに着目すると，$kb=mg$……③
②，③より，$2ka=kb$だから，$2a=b$……④
①，④より，$a+2a=12$だから，$a=4$〔cm〕
以上より，正解は3。

6 1

解説 1　正しい。ドップラー効果に関する記述である。　2　誤り。音源が近づいてくるときに観測される音波の振動数は大きくなり，高くなって聞こえる。　3　光，電波，水面波など，ドップラー効果はすべての波で生じる。　4 「うなり」ではなく「干渉」に関する記述である。「うなり」とは，振動数がわずかに異なる2つの音源により独特の響きが発生する現象である。
5　誤り。音は空気の温度が高いほど速く進行する。夜になると音は下向きに屈折するので，昼間に比べて遠くの音が聞こえる。

7 4

解説 まず，R_2に流れる電流と抵抗値からR_2にかかる電圧を求めると，オームの法則より，(電圧) = (電流) × (抵抗値) となるので，
　$4\times15=60$〔V〕
また，R_2と並列に接続されているR_3にかかる電圧も60Vとなるので，R_3に流れる電流は
　$\dfrac{60}{10}=6$〔A〕
さらに，R_1に流れる電流はR_2に流れる電流とR_3に流れる電流の和なので，
　$4+6=10$〔A〕
すると，R_1にかかる電圧は，
　$10\times6=60$〔V〕

ここで，電源電圧Eは，R_1とR_2（またはR_3）にかかる電圧の和なので，

$60 + 60 = 120$〔V〕

以上より，正解は4。

8 3

解説 まず，回路全体の合成抵抗を求める。並列回路の合成抵抗の逆数は，それぞれの抵抗の逆数の和に等しいから，

$$\frac{1}{合成抵抗} = \frac{1}{3} + \frac{1}{3} + \frac{1}{3} + \frac{1}{3} = \frac{4}{3} \qquad \therefore \quad 合成抵抗 = \frac{3}{4} = 0.75〔\Omega〕$$

ここで，$(電力) = (電流) \times (電圧) = \dfrac{(電圧)^2}{抵抗} = \dfrac{10^2}{0.75} \fallingdotseq 133.3$〔W〕

以上より，正解は3。

自然科学　化学

POINT

化学の分野では，ほとんどが高校化学の内容から出題される。「理論化学」，**「無機化学」，「有機化学」に大別されるが，主に「理論化学」からの出題が多**い。また，「無機化学」や「有機化学」の内容は，「理論化学」の内容が分かれば理解・暗記がしやすいので，まずは「理論化学」に優先的に取り組むとよい。

「理論化学」では，計算問題とそれ以外の問題が同じぐらいの割合で出題される。計算問題としては，化学反応式をもとにした物質の質量，体積，物質量などの計算や，与えられた原子量から化合物の式量や分子量を求めることが必須である。そのうえで，気体の状態方程式（圧力，体積，絶対温度など），混合気体の分圧や全圧，溶解度を用いた物質の析出量，熱化学方程式を用いた反応熱．中和滴定に必要な酸や塩基の体積や濃度，酸や塩基のpH，電気分解で析出する物質の質量などが求められるようになっておきたい。その他には，化学理論（分圧の法則など），物質の分離法，化学結合，物質の状態変化，化学平衡，コロイド溶液，化学電池などについてしっかり整理しておこう。

「無機化学」では，計算問題はほとんど出題されず，大部分が物質の性質を問う正誤問題である。まずは，元素周期表の特徴をしっかりと理解し，性質の似た物質のグループがあることを把握すること。また，イオン化エネルギーや電気陰性度など，周期表と大きく関わる用語を覚えよう。無機物質は金属と非金属に大別される。金属では，1族の金属，2族の金属の他に，鉄，銅，銀，アルミニウム，チタンなどの代表的な金属の性質，化学反応，製法を覚えておくこと。非金属では，ハロゲン，希ガス，炭素やケイ素の性質，化学反応を覚えておくこと。そのうえで，代表的な気体（酸素，窒素，二酸化炭素，アンモニアなど），溶液（塩酸，硫酸，硝酸など）などについて，教科書レベルの知識を身に付けておきたい。

「有機化学」では，計算問題としては有機化合物の元素分析の結果から分子量が求められるようになろう。その他には，教科書レベルの代表的な有機化合物の性質や反応性を覚えること，高分子化合物については，樹脂，繊維，ゴムなどに利用される物質について整理しておこう。

本書に限らず，できるだけ多くの公務員試験の問題に触れ，解いた問題を中心に知識を増やしていこう。出題傾向がつかめたら，大学入試センター試験や大学入学共通テストから類題を探すのもよい。

狙われやすい！重要事項

- ☑基礎的な化学理論
- ☑物質の状態変化
- ☑酸と塩基
- ☑化学平衡
- ☑無機物質の性質

演習問題

1 ビーカーに入れた水に水酸化ナトリウムを少量加え，電流を流す実験を行った。水素が14cm³発生する時，同時に発生する酸素は何cm³であるか。

1 4cm³　2 5cm³　3 6cm³　4 7cm³　5 8cm³

2 金属に関して述べた次の文章のうち，最も妥当なものはどれか。

1 金属結合は，各原子から放出された自由電子が金属陽イオンの間を移動し，金属陽イオンを結びつけることによって生じる結合であり，分子間力による結合に比べてその力は強い。

2 アルカリ金属であるナトリウムは，柔らかく軽い金属であり，空気中の窒素と反応しやすいので，単体として保存する際には，石油に入れることが多い。

3 アルミニウムは，3価の陽イオンになりやすく，展性，延性に富む金属であるが，空気中に放置すると全体が急速に酸化してしまうため，製品として用いる際には，他の金属をメッキした後で使用される。

4 スズは，酸にも塩基にも反応する両性金属であり，さびやすいため，加工が難しいという特徴を持つ。

5 銀は，古くから細工などの工作物として用いられてきたが，電気や熱を伝えにくい性質がある。

3 希塩酸に20gの炭酸カルシウムを加え完全に反応させると，塩化カルシウム，水，二酸化炭素が生成される。原子量を，水素H＝1，炭素C＝12，酸素O＝16，カルシウムCa＝40，塩素Cl＝35.5とするとき，生じた塩化カルシウムの質量として正しいものはどれか。ただし，この反応の化学反応式は，

$CaCO_3 + 2HCl \rightarrow CaCl_2 + H_2O + CO_2\uparrow$である。

1　11.1g　　2　16.6g　　3　22.2g　　4　29.5g　　5　33.3g

4 ①～③を用いて，プロパンの生成熱Qを求めることができる。Qの値はいくらか。

C（黒鉛）＋ O_2（気）＝ CO_2（気）＋ 394kJ　……①

H_2（気）＋ $\frac{1}{2}O_2$（気）＝ H_2O（液）＋ 286kJ　……②

C_3H_8（気）＋ $5O_2$（気）＝ $3CO_2$（気）＋ $4H_2O$（液）＋ 2220kJ　……③

3C（黒鉛）＋ $4H_2$（気）＝ C_3H_8（気）＋ Q〔kJ〕

1　92kJ　　2　96kJ　　3　102kJ　　4　106kJ　　5　112kJ

5 次の化学反応のうち，酸化・還元反応に関係のある式の数として，最も妥当なものはどれか。

ア　$MnO_2 + 4HCl \rightarrow MnCl_2 + Cl_2 + 2H_2O$

イ　$2KI + H_2O_2 \rightarrow I_2 + 2KOH$

ウ　$CuSO_4 + H_2S \rightarrow CuS + H_2SO_4$

エ　$2MnO_4^- + 6H^+ + 5H_2O_2 \rightarrow 2Mn^{2+} + 8H_2O + 5O_2$

1　0　　2　1　　3　2　　4　3　　5　4

6 物質の変化に関する記述として，最も妥当なものはどれか。

1　昇華とは，分子がさまざまな速度や方向へ運動している液体において，その中の分子が他の分子との相互作用により液面から飛び出して気体となる現象である。

2　AとBの2種類の元素からなる化合物が2種類以上あるとき，これらの間では，一定量のAと化合しているBの質量の比は常に一定になる。

3　プルーストは，化学反応の前後において，反応物の質量と生成物の質量は同じであるとする，質量保存の法則を発見した。

4　液体がある一定の温度で気化，あるいは凝縮するとき，吸収する熱量を気化熱，放出する熱量を凝縮熱といい，これらが同じ温度で発生することはない。

5　ヘンリーは，温度一定において，溶解度の小さい気体が一定量の溶媒に溶けるとき，気体の溶解度はその圧力に比例することを発見した。

7　原子に関する記述として，最も妥当なものはどれか。

1　原子核は原子の中心にあり，電気的に中性である。

2　原子番号が同じで質量数が異なる原子を同素体という。

3　原子に外部から陽子が加わったものを陽イオン，電子が加わったものが陰イオンである。

4　COとCO_2は同素体である。

5　炭素の同素体であるダイヤモンドは電気を通さないのに対し，黒鉛は電気をよく通す。

8　化合物と化学反応に関する記述として，最も妥当なものはどれか。

1　硫酸バリウムは，水や薄い酸に非常によく溶けるので，X線の造影剤として用いられる。

2　ナトリウムは，塩素と直接に反応しないため，塩化ナトリウムを生成するためには，両者に相当の熱を加える必要がある。

3　硫酸亜鉛水溶液に硫化ナトリウム水溶液を加えると，硫黄の黄色沈殿を生じる。

4　水酸化カルシウムの水溶液に二酸化炭素を吹き込むと，炭酸カルシウムの白色沈殿を生じる。

5　塩酸に鉄を加えると，塩化鉄とともに気体が発生するが，この気体は火と接しても反応しない安定的なものである。

解答・解説

1　4

解説 水を電気分解したとき，全体の反応式は次のように表せる。

$2H_2O \rightarrow 2H_2 + O_2$

よって，発生する気体の体積比は，水素：酸素＝2：1となる。
発生する酸素の体積をx〔cm^3〕とすると，

$2:1 = 14:x$

$x = 7$〔cm^3〕

以上より，正解は4。

2　1

解説 1　正しい。金属結合についての正しい記述である。なお，分子間力によって生じる分子結晶は，他の結合と比べて弱い結合である。　2　誤り。「窒素」を「酸素」にすると，正しい記述となる。　3　誤り。アルミニウムは，空気中に放置すると酸化被膜を生じ，その後は酸化されにくくなる。　4　誤り。スズはさびにくいため，メッキに利用される。　5　誤り。銀は電気や熱の伝導性が大きい金属である。

3　3

解説 炭酸カルシウム$CaCO_3$の式量は，$40 + 12 + 16 \times 3 = 100$であるから，炭酸カルシウム20gの物質量は，$\frac{20}{100} = 0.2$〔mol〕
化学反応式の炭酸カルシウムと塩化カルシウムの係数が同じだから，加えた炭酸カルシウムと生じる塩化カルシウムの物質量は等しい。
ここで，塩化カルシウム$CaCl_2$の式量は，$40 + 35.5 \times 2 = 111$
よって，求める質量は，$111 \times 0.2 = 22.2$〔g〕
以上より，正解は3。

4 4

解説 (①×3)+(②×4)−③より,

①×3　$3C$(黒鉛)$+3O_2$(気)$=3CO_2$(気)$+3\times394$kJ

②×4　$4H_2$(気)$+2O_2$(気)$=4H_2O$(液)$+4\times286$kJ

+)−③　$-C_3H_8$(気)$-5O_2$(気)$=-3CO_2$(気)$-4H_2O$(液)-2220kJ

$3C$(黒鉛)$+4H_2$(気)$=C_3H_8$(気)$+(3\times394+4\times286-2220)$kJ

これより,$Q=3\times394+4\times286-2220$

$=106$

よって,Qは106kJとなる。

以上より,正解は4。

5 4

解説 反応式中の元素の酸化数が反応前後で変化していれば,酸化・還元反応であるといえる。ア～エの反応式中の主な元素の酸化数を,カッコ内に示す。

ア　MnO_2 ＋ $4HCl$ → $MnCl_2$ ＋ Cl_2 ＋ $2H_2O$
(Mn：+4)　(Cl：−1)　(Mn：+2)　(Cl：0)

※　Mnは還元,Clは酸化されている

イ　$2KI$ ＋ H_2O_2 → I_2 ＋ $2KOH$
(I：−1)　(O：−1)　(I：0)　(O：−2)

※　Iは酸化,Oは還元されている

ウ　$CuSO_4$ ＋ H_2S → CuS ＋ H_2SO_4
(Cu：+2)　(S：−2)　(Cu：+2)　(S：+6)
(S：+6)　(S：−2)

※　酸化還元反応ではない

エ　$2MnO_4^-$ ＋ $6H^+$ ＋ $5H_2O_2$ → $2Mn_2^+$ ＋ $8H_2O$ ＋ $5O_2$
(Mn：+7)　(O：−1)　(Mn：+2)　(O：0)

※　Mnは還元,Oは酸化されている

よって,酸化・還元反応はア,イ,エの3つである。

以上より,正解は4。

6 5

解説 1　誤り。昇華とは，物体が固体から気体，または気体から固体へ直接変化することである。　2　誤り。「常に一定になる」を「簡単な整数比になる」とすると，ドルトンの倍数比例の法則の記述となる。　3　誤り。「プルースト」を「ラヴォアジェ」にすると，正しい記述となる。プルーストは，「一つの化合物を構成している各元素の質量の比は一定である」という定比例の法則を発見した。　4　誤り。液体が気体になる現象が気化（蒸発），気体が液体になる現象が凝縮であり，同じ温度でこれらの速度が等しくなるのが気液平衡である。このとき，どちらの熱も発生する。　5　正しい。ヘンリーの法則によれば，圧力が高くなれば気体の溶解度は大きくなり，圧力が低くなれば気体の溶解度が小さくなる。

7 5

解説 1　誤り。原子核は，正の電荷を持つ陽子と電荷を持たない中性子からできており，全体としては正の電荷を帯びている。　2　誤り。「同素体」ではなく，「同位体」とすると正しい記述となる。同素体は，「同じ元素からなる単体で，性質が異なるもの」である。　3　誤り。電子を放出して正の電荷を持ったものが陽イオンである。　4　誤り。COとCO_2は別の化合物であり，同素体ではない。　5　正しい。一般に，共有結合結晶は電気を通さないが，例外的に黒鉛は電気をよく通す。

8 4

解説 1　誤り。硫酸バリウムが造影剤として用いられる点は正しいが，これは水や薄い酸に溶けない性質を生かしたものである。　2　誤り。ナトリウムは，塩素と直接反応し，塩化ナトリウムを生成する。　3　誤り。硫酸亜鉛水溶液に硫化ナトリウム水溶液を加えると，硫化亜鉛の白色沈殿が生じる。　4　正しい。この反応は，二酸化炭素の検出に用いられる。　5　誤り。塩酸に鉄を加えると水素が発生し，これが火に接すると音を立てて燃える。

自然科学　生物

POINT

生物の分野では，高校までの内容が出題される。出題形式としては，ほとんどの問題が基本的な知識を問う正誤問題や穴埋め問題で，計算問題はごく一部である。また，教科書と同じような図表が与えられる問題が多いので，図表から必要な情報を的確に読み取れるように，教科書などをしっかり読み込んでおこう。暗記事項が多いものの，中学生物の知識だけで解ける問題もあるため，効果的な学習ができれば十分得点源となる。以下に，それぞれの単元で最重要事項をまとめるので，優先的に取り組んでほしい。

「細胞」に関する内容として，まずは「細胞小器官」の構造やはたらきを覚え，「動物細胞と植物細胞の違い」を整理しよう。次に，「細胞分裂」について「体細胞分裂の一連の流れ」を覚え，その後「減数分裂」との違いを整理しよう。さらに，「動物細胞と植物細胞の分裂の仕組みの違い」についても理解しよう。図が与えられた問題の対策としては，「どの細胞のどの分裂のどの時期か」が判断できるようになっておきたい。なお，細胞周期や分裂細胞数の計算方法にも慣れておこう。

「遺伝子」に関する問題として，まずは「DNAとRNA」の構造やはたらきを覚え，これらの違いを整理しよう。次に，「遺伝現象」について，「メンデルの法則に従う遺伝現象」の一連の流れや3つの法則，生まれてくる子の遺伝子型や表現型の分離比の計算方法を完璧に押さえること。その上で，「メンデルの法則に従わない遺伝現象」について，具体例とともに覚えよう。特に，「ABO式血液型」で生まれてくる子の血液型のパターンを問う問題は頻出である。余裕があれば，伴性遺伝の仕組みや組み換え価の計算などに挑戦しよう。

「代謝」に関する問題としては，まずは「酵素」について基本的な性質を覚え，「消化酵素のはたらきと分泌腺」の組合せを覚えよう。次に，「呼吸」については3つの過程を覚え，それぞれの反応に関与する物質や生成するATPの数を覚えよう。また，「光合成」からは様々な論点や図表からの出題実績があるので，一連の流れを覚えるだけでなく，できるだけ多くの問題に触れること。

「体内環境と恒常性」に関する内容としては，「免疫反応」の体液性免疫と細胞性免疫の流れと違い，「血液凝固」の仕組み，「ホルモン」のはたらきと分泌腺，「交感神経と副交感神経」のはたらきの違い，「腎臓と肝臓」のはたらき，「ヒトの脳」の部位とはたらきの違いなどがよく出題される。ほとんどがヒトに関わる内容なので取り組みやすいが，「ホルモン」については植物ホルモンから出題される場合も多い。

「生態系」に関する問題としては，「食物連鎖」や「物質循環」がよく出題されるので，全体の流れをしっかりと把握し，図の読み取りや穴埋め形式の問題への対応をしよう。

本書に限らず，できるだけ多くの公務員試験の問題に触れ，解いた問題を中心に知識を増やしていこう。出題傾向がつかめたら，大学入試センター試験や大学入学共通テストから類題を探すのもよい。

狙われやすい！重要事項

- ☑ **細胞**
- ☑ **代謝**
- ☑ **体内環境と恒常性**
- ☑ **生態系**

演習問題

1 **次の図は，ある植物について，光の強さと二酸化炭素吸収速度との関係を示したものである。光の強さが40キロルクスのときの光合成速度の相対値と，呼吸速度の相対値の組み合わせとして妥当なものはどれか。**

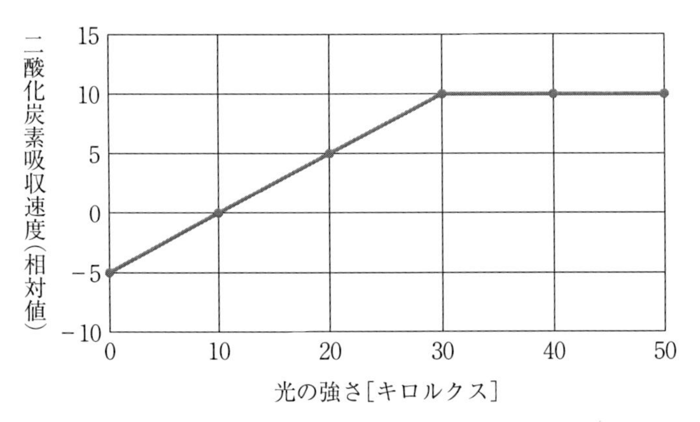

	光合成速度	呼吸速度
1	10	5
2	15	5
3	10	10
4	15	10
5	10	15

2 ヒトの血液および循環系の器官に関する記述として，最も妥当なものはどれか。

1 血管系は閉鎖血管系であり，血液成分が血管の外には出ない。
2 心臓の拍動は，中枢神経系による調節を受けない。
3 静脈を流れる血液は心臓の心室に入り，再び心房から動脈へ送り出されることで，からだ全体を循環している。
4 血液の成分は赤血球・白血球・血小板・血しょうであり，リンパ球は血液には含まれない。
5 肺動脈を流れる血液は静脈血で，肺静脈を流れる血液は動脈血である。

3 ある植物の葉面積100cm^{2}に10000ルクスの光を1時間あてると，二酸化炭素を20mg吸収し，光の全くあたらない暗所に1時間置くと二酸化炭素を10mg排出した。この植物を枯れないように育てるためには10000ルクスの光を1日最低何時間あてればよいか。ただし，この植物に光をあてると，光合成と呼吸を同時に行うものとする。

1 5時間　2 6時間　3 7時間　4 8時間　5 9時間

4 遺伝子型がAAbbの犬と遺伝子型がaaBBの犬を交配した結果，生まれた犬F_1の遺伝子型はすべてAaBbであった。F_1に遺伝子型がaabbの個体を交配すると，得られた子の遺伝子はAaBb：Aabb：aaBb：aabb＝1：9：9：1であった。このとき，A(a)とB(b)の間の組換え価として妥当なものはどれか。

1 5%　2 10%　3 15%　4 20%　5 25%

5 遺伝に関する記述として，最も妥当なものはどれか。

1　ABO式血液型のように，1つの形質の発現に3つ以上の遺伝子が関係する場合，このような遺伝子は複対立遺伝子と呼ばれる。

2　性の決定に関与する遺伝子を持つ染色体は性染色体と呼ばれ，ヒトの性決定様式は雌ヘテロ型に分類される。

3　異なる形質の遺伝子が同一の染色体上にある場合のことを，独立という。

4　生物の持つ形質のうち，遺伝によって獲得された形質を獲得形質といい，個体の環境への適応に大きな役割を果たす。

5　互いに対をなし，条件が整えば同一個体内に同時に現れる現象が頻発する形質を対立形質という。

6 酵素に関する記述として，最も妥当なものはどれか。

1　酵素は，反応の活性化エネルギーを上昇させ，化学反応を促進する触媒としての性質を持つ物質である。

2　酵素は，高温なほどよく働く性質を持ち，また，失活によって酵素の働きを失っても，温度の条件を整えれば復活させることができる。

3　リパーゼは，加水分解酵素に分類される酵素であり，脂肪を脂肪酸とモノグリセリドに分解する。

4　マルターゼはデンプンを麦芽糖に変化させ，アミラーゼは麦芽糖をブドウ糖に変化させるのを促進する。

5　酵素の主成分は低分子の有機化合物であり，一部の酵素は，高分子化合物であるタンパク質からなる補酵素と結合することによって，触媒作用を示す。

7 細胞の構造に関する記述として，最も妥当なものはどれか。

1　細胞壁は，植物細胞にのみ存在し，半透性という細胞膜とは異なる性質を持つ。

2　細胞内の物質は，原形質と後形質に大別されるが，後形質の例として，リソソームやゴルジ体が挙げられる。

3　細胞内において好気呼吸を行い，エネルギーを取り出すことに関与しているのは，ミトコンドリアである。

4　ゴルジ体は，代謝によって生じた不要な物質を含む細胞液で満たされている。
5　液胞は，主に物質の分泌と貯蔵に関与している。

8 生態系に関する記述として，妥当なものはどれか。

1　自浄できる分量を大幅に超えた汚水が海などに流入すると，ほとんどのプランクトンが瞬時に死滅する。その結果，多くの魚類が捕食する対象を失うため，死滅に至る。
2　アンモニアは，窒素の循環において重要な役割を果たす。アンモニアは，植物の根によって吸収され，アミノ酸やタンパク質などに変えられる。
3　生態系ピラミッドは，生産者，第一次消費者，第二次消費者などによって構成される。いわゆる高次の消費者は低次の者に比べると，個体数，エネルギー量において大規模になる。
4　無機物から有機物を生み出す働きを持つのが生産者である。プランクトンや細菌はこれに含まれず，緑色植物が主な例として挙げられる。
5　湖沼における生態系に大きな脅威を与えているのは硫黄酸化物や窒素酸化物である。被害の最大の原因は，雨が少ない地域の湖沼において，自然界に古くから存在する化合物の濃度が上昇したことにある。

9 ヒトの免疫に関する記述として，妥当なものはどれか。

1　体内にウイルスや細菌などの抗原が侵入すると，リンパ球の一種であるB細胞が抗体を生成する。
2　免疫機能のはたらきによって産生された抗体は，抗原と結合し，その後，赤血球の食作用によって処理される。
3　アメーバ状の細胞のマクロファージの役割は，抗原を取り込み，分解・処理し，B細胞にその情報を提示することである。
4　ヒトの体には，以前に侵入した抗原に対する免疫記憶の機能があるが，この記憶とは無関係に遺物に対し過剰な反応を示すのがアレルギーである。
5　ワクチン療法とは，ワクチンとして抗体を接種し，免疫記憶をあらかじめ形成しておくものである。

解答・解説

1　2

解説 （光合成速度）=（見かけの光合成速度）+（呼吸速度）となる。問題文のグラフより，光の強さが30キロルクスで光飽和点に達しており，このときの二酸化炭素吸収速度10が（見かけの光合成速度）の最大値となる。よって，40キロルクスにおける（見かけの光合成速度）= 10となる。一方，0キロルクスでは二酸化炭素吸収速度が−5であり，このとき光合成が行われておらず，呼吸は光とは無関係に一定速度で行われていると考えると，呼吸速度は常に5となる。よって，40キロルクスでは，（光合成速度）= 10 + 5 = 15となる。
以上より，正解は2。

2　5

解説 1　誤り。血液成分のうち，血しょうは血管外にしみ出して組織液となる。　2　誤り。心拍の調節の中枢は延髄にあり，交感神経と副交感神経によって調節されている。　3　誤り。静脈を流れる血液は心臓の心房に入り，再び心室から動脈へ送り出されることで，からだ全体を循環している。　4　誤り。リンパ球は白血球の一種で，血液中にも含まれる。　5　正しい。血液の流れは，大静脈→右心房→右心室→肺動脈→肺→肺静脈→左心房→左心室→大動脈の順であり，肺動脈を流れる血液は酸素の少ない静脈血で，肺静脈を流れる血液は酸素の多い動脈血である。

3　4

解説 10000ルクスの光をあてたとき，1日あたり（光合成による二酸化炭素吸収量）≧（呼吸による二酸化炭素排出量）となれば，この植物を枯らさずに育てることができると考える。

1日あたりの（呼吸による二酸化炭素排出量）= 10 × 24 = 240〔mg〕，10000ルクスの光をx時間あてたとすると，「光合成と呼吸を同時に行う」ので，（光合成による見かけの二酸化炭素吸収量）= $20x$〔mg〕より，（光合成による二酸化炭素吸収量）= $(20 + 10)x = 30x$〔mg〕となる。

よって,

$30x \geqq 240$

$x \geqq 8$〔時間〕

以上より,正解は4。

4 2

解説 F_1の遺伝子型はすべてAaBbなので,組み換えが起こらなければF_1と遺伝子型aabbの個体の子の遺伝子型の分離比は,AaBb：Aabb：aaBb：aabb＝1：1：1：1となる。一方,本問では組み換えが起きたので,分離比がAaBb：Aabb：aaBb：aabb＝1：9：9：1となっている。ここで,

$(\text{組み換え価}) = \left(\dfrac{\text{組み換えが起こった個体数}}{\text{全個体数}} \times 100\right)$であり,一般に組み換え価は0～50％なので,$(\text{組み換え価}) = \dfrac{1+1}{1+9+9+1} \times 100 = 10$〔%〕となる。

以上より,正解は2。

5 1

解説 1 正しい。AB間には優劣関係はなく,AとBはOに対して優性である。 2 誤り。ヒトやキイロショウジョウバエの性決定様式は,雄ヘテロ型,XY型に分類される。 3 誤り。「独立」ではなく,「連鎖」にすると正しい記述となる。 4 誤り。遺伝によって子孫に伝わる特徴を遺伝形質,生存中の環境からの影響によって得られた形質を獲得形質という。 5 誤り。対立形質は,同一の個体に同時に出現することはない。

6 3

解説 1 誤り。酵素は,反応の活性化エネルギーを低下させる。 2 誤り。多くの酵素の最適温度は約35～40℃である。また,高温などによって失活すると,再び酵素として働くことはない。 3 正しい。リパーゼはすい液に含まれている。 4 誤り。「マルターゼ」と「アミラーゼ」の記述が逆になっている。 5 誤り。酵素の主成分は,高分子化合物であるタンパク質である。

7 3

解説 1　誤り。細胞膜が半透性・選択的透過性という性質を示すのに対して，細胞壁は全透性を示す。　2　誤り。後形質として挙げられるのは細胞壁や液胞であり，リソソームとゴルジ体はともに原形質に分類される。
3　正しい。ミトコンドリアは，ATPの生産に関与している。　4　誤り。「液胞」に関する記述である。　5　誤り。「ゴルジ体」に関する記述である。

8 2

解説 1　誤り。汚水の流入は，特定のプランクトンの異常な発生や増加をもたらす。その結果，酸素が不足することにより，魚類などの大量死に至る。　2　正しい。植物の根から吸収されたアンモニアは，その植物の中で，アミノ酸，タンパク質などの有機窒素化合物の合成に利用される。　3　誤り。低次の消費者は，高次の者に比べると，個体数，エネルギー量，生体量のいずれも大きくなる。　4　誤り。植物プランクトンや光合成細菌は，生産者に含まれる。　5　誤り。酸性雨と富栄養化の説明が混同されている。酸性雨が湖沼にもたらす影響は，硫黄酸化物や窒素酸化物が溶け込んだ雨により湖沼が酸性化し，魚などが減少することである。一方，富栄養化が湖沼にもたらす影響は，生活排水が大量に流入することで，湖沼に元から存在する栄養塩類の濃度が増加し，プランクトンなどが異常発生することである。

9 1

解説 1　正しい。病原性のウイルスや細菌などの生体に免疫応答を引き起こす異物である抗原が侵入すると，リンパ球の一種であるB細胞が活性化し，抗体を産生・放出する。　2　誤り。食作用をもたらすのは，赤血球ではなく，白血球である。　3　誤り。マクロファージによる情報を受け取るのは，B細胞ではなく，ヘルパーT細胞である。　4　誤り。免疫記憶により引き起こされる抗原抗体反応のうち，過敏な反応によりヒトの体に悪影響を及ぼすのがアレルギー反応である。　5　誤り。「抗体」を「抗原」とすると正しい記述となる。ワクチンを抗原として接種し，あらかじめ抗体を作らせておいて病気を予防する方法がワクチン療法である。

自然科学 地学

POINT

地学の分野では，高校までの内容が出題される。出題形式としては，ほとんどの問題が基本的な知識を問う正誤問題や穴埋め問題で，計算問題はごく一部である。中学の学習内容が最も役に立つ分野といえるので，高校地学の勉強が困難な場合は，中学地学から取り組むのもよい。以下に，それぞれの単元の最重要事項をまとめるので，優先的に取り組んでほしい。

「地球の外観と活動」に関する内容として，まずは地殻や境界面の種類や特徴をしっかり覚えること。そのうえで，プレートやマントルなど，「地震」や「火山活動」につながる仕組みについて理解しよう。その他にも，ジオイドや重力の定義の理解，扁平率の計算などが出題されやすい。「地震」では，P波とS波の違いや震度とマグニチュードの違いについて理解するとともに，地震波の速度・震源からの距離・地震発生時刻の計算ができるようにしたい。「火山活動」を理解するためには，まずは「火成岩の分類」を完璧に覚える必要がある。鉱物組成の違いがマグマの粘度の差となって現れ，火山の形や活動様式の違いにつながっていく。

「地球の歴史」に関する問題としては，地質年代を代表する生物の名称，大量絶滅などの出来事について，時系列で整理しておこう。また，示相化石や示準化石についても狙われやすい。

「大気と海洋」については，「大気」に関する内容に優先的に取り組もう。日本の季節，前線の種類と特徴，台風の定義などは頻出である。また，フェーン現象を題材とした乾燥断熱減率・湿潤断熱減率を使った温度計算や，相対湿度の計算をできるようにしよう。その他にも，風の種類や大気圏の層構造について問われることがある。「海洋」については，エルニーニョ現象が起こる仕組みが頻出である。

「宇宙」に関する問題としては，まずは地球から見て恒星・惑星・月・星座などがどのように見えるかを完璧に覚えよう。また，南中高度の計算もできるようにしておくこと。次に，「太陽や太陽系の惑星」について，それぞれの特徴を押さえよう。特に，地球型惑星と木星型惑星の違い，金星の見え方などが頻出である。会合周期の計算もできるようにしておきたい。さらに,「太陽系外の宇宙の構造」として，HR図を使った恒星の性質の理解，恒星までの距離と明るさの関係などを知っておこう。

本書に限らず，できるだけ多くの公務員試験の問題に触れ，解いた問題を中心に知識を増やしていこう。出題傾向がつかめたら，大学入試センター試験や大学入学共通テストから類題を探すのもよい。

狙われやすい！重要事項

☑太陽系
☑地球の運動
☑大気と海洋
☑地球の内部構造
☑地震

演習問題

1　地震に関する記述として，最も妥当なものはどれか。

1　初期微動の長さは，震源からの距離によって異なり，初期微動が長いほどその後からの主要動も長くなり，揺れも大きくなるので被害の規模も大きくなる。

2　地震が起こると，まず縦波であるＰ波が発生し，しばらくしてから横波であるＳ波が生じるが，この発生時間の差を初期微動継続時間という。

3　アルプス・ヒマラヤ造山帯や環太平洋造山帯が地震の多発地帯であり，太平洋では太平洋プレートに沿う地域で，大西洋では海岸の周辺部よりも中央海嶺に沿う地域で地震が起きやすい。

4　日本列島付近の地震の原因としては，火山活動を起因とする説や海洋と大陸の密度差及び温度差に起因するとする説が有力視されている。

5　地震の揺れは，地表の岩石等の平均密度に関連するとされており，それらは地球の体積と質量から求めた地球全体の平均密度よりも大きいことから，地球は内部に行くほど密度が小さくなると推測されている。

2 衛星に関する記述として，最も妥当なものはどれか。

1　惑星の周りを軌道運動している天体を衛星といい，太陽系内に存在する衛星の特徴として，火山活動が認められないこと，太陽系内の惑星より大きい衛星が存在しないことなどが挙げられる。

2　月の赤道半径は地球の8分の1であり，また，小天体が多数衝突したことによると思われるクレーターが数多くあり，その一部は，地球からも観測できる。

3　太陽系の中には，衛星を持たない惑星も存在するが，火星もその1つである。

4　多くの場合，惑星の自転方向と衛星の公転の方向は一致しているが，海王星の衛星であるトリトンは，惑星の自転方向と反対に公転している。

5　冥王星の衛星の1つであるエリスは，現在観測できる中で地球から最も遠い衛星である。

3 地質時代の生物の変遷に関する記述として，最も妥当なものはどれか。

1　先カンブリア時代は地球の歴史の約9割を占め，この時代の化石として有名なものに，シアノバクテリアが形成した堆積構造の石灰岩であるストロマトライトがある。

2　古生代には海中に三葉虫や魚類が現れたが，陸上への進出はみられなかった。

3　古生代の石炭紀にはリンボクなどシダ植物の大森林が形成され，フデイシなどが栄えた。

4　新世代には乾燥した環境に耐えられる爬虫類が現れ，海中ではアンモナイトやフズリナが繁栄した。

5　新世代の第三紀には哺乳類や鳥類が出現し，またカヘイ石などの高等な有孔虫類が栄えた。

4 太陽系の惑星に関する次の記述として，最も妥当なものはどれか。

1　地球型惑星の特長は，表面が地殻で覆われ中心部にはマントルや核という密度の小さい部分がある点である。

2　木星型惑星は，地球型惑星に比べて自転周期，公転周期ともに長い。

3　海王星の軌道よりも外側を公転する天体を太陽系外縁天体という。直径100kmを超えるものが1000個以上見つかっている。

4　木星と海王星の間にある小天体を小惑星という。小惑星は直径が10km以下のものがほとんどである。

5　土星は太陽系の惑星の中で最も大きく，小さな氷や岩石でできた環を持つ。土星の惑星には活火山のあるイオや，海があると考えられるエウロパがある。

5　岩石に関する記述として，最も妥当なものはどれか。

1　泥岩，砂岩，れき岩のように，風化や侵食といった作用により，岩石の粒子が堆積してできた岩石が砕せつ岩である。

2　高温や高圧の条件下における変成作用によって生じた岩石が変成岩であり，凝灰岩はその代表的な例である。

3　サンゴ石灰岩は，堆積岩の一種である生物岩に分類され，硫酸カルシウムの殻や骨格を持つ生物の遺骸が堆積して生じたものである。

4　深成岩は，マグマが地下の深いところでゆっくり冷やされて生じた岩石であり，拡大すると，石基と斑晶からなる斑状組織が観察される。

5　火成岩の中で，石英やカリ長石，斜長石の含有が多いため，最も白色に近いのは，玄武岩やはんれい岩である。

6　地球の重力について，正しく記述されているものはどれか。

1　地球の重力は，遠心力と引力の合力で求められる。

2　地球の重力は，引力とコリオリの力の合力で求められる。

3　重力の大きさは，赤道上で最も大きく，緯度が高くなるにつれて小さくなる。

4　重力の大きさは，同じ緯度ならば等しい。

5　ブーゲー異常が負なら，ジオイド下の物質の密度は大きい。

7　A地点，B地点，C地点のそれぞれの地点で地震の観測をおこなった。初期微動が始まった時刻は，A地点4時08分15秒，B地点4時08分23秒，C地点4時08分27秒であり，主要動が始まった時刻は，A地点4時08分21秒，B地点4時08分35秒，C地点4時08分42秒であった。この地震の発生時刻として，最も妥当なものはどれか。

1　4時08分04秒　　2　4時08分05秒　　3　4時08分06秒

4　4時08分07秒　　5　4時08分08秒

8 マグマに関する記述として，妥当なものはどれか。

1 マグマは，マントル上層部の岩石が溶けて形成される高温の液状物質であるが，温度が高く，揮発性の成分が多いほど，粘性が低くなる。

2 火砕流は，高温のガスや空気に火山灰や軽石などが混じり，山の斜面を流れ下る現象であり，地面との摩擦が少なくなるため，高速になるのが特徴である。

3 火山活動は，様々な地形の形成と密接な関係があるが，成層火山の例として，マウナロアが挙げられる。

4 噴火の激しさはマグマの成分によって異なり，玄武岩質マグマは，他に比べて噴火が激しくなる傾向がある。

5 火山は，特定の地域に帯状にみられることが多く，日本周辺では，日本海溝の東側に多く分布している。

9 図に示した前線A，B，C，Dに関する記述として，最も妥当なものはどれか。

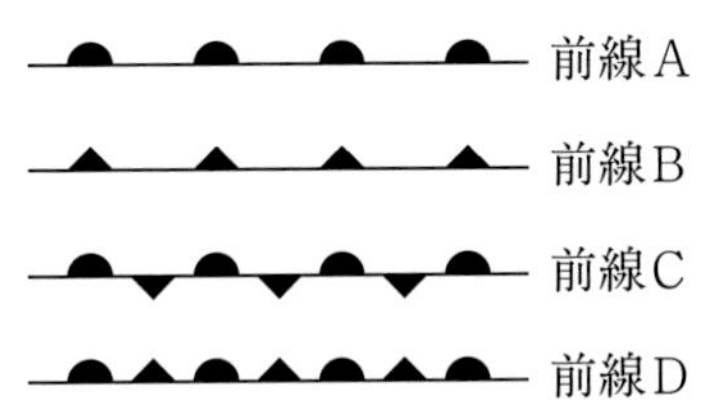

1 A，B，C，Dのいずれも，性質の異なる気団が接したときの境界面を示し，これらの境界面と地面が交わる箇所が前線面である。

2 Aは，寒気団の上に勢力が強い暖気団がのし上がってできる前線であり，境界面の傾斜は他の前線に比べて急である。

3 Bは，暖気団の下に勢力の強い寒気団がもぐり込んでできる前線であり，この付近では，積乱雲や雷雨が発生しやすく，にわか雨をもたらす。

4 Cは，寒冷前線が温暖前線に追いつくことによって生じる前線であり，この付近では，暖気団が寒気団にはさまれて上空に押し上げられる。

5 Dは，寒気団と暖気団の勢力がほぼ対等であるため，ほとんど移動しない前線であり，梅雨前線や秋雨前線として，比較的長期間の降雨をもたらす。

10 大気の対流に関する記述として，最も妥当なものはどれか。

1　地球の大気は，太陽放射のうち31％を吸収，20％を反射し，残りの49％は地表に達する。このことにより，地表の温度は高く保たれる。

2　フェーン現象は，水蒸気を多く含んだ空気塊が高い山を越えるとき，風下側において低温で乾燥した空気に変化する現象のことである。したがって，空気塊が山を越える前の太平洋側の気温と，山を越えた後の日本海側の気温を比べると，日本海側の気温が低くなる。

3　ジェット気流は，低緯度の圏界面付近を吹く風速の大きい風のことであり，北半球では低圧部を右にみて吹くため，東風となる。また，冬よりも夏の方が赤道収束帯における日照量が増加するためジェット気流が強くなる。

4　上昇する空気塊が水蒸気で飽和している場合，水蒸気の一部が凝結して水滴となり潜熱が放出される。このことにより，空気塊が暖められる。

5　大気圏では，高さが100m上昇するごとに，約0.65℃の割合で気温が下がる。このことにより，雲の発生や降水などの気象現象が起こる。

解答・解説

1 3

解説 1　誤り。初期微動継続時間は，観測地点から震源地までの距離に比例するが，揺れの大きさや被害規模とは直接関係ない。　2　誤り。地震が発生すると，P波もS波も同時に発生する。しかし，これらの速度が異なるため，観測地点にはP波が先に到達し，その後S波が到達する。　3　正しい。地震が多発する場所は，特定の地域に帯状に分布しており，アルプス・ヒマラヤ造山帯や太平洋プレートに沿う地域，大西洋中央海領の付近などが挙げられる。　4　誤り。日本列島付近の地震の原因として挙げられるのは，火山活動によるものやプレートによるものである。　5　誤り。地球の密度は，中心部に向かうほど大きくなる。

2 4

解説 1　誤り。木星の衛星イオには火山活動が認められる。また，土星の衛星タイタンと木星の衛星ガニメデのように，水星より大きいものもある。2　誤り。月の赤道半径は約1700kmであり，これは地球の約4分の1に相当する。 3 誤り。火星には，フォボスとダイモスという2つの小さな衛星がある。 4 正しい。トリトンのような衛星は逆行衛星と呼ばれる。 5 誤り。冥王星は，惑星の分類から外され，太陽系外縁天体に分類されている。エリスも太陽系外縁天体の1つである。

3 1

解説 1 正しい。ストロマトライトは光合成を行うシアノバクテリアのコロニーで，シアノバクテリアと堆積物とが何層にも積み重なって形成されたものである。 2 誤り。古生代のデボン紀には両生類が出現したため，動物の陸上への進出もみられた。 3 誤り。フデイシが栄えたのは古生代のオルドビス紀である。 4 誤り。爬虫類は古生代に出現した。フズリナは古生代，アンモナイトは中生代に繁栄した。 5 誤り。哺乳類や鳥類は中生代に出現した。

4 3

解説 1 誤り。地球型惑星は表面が地殻と呼ばれる岩石で覆われ，中心部は密度の大きい岩石でできたマントルや，金属からなる核がある。 2 誤り。木星型惑星は地球型惑星に比べて，自転周期は短く，公転周期は長い。 3 正しい。海王星の軌道の外側を公転する天体を太陽系外縁天体という。特に大きくて球形をしたものを冥王星型天体という。 4 誤り。小惑星は火星と木星の間にある小天体をいう。小惑星は直径が10km以下のものがほとんどである。 5 誤り。太陽系の惑星で最も大きいものは木星である。小さな氷や岩石でできた環を持つのは土星の特長であるが，活火山のあるイオや海があると考えられるエウロパは木星の衛星である。

5 1

解説 1 正しい。砕せつ岩は，堆積岩の一種である。 2 誤り。凝灰岩は，堆積岩の一種である火山砕せつ岩に分類される。 3 誤り。「硫酸カルシウム」を「炭酸カルシウム」とすると正しい記述になる。硫酸カルシウムが堆積して生じたのは，石膏である。 4 誤り。深成岩を拡大すると，等粒状組織が観察される。石基と斑晶からなる斑状組織が観察されるのは火山岩である。 5 誤り。これは流紋岩や花こう岩に関する記述である。玄武岩やはんれい岩は，輝石やかんらん石の含有が多いため，黒色に近い色になる。

6 1

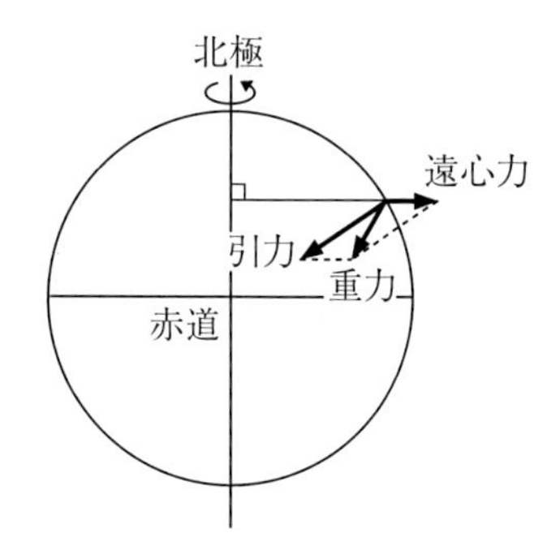

解説 1　正しい。地球の引力（万有引力）・遠心力・重力の関係は図のようになる。重力は，地球自身の質量による万有引力と，自転による遠心力の合力である。
2　誤り。1の解説を参照。　3　誤り。重力の大きさは，赤道上で最も小さく，極に近づくにつれて大きくなる。　4　誤り。3の解説を参照。　5　誤り。ブーゲー異常が負のとき，ジオイド面には密度の小さい岩石がある。

7 4

解説 まず，地震波の到達時刻からそれぞれの初期微動継続時間（PS時間）を求める。（PS時間）＝（P波が到達した時間）－（S波が到達した時間）より，初期微動と主要動が到達した時刻の差をとればよいので，

A地点：6秒
B地点：12秒
C地点：15秒

ここで，震源ではP波とS波が同時に発生しているはずなので，PS時間は0秒であり，PS時間は震源から観測地点までの距離に比例することを踏まえると，（震源からA地点までのPS時間の差）＝（A地点からB地点までのPS時間の差）より，（震源からA地点までの距離）＝（A地点からB地点までの距離）となる。

すると，（初期微動が発生してからA地点に到達するまでの時間）＝（初期微動がA地点からB地点に伝わるまでの時間）となり，これは4時08分15秒と4時08分23秒の差の8秒となる。よって，震源で初期微動が発生したのはA地点に到達する8秒前なので，4時08分7秒となる。
以上より，正解は4。

8 2

解説 1　誤り。マグマについて，「マントル上層部の岩石が溶けて形成される高温の液状物質である」という記述は正しいが，その粘性については，

温度が高く，揮発性の成分が多いほど粘性が高くなる。なお，マントルとは，地球内部の分類の一つで，地殻と核との中間層の名称である。 2 正しい。火砕流は，火山灰・軽石などが火山ガスと混合し，一団となって火口から一気に流れ下る現象である。なお，火山ガスの成分は水蒸気や二酸化炭素，二酸化硫黄などである。 3 誤り。マウナロアは，楯状火山に分類される。成層火山の例として挙げられるのは，富士山や羊蹄山などである。なお，楯状火山とは，火山の噴火に伴い粘性の小さい玄武岩質の溶岩が広範囲に流れ，かつ多層に重なってできた火山地形である。一方，成層火山は，溶岩や火山砕屑物や岩片が交互に堆積してできた火山地形である。 4 誤り。塩基性マグマは，流動性が大きく，比較的穏やかな噴火になる傾向がある。なお，二酸化ケイ素の量が多いマグマを流紋岩質マグマ，逆に少ないマグマを玄武岩質マグマという。 5 誤り。日本周辺において火山が比較的多く分布しているのは，日本海溝の東側ではなく西側である。

9 3

解説 1 誤り。異なる気団の境界面が前線面であり，前線面と地面が交わるところが前線である。 2 誤り。Aは温暖前線であり，傾斜は比較的緩やかである。 3 正しい。Bは寒冷前線である。 4 誤り。Cは停滞前線であるが，選択肢の記述は，閉塞前線の内容である。 5 誤り。Dは閉塞前線であるが，選択肢の記述は，停滞前線の内容である。

10 4

解説 1 誤り。地球の大気は，太陽放射のうち約20%を吸収し，約30%を反射している。 2 誤り。フェーン現象は，水蒸気を多く含んだ空気塊が高い山を越えるとき，風下側において高温で乾燥した空気に変化する現象のことである。したがって，空気塊が山を越える前の太平洋側の気温と，山を越えた後の日本海側の気温を比べると，日本海側の気温が高くなる。 3 誤り。ジェット気流とは偏西風帯の中で上空の特に風速の強いところであり，北半球では高圧部を右にみて吹く西風のことである。 4 正しい。潜熱により空気塊が暖められるので，断熱変化で低下した温度の一部が補われる作用がある。これにより，乾燥した空気塊と比べ，上昇に伴う温度低下の割合が小さくなる。 5 誤り。「大気圏」ではなく，「対流圏」に関する記述である。

第4部

文章理解

- 現代文
- 英　文

文章理解　現代文

POINT

長文・短文にかかわらず大意や要旨を問う問題は，公務員試験においても毎年出題される。短い時間のなかで正解を得るためには，次のような点に注意するのがコツである。

① 全文を，引用などに惑わされず，まず構成を考えながら通読してみること。
② 何が文章の中心テーマになっているかを確実に把握すること。
③ 引続き選択肢も通読してしまうこと。
④ 選択肢には，正解と似通った紛らわしいものが混ざっているので，注意すること。
⑤ 一般に本文中にも，選択肢と対応した紛らわしい要素が混ざっているので，これを消去すること。

こうすると，5肢選択といっても，実際には二者択一程度になるので，後は慌てさえしなければ，それほど難しいものではない。

演習問題

1 次の文章の内容と一致するものとして，最も適当なものはどれか。

技術的行為は専門的に分化されている。そして自己の固有の活動に応じて各人にはそれぞれ固有の徳があるといわれるであろう。大工には大工の徳があり，彫刻家には彫刻家の徳がある。徳とは自己の固有の活動における有能性である。しかるにかようなそれぞれの徳が徳といわれるのは，その活動が社会という全体のうちにおいてもつ機能に従ってでなければならぬ。各人は社会においてそれぞれの役割を有している。人間はつねに役割における人間である。各人が自己の固有の活動において有能であることが徳であるのは，それによって各人は社会における自己の役割を完全に果たすことができるからである。無能な者はその役割を十分に果たすことができぬ故に，彼には徳が欠けているのである。かようにして徳が有能性であるということは，人間が社会的存在であることを考えるとき，徳の重要な規定でなければならぬ。ひとが社会において果たす役割は彼の職能を意味している。自己の職能において有能であることは社会に対する我々の責任である。物の技術において有能であることも，社会に関係付けられるとき，主体に関係付けられることになり，道徳的意味をもつに至るのである。

1　それぞれの者にとっての徳は，有能性と深い関連性がある。

2　技術的行為が分化されることは，徳の端緒である。

3　それぞれの職業や技術と徳の概念については，分離して考えるべきである。

4　無能な者でも，自己の役割を十分に果たすことを通じて，徳を発揮することができる。

5　有能であることは，道徳的意味をもつことと区別すべきである。

2　次の文章の内容と一致するものとして，最も適当なものはどれか。

青函連絡船「洞爺丸」を海に沈めたのは，折から北上中の台風15号だった。

昭和29年9月，1100人を超える犠牲を出した戦後最悪の海難事故である。当時は台風の構造や発達過程に謎が多く，位置を特定できる気象衛星もなかった。海難審判は港を出た船長の過失を認め，気象台関係者を不問としている。皮肉なことに船長は空模様に明るく，周りから「天気図」のあだ名で呼ばれていた。

気象予報はまだ夜明け前，人の勘や感覚に多くを委ねた時代の惨事だった。いまでは気象衛星やレーダーに加え，上空の旅客機も観測に一役買っている。集めた膨大なデータをスーパーコンピューターが解析し，予報の精度は格段に高まった。翌日の照り曇りなら，的中率は8割を超えるという（『いま，この惑星で起きていること』森さやか著）。

森羅万象にはしかし，人類の理解を拒む領域があるらしい。関東甲信などの梅雨明け時期を，気象庁は7月下旬に修正した。「偏西風の蛇行をうまく予測できなかった」といい，7地方で観測史上「最速」とされた記録はなかったことになる。振り返れば6月の猛暑，「梅雨明け」から1週間もせずに崩れた空，そして戻り梅雨と異様な変転だった。

日露戦争では「天気予報」と書いたお守りがはやったと聞く。敵の弾には「当たらない」と。約120年を経て飛躍的に進歩した科学でさえ，明日を完全に見通すことはかなわない。地球の変化の速度に，追い付けていないということか。先人の経験則から生まれた「梅雨明け十日」などの言葉も裏切られることが増えた気がする。

四季の巡りはわが国に情味豊かな言葉を育んだ。いま，われわれが直面しているのは風土の危機，心の危機なのかもしれない。

1　「梅雨明け十日」とは，「各地域において梅雨前線が停滞する上限は十日に過ぎない」という意味であり，多くの場合，この言葉が的中してきた。
2　日本の気候における四季の巡りは，これまでの歴史の中で，季節についての多くの言葉を生む要因となったが，そのほとんどは無機質なものであった。
3　天気予報は，時代が下るにつれてその精度が高まった一方で，日露戦争の当時，それは決して高いものではないことが広く知られていた。
4　人間の能力は決して侮れるものではなく，特に，天気に関わる勘や感覚については，多くの人々を災害から救うことに大きく貢献してきた。
5　洞爺丸の事故に関わる海難審判において，船長と気象台関係者の責任が厳しく追及された。

3　次の文章の内容と一致するものとして，最も適当なものはどれか。

ひとこと多いのは中年以上に目立つ。それに対し，いまの若い人がことばについてデリケートなのは，一つには若い人たちの育った時代が，戦中戦後の荒々しい時代に比べて穏やかになったということがある。また，教育の普及ということもことばへの感受性を高める。教育とは，要するにことばによる知的洗練である。テレビ，ラジオ，電話などを通して，話しことばに接することも多くなっている。そういう時代に育った若い人は，それだけことばに傷つきやすくなっている。したがって，人に不快を与えまいとする。そのためだったら，「うそも方便」はむしろ当然となるのである。

若い人たちが話しているのを聞くと，いかにも乱暴な口をきいているようでありながら，その実，相手の触れてほしくないところは，巧みに避けている。マジなことは相手の痛いところを刺激するおそれがあるから，あたりさわりのない話に花を咲かせている。

相手の逃げ場をなくするようなことがあってはいけない。だから，真実のままはっきりと言うのではなく，わざとあいまいな言い方をする。白黒がはっきりしているのは興ざめる。ファジーな言い方がおもしろい。若い人もそう言うのである。

1　教育が普及しても，感受性に対する影響は，ごくわずかなものである。
2　本当の友情が芽生えている間柄では，相手の触れてほしくないところにも踏み込んで助言すべきである。

3　ものごとを語るときには，あいまいに述べるよりも，はっきりと述べる方が望ましいものである。
4　どんな時代に育ったかという要因は，ことばについての感受性や使い方の姿勢に影響を与える。
5　若い人は，その未熟さ故に，余計なことを言ってしまいがちである。

4　次の文章の内容と一致するものとして，最も適当なものはどれか。

科学は現象を説明するのでなく記述するのみであるという説は，知識が記号であるという説に近く立っている。知識が記号であるとすれば，それは現象を説明するのでなく記述するに過ぎないということになるであろう。キルヒホフの言葉に依ると，自然科学の任務は，自然現象をできるだけ完全に，できるだけ簡単に記述することである。かような場合，認識の目的は最も経済的に思惟することにある。科学は最小限の思惟消費をもってできるだけ完全に事実を記述することを目的とする，とマッハはいっている。マッハやアヴェナリウスに依ると概念，公式，方法，原理等は，できるだけ勢力を節約して経済的に環境に適応することを可能にするものであり，その価値は思惟経済上の価値によって決定される。思惟経済説は，有用なものが真理であり，真理の標準は有用性にあるとする実用主義（プラグマティズム）の一種である。

1　現象の説明が科学にとって不要であるとする考え方には普遍性がある。
2　キルヒホフは，認識において経済性を追求するような考え方を否定すべきであると論じている。
3　現在の私達は，プラグマティズムを乗り越え，新しい価値を創造しなければならない。
4　真理への懐疑の帰結は，有用なものこそが真理であるとする思想の信奉である。
5　知識が記号であるという説は，科学は現象を記述するのみであるという説と関連している。

5　次の文章の主旨として，最も適当なものはどれか。

人間はさまざまの事柄に深入りする。その場合に，殆ど意識が先に立たない。それが寧ろ素直な入り方であり，無意識が深入りの条件と言ってもいい。他人のそれに対する疑問やそこから発せられる言葉を耳に入れない。物事に深入り出来るというのは確かに幸福な状態であるから，その状態を持続させるためには感覚の機能を停止させる。

例えば草花の形や色や瑞々しさに夢中になっている人に向かって，一体花の何処がそんなにいいのかと問い質しても，満足な答えは得られない筈である。正直に何とかしてその質問に答えようとすると，自分が最も大切にしているものが傷附き，崩壊されるような気がして，結局説明を差し控えることになる。

ということは意識の伴っていない状態が，果敢ないものである代わりに，どれ程貴いかを薄々ながら心得ている。だから他人には誤魔化しと受け取られるような自己防禦の手段が，正当な価値を持っている。さもなければ沈黙である。そしてこの沈黙は，問われる前からのものでなければならず，感動の表現も常々差し控えていなければならない。

だがそれだけの労苦は既に或る種の意識を証明している。大切なものを自分のために守ろうとする意識は必ずそれだけでは済まされない。責任を伴って育てられて行く可能性が自分に見えて来る。この場合，自分のためにというのは純粋さを失うまいとする口実となっていることが多く，他人の問いに対して説明出来なかった口惜しさが先に立っていることも忘れてはならない。

1　物事に熱中すればするほど，世間との摩擦も増える。
2　何かに熱中している人は，無意識にそうしているだけなので干渉してはならない。
3　無意識が行動の動機である場合，その行動に対する説明は困難かつ苦痛である。
4　物事に熱中すればするほど，言い訳がしづらくなる。
5　物事に熱中する人ほど，保身に走る傾向がある。

6　次の文章に見出しをつける場合，最も適当なものはどれか。

銅山に到着した「自分」を待ち受けているのは，それこそ予測も推察も不可能な，まったく未知である「坑夫」の世界です。最初にたどりつくのが「飯場」ですが，現場に身を置いているのに，その言葉の意味はわからないのです。そして「自分は其の後飯場の意味をある坑夫に尋ねて，篦棒(べらぼう)め，飯場たあ飯場でえ，何を云つてるんでえ，とひどく剣突(けんつく)を食(くら)つ」てしまうのです。

この「飯場」という言葉をめぐって「自分」が体験したような出来事は，この後の銅山生活の中で繰り返されることになります。それは「自分」によれば，「凡て此の社会に通用する術語は，シキでも飯場でもジャンボーでも，みんな偶然に成立して，偶然に通用してゐるんだから，滅多に意味なんか聞くと，すぐ怒られる」という状況にほかなりません。

1　言葉の通用　　2　銅山における自己存在と言語
3　飯場の特殊性　　4　異質な世界
5　言語の明確性

7　次の文章を読んで，下の問に答えよ。

ある経営者のインタビューを読んで，感銘を受けたことがある。それは，企業の「内部留保」についての考えであった。ちなみに，内部留保の本来の意味は，経営によって生じた利益を積み立てたものの総称である。

その会社では，「働く人は平等である」との考えから，アルバイトで働く人にも，ボーナスや退職金を出すという。他の会社では，利益は内部留保に回すのが一般的であるとインタビューアーが述べると，彼は次のような趣旨の話をした。

□－□－□－□

私自身は，その話を読んで，長期的な利益のためには，従業員を使い捨てるよりも，共に歩むための道を考えるほうが有益であると改めて感じた。

ア　アルバイトを含む従業員を厚遇するための支出も，結局は，内部留保に通ずるものがある。
イ　つまり，利益を従業員に配分することは，経営にとって最も有益なことである。
ウ　その理由は，従業員を大切にすれば，有能な社員が，内部に留まるからである。
エ　逆に，賃金などを単なるコストと考えて，削減すれば，人材は流出する。

前文の空欄にア～エの文を並べ替えて文章を完成させたい。順番として，最も妥当なものはどれか。

1　ア－ウ－エ－イ
2　イ－ア－エ－ウ
3　イ－ウ－ア－エ
4　エ－ア－ウ－イ
5　エ－イ－ア－ウ

8 **次の文章を意味が通る順番に並べ替えたものとして，最も適当なものはどれか。**

「科学とは人間の役に立つものである」多くの人々の目には科学はこのように映じてきた。人間が直接身体を使ってできる仕事の何万倍もの仕事を，科学は苦もなく成しとげることができた。

ア　しかしこの力は人間から見れば，盲目的なものであった。

イ　「科学が力である」ことはだれの目にも明らかになってきた。

ウ　人間に対して破壊的に作用するか，人間のために役に立つかは，本来自然力のあずかり知らぬことであった。

エ　この力を行使するものは人間である。この力は人間が自然の中からみつけ出してきたものである。

オ　もっとおだやかな言葉でいえば，それは人間に対して，中立的であった。

この力を行使する立場にある人々には，しかしそれはとにかく役に立つ力であった。そういう人々はそれぞれの意図を持っていた。自然力が人間の意図を達成する手段として使われ出せば，それはもはや人間にとって中立的ではない。人々の意図がたがいに矛盾し対立すれば，同じ自然力の行使もたがいに矛盾せざるを得ない。こういう事態は今にはじまったことではない。

1　エ－オ－ア－イ－ウ
2　イ－エ－ア－ウ－オ
3　ア－エ－イ－オ－ウ
4　ア－ウ－オ－イ－エ
5　ウ－ア－エ－オ－イ

9 **次の文章の内容と一致するものとして，最も適当なものはどれか。**

「身から出た錆」ということばがある。自らの怠慢や誤りが原因となり，自分自身に不利益をもたらすという意味だが，いわゆる自己責任論が台頭しているといわれる今日では，重みを増しつつある内容を含んでいる。

そもそも，自分自身の行動に責任を持つということは，社会人にとって当然のことである。一方で，これが暴走すると，公的分野の責任の放棄を正当化する議論につながりかねない。ここでいう「暴走」とは，個人，あるいは一部の人々の身に降りかかったことについて，本来は社会的に救済や支援をはかるべきであるにも関わらず，自己責任を強調しながら，社会的な連帯を断ち切ってしまうことである。

海外において紛争や事件に巻き込まれた際に，当事者に対する非難の論拠として，いわゆる自己責任論が用いられることがあった。これは，政治的な問題を多面的に孕(はら)むので，コメントすることは避けるが，私が驚いたのは，旅行先において，ある自然災害に巻き込まれた人々に対してもこの論法が用いられたという事例であった。

人は，意見が分かれる問題に直面し，かつ，自分の見解がはっきりしているとき，自分の意見の正当性について自らを納得させる論拠を求める。それは当然のことであるが，そこで，事象の原因を単純化する論法には注意を要する。安易であるがゆえに，物事を多面的に検討するという本来最も重要な思考への意欲を削いでしまう可能性が高いからである。

1　物事を多面的にとらえた上で自らの決断を下すことにこだわり過ぎることが，言論の停滞につながる。

2　自己責任論は鉄則であり，あらゆる社会的事象を考察する際に前提とすべき論法である。

3　事象の原因を単純化する論法に頼ると，重要な思考が妨げられる恐れがある。

4　自己責任論の台頭は，終戦直後からみられる日本社会の病理の一つである。

5　意見が分かれる問題に直面した際，自らの意見の正当性について論拠を求めることは慎むべきである。

解答・解説

1 1

解説 三木清『哲学入門』より。 1 正しい。本文の中で「徳とは自己の固有の活動における有能性である」などと，度々徳と有能性の関係が述べられている。 2 技術的行為の専門的分化と徳の関連については特に直接的には触れられていない。 3 「大工には大工の徳があり，彫刻家には彫刻家の徳がある」とされていることからみて，「分離して考えるべきである」というのは明確な誤りである。 4 無能な者については，「その役割を十分に果たすことができぬ故に，彼には徳が欠けている」と述べている。 5 最後の一文で，有能であることが道徳的意味をもつことと関連付けられているため，明らかに一致しない。

2 3

解説 1 誤り。5段落目の最後に，「梅雨明け十日」についての記述があるが，「梅雨前線が停滞する上限」について触れた内容は本文中にない。なお，一般に，「梅雨明け十日」とは，梅雨が明けてから十日程度は安定した晴天が続くという意味である。 2 誤り。最後の段落において，「四季の巡りはわが国に情味豊かな言葉を育んだ」と述べられているが，選択肢に示されている「そのほとんどが無機質なもの」という内容と対応する記述は本文中にない。 3 正しい。第3段落において，新しい技術によって天気予報の精度が上がったこと，日露戦争当時は，「当たらないもの」ととらえられていたことなどが述べられている。 4 誤り。選択肢の中の「人間の能力は決して侮れるものではなく」に対応する記述は本文中にない。また，天気に関わる勘や感覚が多くの人々を災害から救うことに貢献したことについても本文中では触れられておらず，第3段落において，洞爺丸の事故について，「人の勘や感覚に多くを委ねた時代の惨事」と述べられている。 5 誤り。第2段落において，「海難審判は港を出た船長の過失を認め，気象台関係者を不問としている」と述べられている。

3 4

解説 外山滋比古『ことばと人間関係』より。　1　誤り。教育の普及がことばへの感受性を高めるという内容と一致しない。　2　誤り。「本当の友情が芽生えている間柄」には触れられておらず，また，むしろ，若い人たちが，触れてほしくないところを避けていると論じている。　3　誤り。第3段落では，むしろ，逆のことが述べられている。　4　正しい。生きている時代とことばの使い方との関連について述べている第1段落の第2文の内容と一致している。　5　誤り。冒頭の一文と明らかに一致しない。この文章では，全体を通じて，若い人について，むしろ，触れられたくないことをたくみにかわすことなどが述べられている。

4 5

解説 三木清『哲学入門』より。　1　誤り。「現象を説明するのでなく記述するのみである」という考えは，一つの説として紹介されているものの，「普遍性がある」とはされていない。　2　誤り。キルヒホフの「認識の目的は最も経済的に思惟することにある」という考えと一致しない。　3　誤り。プラグマティズムを乗り越えるべきという趣旨のことは述べられていない。　4　誤り。「真理への懐疑」「思想の信奉」に該当する内容は本文中にない。　5　正しい。冒頭の1文の内容と一致している。

5 3

解説 串田孫一『串田孫一エッセイ選』より。　1　世間との摩擦が起きるかどうかは，熱中する物事や程度にもよる。すべてのことに関してあてはまるとは限らない。　2　問題文は物事に熱中する当事者の心理を問題としている。熱中している人に対して周囲がどう対応するべきかについては著者は述べていない。　3　正答。無意識につき動かされて何かに熱中している人が，熱中している理由を論理的に説明し，しかも相手を納得させることは極めて難しく，苦痛を伴うことすらある。　4　単なる言い訳ではなく説明であり，その説明が困難なことに伴う苦痛について著者は述べている。　5「保身に走る」とは利害関係を伴う行為に対していう。物事に熱中するという類いの行為にはあてはまらないので誤り。

6 1

解説 小森陽一『出来事としての読むこと』より。 1 正しい。銅山の坑夫が用いる「飯場」という言葉を切り口に，言葉の通用について論じており，適切である。 2 銅山での自己存在が全体を貫くテーマとはいえない。 3 飯場は，特殊性を持つ例として挙げられているのではなく，むしろ，偶然に通用する典型例とされている。 4 文章全体としての主題は，「世界」ではなく，「言葉」である。 5 言語は明確な意味を持たなくても，偶然に通用しているという趣旨の内容が論じられている。

7 1

解説 並べ替えの冒頭としては，内部留保についての本来の意味を理解した上で，自らの経営姿勢に基づく支出も内部留保に通ずるという考えを述べているアが適切である。さらに，「その理由は」で始まる文が，考えの根拠を述べているので，ウが次に位置する。続いて，逆の考えを述べるエ，主張をまとめるイに続く。以上より，正解は1である。

8 2

解説 『湯川秀樹著作集5』より。科学が苦もなく成しとげられることと，「科学の力」のつながりから，最初はイが適切である。また，「この力」は，「科学の力」を指すので，次にエがくることがわかる。「しかし」以降で，それまでの内容を受けつつ，視点が変わり，次の内容への展開が始まることから，次の文としてはアが適切である。さらに，「盲目的」という言葉と「あずかり知らぬ」という言葉の関連から，ウにつながり，最後に，表現を言い換えて，「中立的」としていることからオの文に接続する。以上より，正解は2である。

9 3

解説 1 誤り。多面的にとらえることの重要性を否定的に述べた箇所はない。 2 誤り。文章全体を通じて，「自己責任論」による議論の単純化は否定的にとらえられている。 3 正しい。最後の段落に述べられている内容と一致する。 4 誤り。「終戦直後からみられる日本社会の病理」について触れられた箇所はない。 5 誤り。自らの意見の正当性の論拠を求めることについては，当然のことであるととらえられている。

文章理解　英文

POINT

英文解釈は，公務員試験における英語の中心となるものである。書かれてある英文の内容を正しく理解するためには，主語，述語，目的語，補語という英文の要素をしっかりおさえるとよい。

「主語＋述語動詞」に注目しよう。どれほど修飾語句で飾られた文でも，またどれほど難語，難句でかためられた文でも，裸にすれば，主語と述語動詞の2つが残る。よって，英文を読む時には，まずその主語をつきとめ，次にその主語に対する述語動詞をさがし出すことである。そして自分の持つ関連知識と常識力を総動員して全体を理解するよう努めることである。つねに「主語＋述語動詞」を考えながら読もう。

演習問題

1 次の英文の（　A　）～（　C　）に入る語の組み合わせとして適切なものはどれか。

No matter what part of the world we come from, we are all basically the same human (　A　). We all seek happiness and try to avoid (　B　). We have the same basic human needs and concerns. All of us human (　A　) want freedom and the right to determine our own destiny as individuals and as peoples. That is human (　C　).

	A	B	C
1	beings	suffering	nature
2	beings	hurt	natures
3	body	enjoying	rights
4	affairs	suffering	nature
5	affairs	hurt	natures

2 次の英文の内容と一致するものはどれか。

As patients, we usually remember the names of our doctors, but often we forget the names of our nurses. I remember one. I had breast cancer a few years ago, and somehow I managed to get through the surgeries and the beginning of the treatment just fine. I could hide what was going on. Everybody didn't really have to know. I could walk my daughter to school, I could go out to dinner with my husband; I could fool people. But then my chemo was scheduled to begin and that terrified me because I knew that I was going to lose every single hair on my body because of the kind of chemo that I was going to have. I wasn't going to be able to pretend anymore as though everything was normal.

I was scared. I knew what it felt like to have everybody treating me with kid gloves, and I just wanted to feel normal. I had a port installed in my chest. I went to my first day of chemotherapy, and I was an emotional wreck. My nurse, Joanne, walked in the door, and every bone in my body was telling me to get up out of that chair and take for the hills. But Joanne looked at me and talked to me like we were old friends. And then she asked me, "Where'd you get your highlights done?"

And I was like, are you kidding me? You're going to talk to me about my hair when I'm on the verge of losing it? I was kind of angry, and I said, "Really? Hair?" And with a shrug of her shoulders she said, "It's gonna grow back." And in that moment she said the one thing I had overlooked, and that was that at some point, my life would get back to normal. She really believed that. And so I believed it, too.

Now, worrying about losing your hair when you're fighting cancer may seem silly at first, but it's not just that you're worried about how you're going to look. It's that you're worried that everybody's going to treat you so carefully. Joanne made me feel normal for the first time in six months. We talked about her boyfriends, we talked about looking for apartments in New York City, and we talked about my reaction to the chemotherapy -- all kind of mixed in together. And I always wondered, how did she so instinctively know just how to talk to me?

1　筆者は，乳癌になるまでは，娘と学校まで歩いて通い，夫とディナーに行くなどしていた。
2　筆者は，化学療法が始まり，周囲の人間に腫れ物扱いされることを恐れていた。
3　看護師は，患者である筆者の気持ちを察し，とても慎重に話しかけてきた。
4　患者は，一般に，自分の主治医や看護師の名前をかなり正確に覚えているものである。
5　筆者を含む患者の多くは，病と戦っている時には，髪の毛の事を心配する余裕はない。

3　次の英文に日本語のタイトルをつけるとき，最も適切なものはどれか。

Why do we keep diaries? Is it to remind ourselves of things? Is it to make life each day richer? Is it to improve our ability to write? Is it to leave a personal history? On the culture page of the Asahi Shimbun, Magoichi Kushida wrote, "The best answer is that keeping a diary is play. And in this play, there is a flavor of wickedness."

We read somewhere that Tolstoy kept a secret diary in addition to his ordinary diary and that he hid it in the sole of his shoe. Tolstoy must have been aware of how difficult it is to write a diary without worrying about what other people think.

Some diaries, of course, are kept from the outset with the intention of leaving them to later generations as a record of modern history. The diary of Kiyoshi Kiyosawa, who continued to write such criticisms as, "With men like this as leaders, Japan will meet with disaster," during the war, is a typical example.

1　忘れえぬ日記　　2　日記に表れる作文力の比較
3　日記の目的　　4　日記の秘密
5　自由な日記

4 **次の英文の内容と一致するものはどれか。**

Within a system which denies the existence of basic human rights, fear tends to be the order of the day. Fear of imprisonment, fear of torture, fear of death, fear of losing friends, family, property or means of livelihood, fear of poverty, fear of isolation, fear of failure. A most insidious form of fear is that which masquerades as common sense or even wisdom, condemning as foolish, reckless, insignificant or futile the small, daily acts of courage which help to preserve man's self-respect and inherent human dignity. It is not easy for a people conditioned by fear under the iron rule of the principle that might is right to free themselves from the enervating miasma of fear. Yet even under the most crushing state machinery courage rises up again and again, for fear is not the natural state of civilized man.

1　恐怖は，文明人にとって自然な状態ではないから，勇気は何度でもわき上がってくるものである。
2　恐怖に慣らされた人々が，その毒気から抜け出すのはたやすいことであり，その点を私達の運動の拠り所にすべきである。
3　人権に固執する考え方が，恐怖政治を正当化することに悪用されていることは，とても残念なことである。
4　投獄や拷問への恐怖は，取るに足らないものであり，それを恐れることは，敵を利することにつながるものである。
5　人々に恐怖を与える者は，やがて，天の裁きによってその報いを受けることになる。

5 **次の英文の内容と一致するものはどれか。**

The hallmark signs of Alzheimer's are well-established-plaques of amyloid protein and tangles of tau protein in the brain, which work to suffocate and eventually destroy neurons that are dedicated to higher level functions such as memory and reasoning.

But in a study published in the journal *Neurology*, researchers show that there may be important differences in the way Alzheimer's appears in the brains of African-American and white patients. When Lisa Barnes, a neurologist at the Rush Alzheimer's Disease Center at Rush University

Medical Center and her colleagues compared the brains of 41 black patients who had died of the disease to the brains of 81 white patients, they found a much more complex picture of Alzheimer's in the brains of the African-Americans.

＊plaques　プラーク（動脈硬化巣）
amyloid protein　アミロイド・タンパク質
tau protein　タウ・タンパク質　　suffocate （～を）塞ぐ，窒息させる
neurons　ニューロン（神経細胞）
Neurology『神経学ジャーナル』（神経学に関する医学雑誌）
neurologist　神経科医　　white　白人　　black　黒人

1　アルツハイマー病は低水準な機能であるニューロンが破壊されることによって進行する。
2　アルツハイマー病の兆候は未だ明らかになっておらず，その研究が進められている。
3　『神経学ジャーナル』では，画像診断の重要性が発表された。
4　アルツハイマー病の現れ方には，アフリカ系アメリカ人と白人患者との間で重要な違いを画像で判断することができた。
5　より明確な画像診断をするために，様々な研究機関に問い合わせをする必要がある。

6　次の英文の内容と一致するものはどれか。

Neighbors stopping to chat on a street corner is a familiar enough sight in Germany. And one expression that is frequently uttered in the course of such chitchat is "*das ist logisch*."

It translates literally as "that is logical." But in conversational German, it is nothing more than an interjection of assent, like "oh, yes" in English. Still, going by my stereotype of Germans, it seems fitting that the word "logical" should pop up frequently even in casual conversation.

There is no German equivalent of the Japanese word *natsukashii*, which describes one's feeling of nostalgia or yearning for something or someone one misses. But any German person fluent in Japanese is likely to utter that very word when he or she is reunited with an old dear friend or returns his or her hometown after a long absence.

Needless to say, German is not the only foreign language that reflects concepts and sensibilities that are alien to Japanese. By the same token, there are concepts and sensibilities that are unique to Japanese, which is what fascinates foreign students of the language. By learning a foreign language, one comes to acquire a deeper understanding of one's own native tongue.

1 ドイツ語には，「なつかしい」に相当する言葉がたくさんありすぎて，ドイツ人は度々表現に迷ってしまう。

2 ドイツでは，日常会話に論理を持ち出すことは失礼であるとされる。

3 外国語を学ぶことは，自国語をより深く知ることにつながるものである。

4 立ち話という習慣は，日本独自のものであり，外国にはみられない。

5 各言語の語感には，風土や歴史が反映されており，それが研究者の興味をそそる。

7 次の英文の内容と一致するものはどれか。

Do you ever think about how important the oceans are in our daily lives? The oceans cover two-thirds of our planet. They provide half the oxygen we breathe. They moderate our climate. And they provide jobs and medicine and food including 20 percent of protein to feed the entire world population. People used to think that the oceans were so vast that they wouldn't be affected by human activities.

Well today I'm going to tell you about a serious reality that is changing our oceans called ocean acidification, or the evil twin of climate change. Did you know that the oceans have absorbed 25 percent of all of the carbon dioxide that we have emitted to the atmosphere? Now this is just another great service provided by the oceans since carbon dioxide is one of the greenhouse gases that's causing climate change. But as we keep pumping more and more and more carbon dioxide into the atmosphere more is dissolving into the oceans. And this is what's changing our ocean chemistry. When carbon dioxide dissolves in seawater, it undergoes a number of chemical reactions.

Now lucky for you, I don't have time to get into the details of the chemistry for today. But I'll tell you as more carbon dioxide enters the ocean, the seawater pH goes down. And this basically means that there is an increase in ocean acidity. And this whole process is called ocean acidification. And it's happening alongside climate change. Scientists have been monitoring ocean acidification for over two decades. This figure is an important time series in Hawaii, and the top line shows steadily increasing concentrations of carbon dioxide, or CO_2 gas, in the atmosphere. And this is directly as a result of human activities. The line underneath shows the increasing concentrations of carbon dioxide that is dissolved in the surface of the ocean which you can see is increasing at the same rate as carbon dioxide in the atmosphere since measurements began. The line on the bottom shows then shows the change in chemistry. As more carbon dioxide has entered the ocean, the seawater pH has gone down, which basically means there has been an increase in ocean acidity. Now in Ireland, scientists are also monitoring ocean acidification. And we, too, are seeing acidification at the same rate as these main ocean time-series sites around the world. So it's happening right at our doorstep.

ocean acidification…海洋酸性化

1　海洋は，私たちが呼吸する酸素の3分の2を供給し，気候を安定させている。

2　海洋は日本人が必要とするタンパク質の20パーセントもの食べ物などを供給している。

3　私たちが大気中に放出した二酸化炭素の25％は海洋に吸収されている。

4　海洋酸性化の観測が始まって以来，海洋の二酸化炭素はほぼ一定の数値を示している。

5　二酸化炭素が海水に溶けることで，様々な気候変動が起こる原因となると述べられている。

8　次の英文の内容と一致するものはどれか。

The email popped into my inbox the night before. "We're on," it read. "The location is a new one for me. Brompton Road, the heart of Knightsbridge. I'll be there with some fellow troops from 9pm."

I felt like a CIA operative about to conduct an observation post on an elusive target. That was until I read the rest of the email: "Despite the overwhelming riches, there are still areas of horticultural neglect," it continued. "I have two brick planters in my sights, perhaps a small shrubbery too."

I was about to join Richard Reynolds and his team of 'guerrilla gardeners' for the night and although this was to be a clandestine operation, it would be a green-fingered one.

1 リチャード・レイノルズが率いるグループによる作業は，秘密裏に行われる。

2 グループの行動に，ゲリラという言葉はふさわしくないので，支援者達は憤っている。

3 筆者は，原稿の執筆中に，CIAからの連絡を受けたことに驚いている。

4 園芸の必要性の陰に隠れた深刻な環境問題に対する認識の欠如こそが，最大の問題である。

5 裕福な人々は，貧しい人々が住む地域の緑化や環境の改善に貢献する責務がある。

解答・解説

1 1

解説 『テンジン・ギャツォのノーベル賞受賞講演』1989.12.10から抜粋。(全訳) 世界のどの地域のひとであろうと，われわれは皆，基本的に同じ人間です。幸福を求め，苦しみを避けようと努めます。同じような人間の基本的要求や関心を持っています。われわれ人間は皆，自由や，自らの運命を決める権利を個人としても民族としても求めています。これが人間の本質なのです。

テンジン・ギャツォはダライ・ラマ14世のこと。　A　human beingは，人として存在することを表す。総称的には複数形でbeingsとする。Human affairsは，人事・人間に対する事柄という意味であり，組織的な意味を表すことから，本文のような人類全体を指す文章に用いることは不適切である。human bodyは人体を指す表現であり，医学的な表現をする際に用いる。

B　直前にavoidが使われているので，その後に続く名詞は動名詞となることからsufferingが当てはまる。avoid enjoyingは文章の意味が成り立たないことから間違いの選択肢であることが分かる。　C　human nature とは人間の本質・人間性を示す不可算名詞である。よってnatureは単数形となる。また，（　C　）が含まれる文章のbe動詞が単数なので続く名詞も単数形になることが分かる。human rightsは人権を指す名詞である。

2 2

解説 TED Talks：Carolyn Jones『看護師への贈物』より。（全訳）患者というものは，自分の主治医の名前を覚えているものですが，看護師の名前は忘れてしまいがちです。私は1人覚えています。数年前に乳癌にかかり，どうにかこうにか手術を終え，治療の初期段階を巧く切り抜けました。何が起こっているかを隠し通し，周囲は何も知るはずがありませんでした。娘と学校まで歩いて通う事も，夫とディナーに行く事もでき，私は皆をだます事が出来ました。しかしその後，化学療法の計画が始まり怖くなってきました。私の受ける化学療法は，体中の毛が抜けてしまうものだと知っていたからです。何もなかったふりはもう出来なくなります。

怖かったです。皆に腫れ物に触るように扱われるのがどんなものか分かっていましたし，ただ自分は正常だと感じていたかったのです。胸にポートを取り付けられ，化学療法の初日を迎えました。精神的にはボロボロでした。担当の看護師ジョアンがドアから入って来ると，私は椅子から立ち上がって逃げ出したくなる程体がうずきました。しかし，ジョアンは私を見て，旧友のように話しかけました。そして私に尋ねました「そのハイライト，どこで入れたの？」

冗談でしょう？今にも髪の毛がなくなろうとする時にそんな話をするなんて，私はちょっと怒って言いました。「何ですって？髪の毛が抜けるのよ。」，彼女は肩をすくめて言いました，「また生えてくるわよ。」その時私が見過ごしてきた1つの事を，彼女は言ったのです。つまり，時が来れば私の人生は通常に戻るのだと。彼女は本当にそれを信じていました。だから私も信じたのです。

そもそも，癌と戦っている時に髪の毛の事を心配するなんて馬鹿げた事に思えるかもしれません。しかしそれは，自分がどう見えるか心配しているだけではないのです。皆が気遣ってくれる事を気に病んでもいるのです。彼女のお陰で6ヶ月ぶりに自分は正常だという気持ちになれました。私達は彼女のボーイフレンドの事，ニューヨーク市内でアパートを探している事，化学療法への私の反応について等，色々な事を話しました。そしてどうやって彼女が私の気持ちを見抜いているのだろうかと，いつも思っていました。

1　誤り。「I could walk my daughter to school, I could go out to dinner with my husband」この部分から，病気を患ってからも今まで通りの生活を送っていたということが読み取れる。　2　正しい。第2段落の1～2文目「I was scared. I knew what it felt like to have everybody treating me with kid gloves」から選択肢で述べている内容が読み取れる。　3　誤り。第2段落の6文目「But Joanne looked at me and talked to me like we were old friends.」この部分から，看護師のジョアンは筆者に対して旧友のように気軽に話しかけてきたということが読み取れる。　4　誤り。第1段落1文目に「患者というものは，自分の主治医の名前を覚えているものですが，看護師の名前は忘れてしまいがちです。」と述べられている。　5　誤り。第4段落1～2文目から，選択肢の内容が誤りであることが読み取れる。

3　3

解説『天声人語　'80春の号』より。（全訳）私たちはなぜ，日記を書くのか。備忘録のためか。1日の生活を充実させるためか。作文の力をつけるためか。自分史を残すためか。文化欄に串田孫一氏が書いている。「日記を書くのは，これは自分の遊びだと答えるのが最も適切である。この遊びにはやや悪徳の味がある」。

トルストイは，ふつうの日記のほかに，なお秘密の日記をもち，これをクツの底に隠していたという話を読んだことがある。他人の目を意識せずに日記を書くことの難しさを，トルストイは知りつくしていたのだろう。

もっとも，日記には，はじめから現代史の記録として後世に残すことを決意して書かれたものもある。戦時中，「こうした人々を指導者とする日本は禍いなる哉」といった批判を書きつづった清沢洌の日記はその典型だ。

1　備忘録としての日記の目的について書かれている箇所はあるものの，日記そのものを忘れえぬものとした記述はない。　2　はじめに列挙した日記の目的の中に，作文力についての記述はあるものの，それを比較する内容は含まれていない。　3　正しい。本文中には，備忘録，作文の力の向上，自分史，現代史の記録など，様々な目的について書かれている。趣旨や，タイトルなどを読み取る問題では，全体を貫く内容と一致するものが正解となる。
4　トルストイの「秘密の日記」について述べられているが，日記の秘密が全体のテーマとはいえず，タイトルとしては適切ではない。　5　自由について触れた記述はない。

4 **1**

解説 ニーナ・ウェグナー『英語で聞く世界を変えた女性のことば』より。(全訳) 基本的人権の存在を否定する制度の枠内では，恐怖は日常的なものになる傾向がある。投獄の恐怖，拷問の恐怖，死の恐怖，友人，家族，財産，生計の手段を奪われることへの恐怖，貧困の恐怖，孤立の恐怖，失敗の恐怖。きわめてたちの悪い恐怖の形は，常識や英知の仮面をかぶり，人間の自尊心や人間本来の尊厳を保たせてくれる勇気あるささいな日常的行為を，愚かで，無謀で，無意味で，無駄だと非難することである。「力は正義なり」という指針に基づく圧制のもとで恐怖に慣らされた人たちが，恐怖という気力をなくさせる毒気から抜け出すのは容易なことではない。しかし，どんなに圧倒的な国家機構の下でも，勇気は何度でもわき上がってくる。というのも，恐怖は文明人には自然な状態ではないからである。

1　正しい。最後の文の内容と一致している。　2　誤り。恐怖という気力をなくさせる毒気から抜け出すのは容易なことではないという内容と一致しない。また，「運動の拠り所」についても文中で述べられていない。　3　誤り。「人権に固執」「恐怖政治を正当化」といった内容は本文中にない。　4　誤り。恐怖が取るに足らないという趣旨のことは述べられていない。　5　誤り。「天の裁き」や「報い」について触れられた箇所はない。

5 **4**

解説 「How Alzheimer's Is Different in African-Americans」『TIME July 15, 2015』より。(全訳) アルツハイマー病の最も大きな特徴は，脳の中でアミロイド・タンパク質のプラークが成長することと，タウ・タンパク質にもつれが生じることである。そして，それは記憶や推理などの，より高次な機能を司るニューロンを閉塞し，破壊するように働く。

しかし，『神経学ジャーナル』で発表された調査において，研究者は，アルツハイマー病が，アフリカ系アメリカ人と白人患者の脳内での現れ方に重要な違いがある可能性を指摘した。ラッシュ大学医療センターにおけるラッシュ・アルツハイマー病センターの神経科医リサ・バーンズと，彼女の同僚は，脳疾患で死んだ81人の白人患者の脳と，41人の黒人患者の脳を比較したとき，アルツハイマー病のはるかに複雑な画像をアフリカ系アメリカ人の脳で発見した。

1　より高水準なニューロンが破壊されると記述されている。　2　特徴的な兆候はアミロイド・タンパク質のプラークとタウ・タンパク質のもつれであると本文中から読み取れる。　3『神経学ジャーナル』で発表される調査において，研究者は，アルツハイマー病がアフリカ系アメリカ人と白人患者の脳内での現れ方に重要な違いがあるかもしれないことを示したとの記述があり，画像診断の重要性が発表されたとは書かれていない。　4　正しい。本文中の「they found a much more complex picture of Alzheimer's in the brains of the African-Americans」から読み取れる。　5　本文からは読み取れない。

6 3

解説 朝日新聞論説委員室『天声人語 '99春VOL116』より。(全訳) ご近所同士が道で出会って，しばらく立ち話するのは，ドイツでも珍しくない。そんな時の相づちの一つに，ダス・イスト・ローギッシュというのがある。

直訳すれば「それは論理的ですね」となるが，実際には，それは，そうよねぇ，ぐらいの軽い意味だ。それにしても，日常のおしゃべりに「論理」が出てくるところがドイツ的だが。

一方で日本語の「なつかしい」にあたる言葉がドイツ語にはない。旧知と会ったり，故郷を久しぶりに訪れたりしたとき，日本語の上手なドイツ人なら，わぁ，なつかしい，と思わず日本語が口をついて出たりする。

ドイツ語に限らず外国語にはそれぞれ，日本語にない発想や感覚があふれている。同時に外国人から見た日本語にも，独特の個性があり，それが研究者の興味をそそる。お互いに外国語を学ぶことで，より深く自国語を知る。

1　誤り。第3段落1文目より，ドイツ語には「なつかしい」に相当する言葉がない。　2　誤り。第1段落2文目に相づちとして，「論理的ですね」という表現がよく用いられていることが述べられている。　3　正しい。最終文の内容と一致する。　4　誤り。冒頭の1文において，近所の人との立ち話がドイツではよく見られるシーンであることが述べられている。　5　誤り。「各言語の語感」について触れた個所はない。

7 3

解説 Triona McGrath『海洋汚染は海水の化学をどのように変えるのか』より。(全訳) 海洋が私たちの日常にいかに重要なのか，皆さんは考えたことがありますか？海洋は地球の表面積の3分の2を占め，私たちが呼吸する酸素の半分を供給し，気候を安定させます。私たちに職や薬，食べ物を提供しており，そこには世界中の人々が必要とするタンパク質の20パーセントも含まれます。かつては海洋はとても広大なので，人間活動の影響を受けないと考えられていました。

本日は海洋を変化させている深刻な現状をお話しします。それは「海洋酸性化」や「気候変動の邪悪な双子」と呼ばれています。私たちが大気中に放出した二酸化炭素の25％を海洋が吸収していることをご存知ですか？二酸化炭素は気候変動の要因になっている温室効果ガスなので，これは海洋がもたらすもう一つの素晴らしい恩恵です。しかし，私たちが大気中にますます二酸化炭素を排出し続けているので，二酸化炭素は海洋に溶け続けています。それが海の化学システムを変えているのです。二酸化炭素が海水に溶けると，たくさんの化学反応が起こります。

皆さんにとって幸運なことに，本日は化学の詳しい話をする時間はありません。けれど二酸化炭素が海洋中に溶けるほど海水のpHは下がります。それは基本的に海洋酸性度が上がることを意味しています。このプロセス全体を海洋酸性化と呼びます。海洋酸性化は気候変動と同時に起きています。科学者たちは海洋酸性化を20年以上観測しています。この図はハワイで得られた重要な時系列データです。一番上の線は，絶え間なく上昇し続けている大気中の二酸化炭素濃度を示しています。これは人間活動の結果と比例しています。その下の線は，海の表層に溶けている二酸化炭素の濃度が上昇していることを示しています。観測が始まって以来，大気中の二酸化炭素と同じ割合で上昇しています。一番下のラインは化学組成の変化を示しています。二酸化炭素が海に溶ければ溶けるほど，海水のpHは下がり，それは基本的に海洋酸性度が上がっていることを意味しています。アイルランドでは科学者たちが海洋酸性化をモニタリングしています。私たちも海洋酸性化の進展を観測しており世界中の大洋でのデータと同じ速度で進行しています。これは私たちのすぐ側で起こっています。

1　誤り。第1段落より，海洋は地球の表面積の3分の2を占め，私たちが呼吸する酸素の半分を供給し，気候を安定させているということが読み取れる。　2　誤り。「And they provide jobs and medicine and food including 20 percent of protein to feed the entire world population.」この部分より，海洋から提供される食べ物には，日本人だけでなく世界中の人々が必要とするタンパク質の20パーセントも含まれているということが読み取れる。
3　正しい。第2段落の内容から，選択肢の内容を読み取ることができる。
4　誤り。第3段落より，観測が始まって以来，海洋の二酸化炭素は，大気中の二酸化炭素と同じ割合で上昇しているということが読み取れる。　5　誤り。「When carbon dioxide dissolves in seawater, it undergoes a number of chemical reactions.」第2段落最後の部分より，二酸化炭素が海水に溶けると，たくさんの化学反応が起こると述べられているが，気候変動に関しては述べられていない。

8　1

解説『ビッグイシュー　日本版　第58号』より。（全訳）「行動を開始する」，その日の前夜そう書かれたメールが届いた。「初めての場所である。ナイツブリッジの中心，ブロンプトンロード。私は午後9時以降，仲間の部隊と現地にいる。」

ここまでは，逃げ回る標的の監視に向かうCIA工作員のような印象だ。しかしメールは，「裕福な人たちであふれているにもかかわらず，いまだほったらかしの緑地がある」と続く。「目をつけているのは二つのレンガ製プランター，できれば小さな植え込みもというところだ」

私は，その晩，リチャード・レイノルズ率いる“ゲリラ・ガーデナーズ”の活動に参加するところだった。作業は秘密裏に行われるが，内容はあくまでも園芸である。

1　正しい。最後の1文と一致する内容である。　2　誤り。本文中に，「ゲリラという言葉はふさわしくない」と述べている部分はない。　3　誤り。本文中の「CIAの工作員のような印象」というのは，あくまでたとえである。
4　誤り。環境問題については触れられていない。　5　誤り。緑化や環境の改善については触れられていない。

第5部

数的処理

- 判断推理
- 数的推理
- 資料解釈

数的処理　判断推理

POINT

数的処理では，小学校の算数，中学高校の数学で習得した知識・能力をもとに，問題を解いていく力が試される。また，公務員採用試験の中では最も出題数が多く，合格を勝ち取るためには避けては通れない。

判断推理では，様々なパターンの問題が出題され，大学入試など他の試験ではほとんど見かけない問題も出てくる。すべての問題を解けるようにするのは困難なので，本書を参考にできるだけ多くの問題を解き，本番までに得意な分野を増やしていこう。

算数や数学の学習経験が生かせる分野としては，まずは「論理と集合」が挙げられ，命題の記号化，対偶のとり方，ド・モルガンの法則，三段論法，ベン図，キャロル表を使った情報の整理法などを確実に押さえよう。また，「図形」に関する問題も多く，平面図形では正三角形，二等辺三角形，直角三角形，平行四辺形，ひし形，台形，円，扇形などの性質や面積の公式，これらを回転させたときにできる立体図形などを確実に覚えよう。立体図形では，円錐，角錐，円柱，角柱，球，正多面体などの性質や体積・表面積の公式を必ず覚えよう。

一方，あまり見慣れない問題があれば，本書の問題を参考にして必要な知識や考え方を身に付けてほしい。例えば，「リーグ戦やトーナメント戦」といった馴染みのある題材が扱われる問題でも，試合数を計算する公式を知っておかなければ解けない場合がある。また，「カレンダー」を題材にした問題では，各月の日数やうるう年になる年などを知っておく必要がある。「順序」に関する問題では，表・樹形図・線分図・ブロック図などを使って効率よく情報を整理していく必要がある。その他にも，「暗号」，「うその発言」，「油分け算」などでは，実際に問題を解いてみなければわからない独自のルールが存在する。「図形」を題材にしたものの中には，計算を必要とせず予備知識がなくとも正解が出せる場合があるので，落ち着いて問題文を読むようにしよう。

問題の解き方のコツとしては，設問の条件を図表にして可視化していき，行き詰まったら推論や場合分けなどをしてみることである。問題によっては図表が完成しなくとも正解が出せる場合や，いくつかの場合が考えられてもすべてで成り立つ事柄が存在するので，選択肢も定期的に見ておくとよいだろう。公務員採用試験では，限られた時間内で多くの問題を解くことになるが，ほとんどの問題では解法パターンが決まっているので，設問を読んだだけで何をすればよいか見通しが立てられるぐらいまで習熟してほしい。

演習問題

1 青森，埼玉，兵庫，香川，福岡，沖縄の6県を代表するバスケットボールのチームがリーグ戦を行い，その結果の一部が，次の表で示されている。さらに，青森県代表チームの成績は1勝4敗であったこと，引き分けがなかったこと，同一の順位のチームはなかったことがわかっている。このとき，2位となったチームとして，正しいものはどれか。

	青森県	埼玉県	兵庫県	香川県	福岡県	沖縄県
青森県						○
埼玉県				○	○	
兵庫県		×		○		○
香川県		×			○	
福岡県			×			
沖縄県		×				

1　埼玉県代表チーム
2　兵庫県代表チーム
3　香川県代表チーム
4　福岡県代表チーム
5　沖縄県代表チーム

2 図のような丸いテーブルにA～Hの8人が座り，コーヒー，アイスティー，オレンジジュースの中から一つずつ注文した。ア～オのことが分かっているとき，確実にいえるのはどれか。

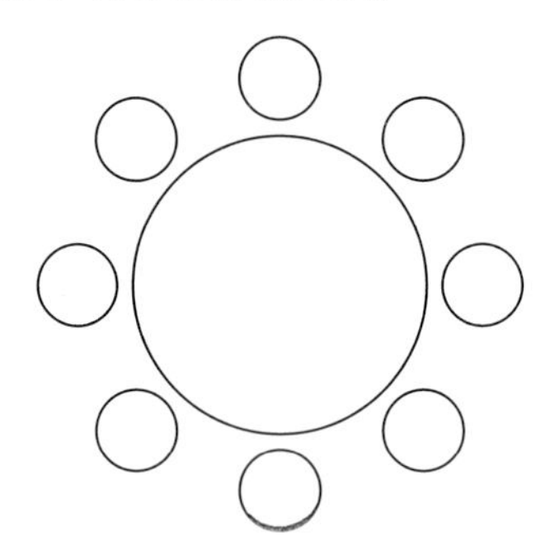

ア　コーヒー，アイスティー，オレンジジュースを注文した者の数はそれぞれ異なっており，また，隣り合った者は異なるものを注文した。

イ　Aはアイスティーを注文し，Aの正面の者はコーヒーを注文した。

ウ　Bはコーヒーを注文し，また，BとCの間に2人が座っている。

エ　Dが注文したものと，Dの正面に座った者が注文したものとは異なっていた。

オ　Eの正面に座った者の両隣の者は，オレンジジュースを注文した。

1　Aの隣にEが座っている。
2　Bの隣にEが座っている。
3　Dの隣にGが座っている。
4　Gが注文した飲み物は，アイスティーである。
5　Hが注文した飲み物は，オレンジジュースである。

3 P，Q，R，Sの4つのデパートがあり，その全従業員数について以下のことが分かっている。

条件Ⅰ：PはQより全従業員数が多い

条件Ⅱ：全従業員数が最も少ないデパートはQではない

次の推論ア，イ，ウのうち，可能性があるものはどれか。

ア　Pは3番目に全従業員数が多い

イ　SはRより全従業員数が少ない

ウ　RはPより全従業員数が多い

1　アのみ　　2　イのみ　　3　ウのみ
4　アとイの両方　　5　イとウの両方

4 図1のような立方体ABCD－EFGHがあり，1辺の長さが30cmであるとする。これに，正方形ABCDから，正方形EFGHに向かって，図2のように中心部に10cm四方の正方形の穴をあけ，垂直に貫通させた。その後，この立体の表面と内部の穴に10cm四方の正方形のタイルをすき間なく敷き詰めるとき，必要なタイルの枚数として最も妥当なものはどれか。

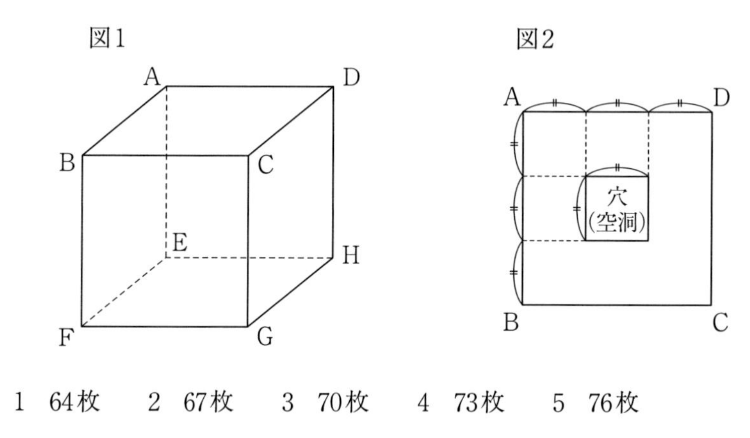

1　64枚　　2　67枚　　3　70枚　　4　73枚　　5　76枚

5 図のように半径$3x$の円Pに，半径xの円Qが内接している。円Pを動かさずに，円Qを円Pに接触させたまま滑らないように，矢印の方向に転がしていく。円Qがアの位置に来たとき，円Qに描かれた線分はどのようになっているか。

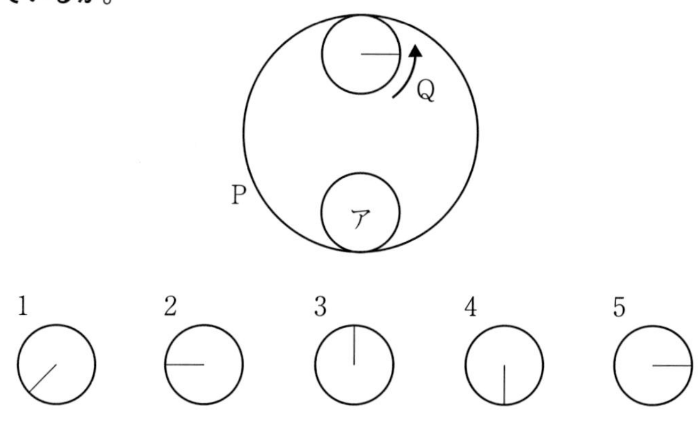

6 **ある大学の文学部の集団に英語，ドイツ語，フランス語，スペイン語の4教科について，それぞれ得意か不得意かを聞いたところ，次のような結果となった。**

ア　フランス語が不得意な学生は，英語が得意である。

イ　ドイツ語が得意な学生は，スペイン語が不得意である。

ウ　フランス語が得意な学生は，スペイン語が得意である。

これらのことから確実にはいえないものとして，正しいものはどれか。

1　ドイツ語が得意な学生は，フランス語が不得意である。

2　英語が得意な学生は，ドイツ語が得意である。

3　フランス語が得意な学生は，ドイツ語が不得意である。

4　英語が不得意な学生は，スペイン語が得意である。

5　スペイン語が不得意な学生は，フランス語が不得意である。

7 **あるクラスの生徒60人の読書，映画鑑賞，音楽鑑賞に対する好みについて，次のことが分かっているとき，確実にいえるものとして正しいものはどれか。ただし，各生徒は3つの趣味について，「好き」又は「好きでない」のいずれかであるものとする。**

ア　映画鑑賞が好きでない人は，読書が好きでない。

イ　音楽鑑賞が好きでない人は，映画鑑賞が好きである。

ウ　読書が好きな人は，26人である。

エ　映画鑑賞が好きでない人は，18人である。

オ　読書と音楽鑑賞のいずれも好きでない人は，4人である。

1　音楽鑑賞が好きな人は，56人である。

2　読書と音楽鑑賞のいずれも好きな人は，22人である。

3　映画鑑賞が好きで音楽鑑賞が好きでない人は，30人である。

4　読書，映画鑑賞，音楽鑑賞のいずれも好きな人は，8人である。

5　映画鑑賞と音楽鑑賞のいずれも好きで，読書が好きでない人は，12人である。

8 A，B，C，Dの4人のうち，2人はうそつきグループであり，2人は正直グループである。うそつきグループの者の発言には必ずうそが含まれており，正直グループの者は本当のことを言うものとする。4人が互いに語った内容は次のようであるとき，うそつきグループの人物として，正しいものはどれか。

A：「B，Cは2人ともうそつきグループではない。」
B：「Cはうそつきグループである。」
C：「Dはうそつきグループである。」
D：「A，Cは2人ともうそつきグループである。」

1 BとD　2 CとD　3 BとC　4 AとC　5 AとB

9 A～Eの5人が自分たちの年齢について次のような発言をしており，この5人のうち誰か1人だけがうそをついている。うそをついていないと確実にいえる者として，正しいものはどれか。

A：「BはCより年長である」
B：「AはDより年長である」
C：「EはAより年長である」
D：「CはEより年長である」
E：「BはDより年長である」

1 A　2 B　3 C　4 D　5 E

10 A～Eの5人のボクサーが一度ずつ対戦する総当たりのリーグ戦を行っている。残り2試合残した時点で，各選手の勝敗状況は次のア～カのとおりである。このとき，まだ行われていない残りの2試合の対戦相手として，正しいものはどれか。

ア　Aは少なくとも3勝しており，無敗である。
イ　Bは3敗以上している。
ウ　Cは勝数が敗数より多い。
エ　Dは無敗である。
オ　Eは1勝3敗である。
カ　引き分けはない。

1 AとB，CとD　2 AとD，BとD　3 AとD，CとD
4 BとC，AとC　5 BとD，CとD

11 A～Dが短距離走を行い，その順位について次のように証言した。

A：「私が1位であり，Bが最後であった。」

B：「私が1位であり，Dが最後であった。」

C：「私はBの次であり，Aが2位であった。」

D：「私が3位であり，Bが2位であった。」

これらの証言で各人が言っている2つの事象のうち，1つは本当，1つはうそであることがわかっている。このとき，1位と3位の組合せとして，正しいのはどれか。ただし，同着はないものとする。

1 A，D　2 A，C　3 B，C　4 B，D　5 C，D

12 1～15の奇数の書かれたカードが8枚ある。A・B・Cがこれらのカードの中から任意に2枚ずつ取り出したところ，その2枚のカードの数の合計は，Aが16，Bが14，Cが10であった。残った2枚のカードの数の差として，正しいのはどれか。

1 4　2 6　3 8　4 10　5 12

13 赤・青・黄の3色のボールペンが各20本ずつ，合計60本ある。この60本のうち任意に2本ずつ1組のセットを作り，1箱に1セットつめていく。また，箱にはそれぞれ赤・青・黄の3色のシールを1枚ずつ貼る。これらの作業を終えたところ，赤のシールが貼られた箱が8個，青のシールが貼られた箱が8個，黄のシールが貼られた箱が14個となった。シール貼り付けのルールが以下の通りであった場合，青と黄のボールペンのセットが入った箱の最大個数として，最も妥当なものはどれか。

・2本とも同じ色のボールペンが入った箱には，その色のシールを貼る。

・赤と青のボールペンが入った箱には，青のシールを貼る。

・赤と黄のボールペンが入った箱には，黄のシールを貼る。

・青と黄のボールペンが入った箱には，黄のシールを貼る。

1 4個　2 5個　3 6個　4 7個　5 8個

14 A～Cの3つの図書館は，定期的に所有している書籍を互いに送り合い，一部の書籍を共有しあっている。最近1カ月間の書籍のやり取りについて，次のア～オのことがわかっているとき，確実にいえることとして，正しいものはどれか。

ア　AがBとCに送った書籍の合計は55冊だった。
イ　BがAとCから受け取った書籍の合計は70冊だった。
ウ　Bは，AとCに対して，それぞれから受け取った書籍と同じ冊数を送り返した。
エ　CがAとBから受け取った書籍の合計は45冊だった。
オ　CはAに送った書籍の2倍の冊数をBに送った。

1　AがBに送った書籍の冊数は35冊である。
2　AがBとCから受け取った書籍の合計は60冊である。
3　BがCに送った書籍の冊数は40冊である。
4　CがAとBに送った書籍の合計は45冊である。
5　CがBに送った書籍の冊数は40冊である。

15 長さが同じで，燃え尽きるまでにかかる時間がそれぞれ5時間と6時間のろうそくが1本ずつある。

19時に，この2本のろうそくに同時に火をともし，その後同時に消したところ，残ったろうそくの長さの比は，2：5であった。このとき，ろうそくを消した時刻として正しいものはどれか。ただし，ろうそくはそれぞれ時間あたり一定の長さずつ燃焼していき，また，途中で火が消えることはなかったものとする。

1　22時30分　　2　23時12分　　3　23時30分
4　23時36分　　5　23時48分

16 ある暗号において，「犬」は「12＋30＋4」，「鳥」は「4＋33＋14＋2」と表されるとき，「100＋21＋34」を意味するものとして，最も妥当なのはどれか。

1　猫　　2　写真　　3　洋服　　4　空　　5　兎

17 下の曲線は，ある図形について，直線 ℓ 上を右側にすべらないように転がし，左下の頂点が移動した軌跡を示したものである。転がした図形として，最も妥当なものはどれか。

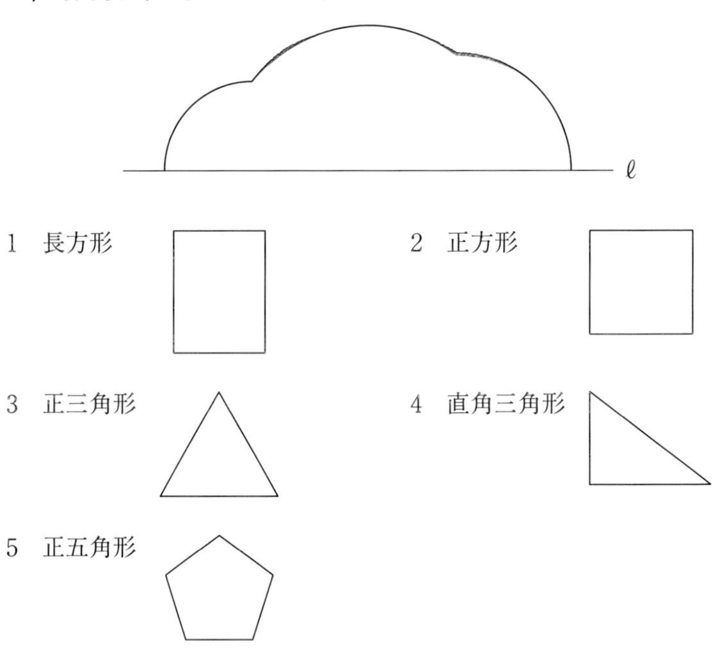

18 図のように，中心の黒いタイルの右上，右下，左下，左上に黒いタイルを置き，すき間を白いタイルで埋めて正方形を作っていくとき，5番目の正方形の白いタイルの数として，最も妥当なものはどれか。

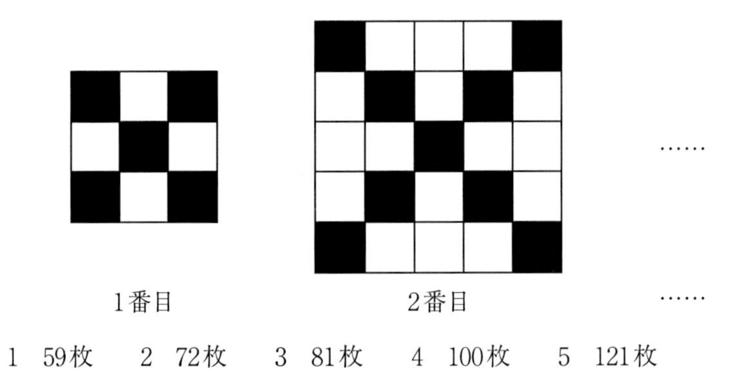

1　59枚　　2　72枚　　3　81枚　　4　100枚　　5　121枚

19 ある立方体の3つの面にX，Y，Zの文字を1つずつ書き込み，さらに，Xの右下には，三角形のマークを書き込んだ。立方体の辺の一部を切り，展開図を作ったとき，YとZの位置を示すア〜オの面の組み合わせとして，最も妥当なものはどれか。

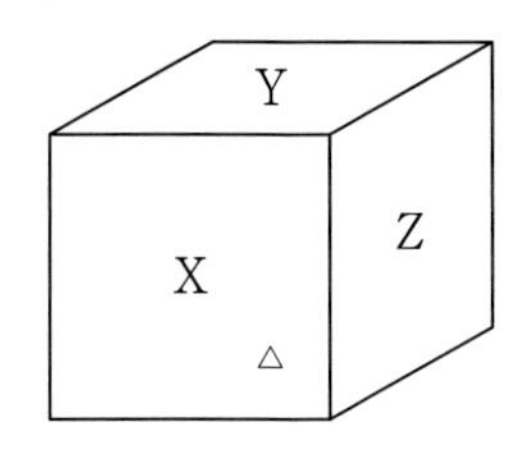

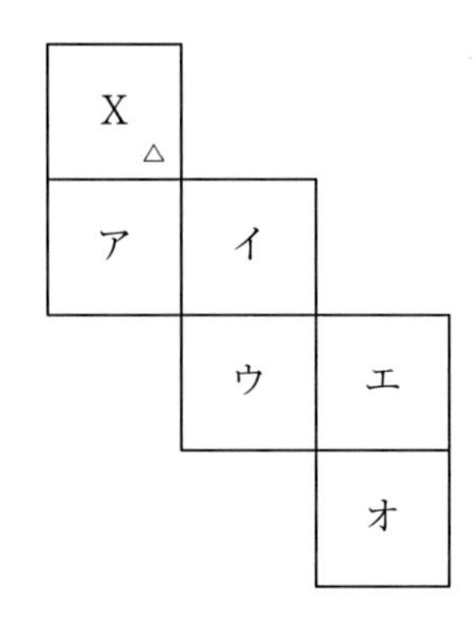

	Y	Z
1	ア	ウ
2	イ	エ
3	エ	イ
4	ウ	オ
5	オ	ウ

20 次の図は，∠Q＝90°の直角三角形OPQの外側に，各辺を一辺とする正方形を描いたものである。線分QTと等しい長さとなる線分として，最も妥当なものはどれか。

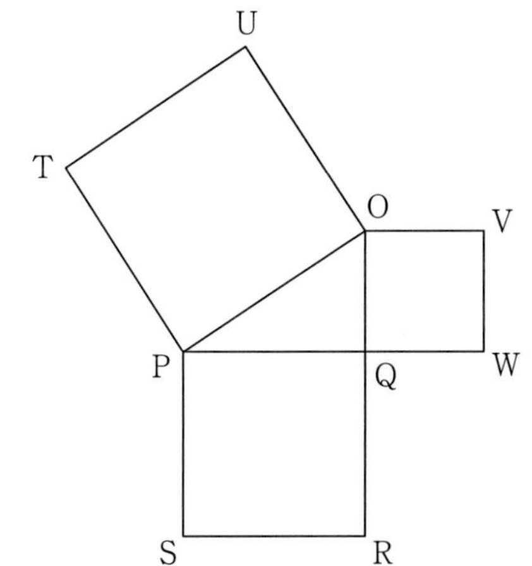

1　線分QU
2　線分OS
3　線分PV
4　線分SV
5　線分RU

21 図Ⅰのように，底面の半径が6cm，母線が18cmの円錐があり，底面の直径のPQを固定した上で，ひも状のゴムを円錐の頂点Oまで指先で引いた後に手を離すと，円錐の側面で最も短い状態で止まった。このときの展開図ア～ウと，ゴムの長さの組み合わせとして，最も妥当なものはどれか。

図Ⅰ

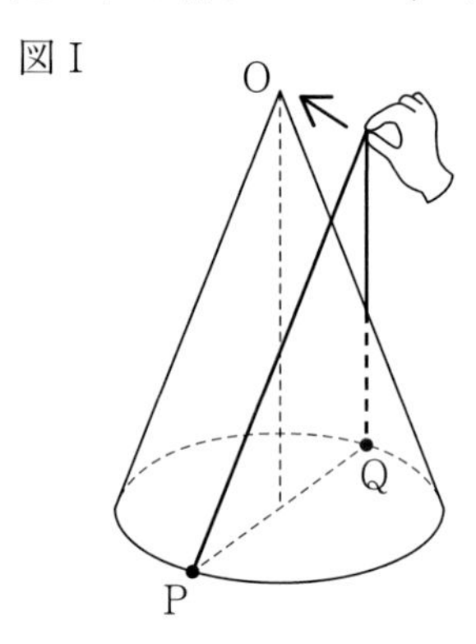

展開図ア

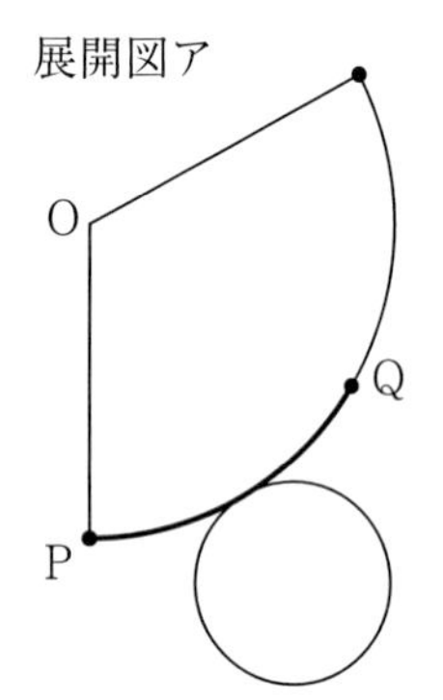

展開図イ

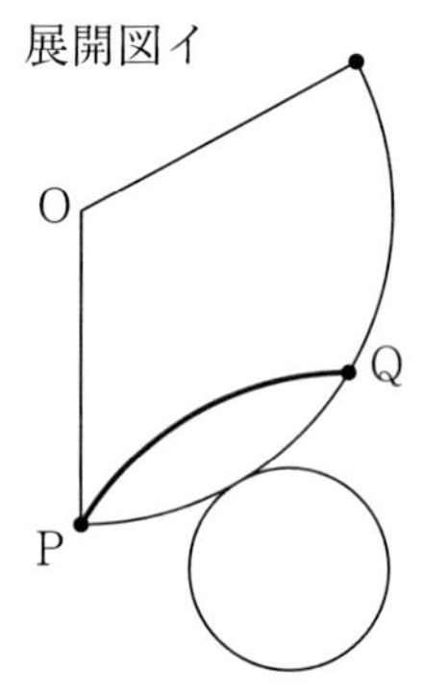

展開図ウ

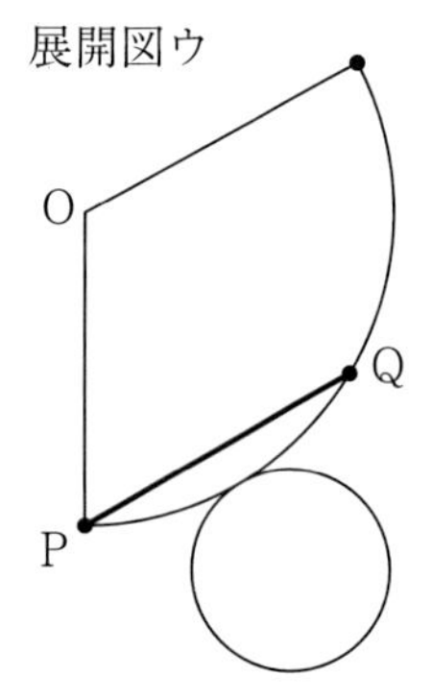

	展開図	ゴムの長さ
1	ア	9cm
2	イ	9cm
3	イ	18cm
4	ウ	9cm
5	ウ	18cm

22 図のような立方体EFGH－IJKLがある。辺EF上に点M，辺EH上に点Nをとり，MNを結んだ。点M，点Nをそれぞれ辺EF，辺HEの中点まで移動し，さらに，この立方体をMNから，辺EIの中点に向かって切ったとき，できる切り口の形として，最も妥当なものはどれか。ただし，立方体上の辺の長さと，切り口の図形上の長さ，および図形の向きは必ずしも一致しない。

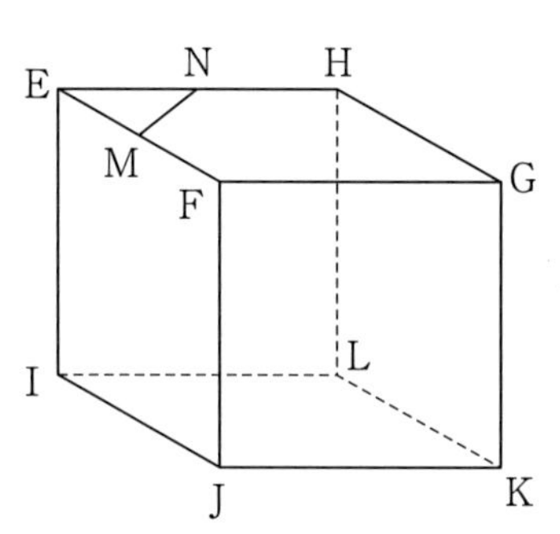

1

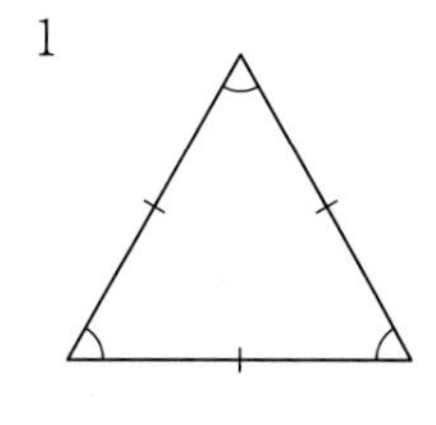

2

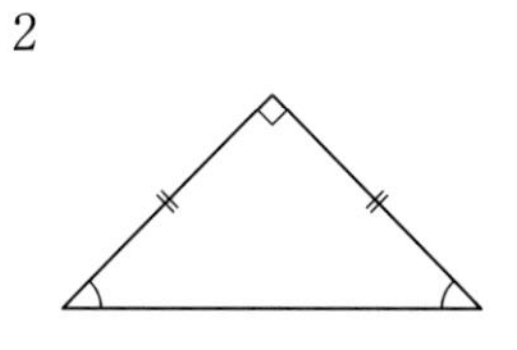

3

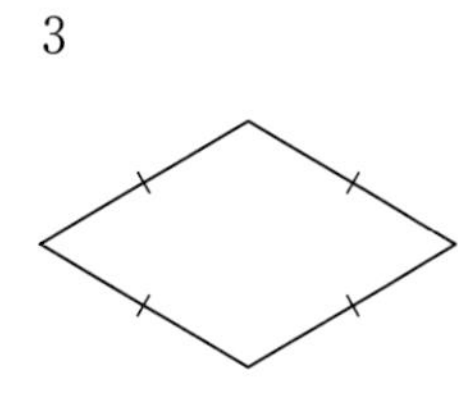

4

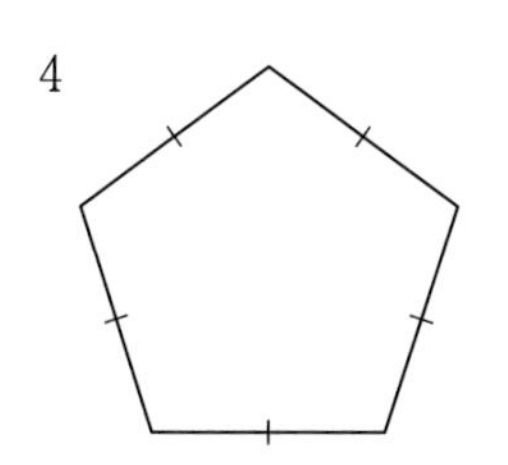

5

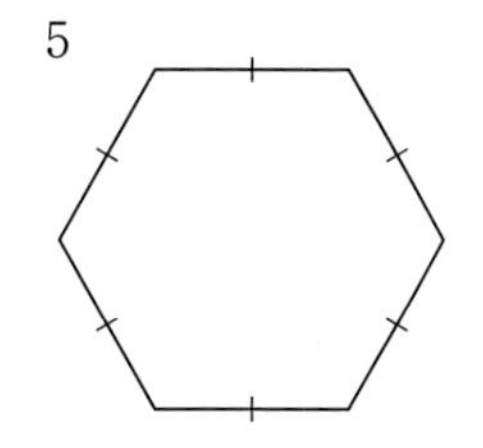

23 図のような四角錐O－PQRSがあるとき，辺OQと平行でなく，また，いずれの方向に延長しても，辺OQまたはその延長線と交わらない辺の本数として，最も妥当なものはどれか。

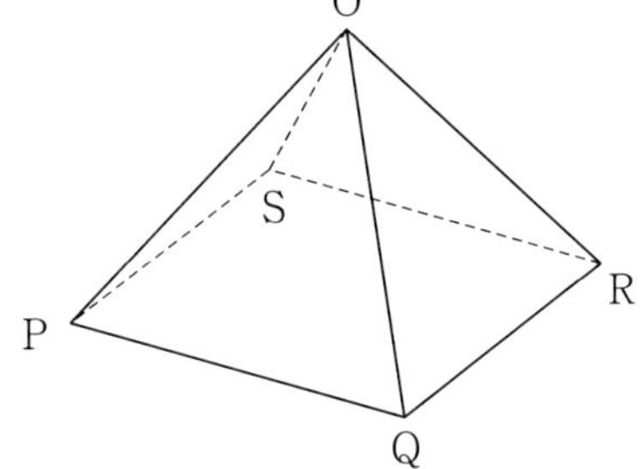

1　1本
2　2本
3　3本
4　4本
5　5本

24 図のように，縦，横，高さに小さな立方体を5つずつ並べて作った大きな立方体がある。今，黒く塗った小さな立方体から，垂直または水平に細いドリルで貫通するまで穴を開けた。この作業が終わったとき，穴が開いた状態の小さな立方体の数として，最も妥当なものはどれか。

1　38個
2　45個
3　52個
4　59個
5　66個

25 ア，イ，ウ，エ，オの人物は全員年齢が異なり，21～25歳までのいずれかである。また，それぞれ次のように発言しているが，その内容はすべて嘘である。このとき，エの年齢として正しいものはどれか。

ア「イはアより年上で，その年齢差は1歳である」
イ「イは一番年下である」
ウ「アは一番年上である」
エ「オはエより年下である」
オ「ウはエより年上である」

1　21歳　　2　22歳　　3　23歳　　4　24歳　　5　25歳

26 U, V, W, X, Y, Zが図のようにトーナメント戦を行ったが，UとV以外の組合せは不明であり，また，イ，ロ，ハ，ニのことが分かっていた。このとき，確実にいえることとして，妥当なものはどれか。

イ　VはYと対戦した。
ロ　UとVは，合わせて3勝した。
ハ　VはWに負けた。
ニ　UとZは対戦していない。

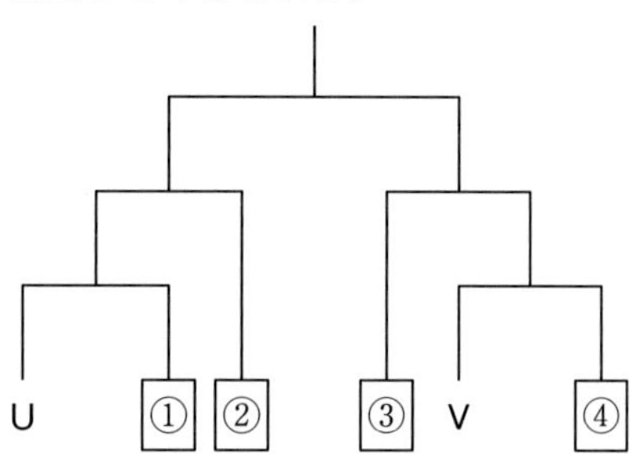

1　①にはXが入る。
2　③にはZが入る。
3　④にはZが入る。
4　Wの試合数は3である。
5　YがUに負けた。

27 正八面体ABCDEFに対し，以下の2つの操作を行う。

① 辺AB，AC，AD，AEをそれぞれ1：2に内分する4点を通る平面で正八面体を切断し，頂点Aを含む立体を取り除く。取り除いた立体と合同な立体を，正八面体の残り5つの頂点から取り除き，最後に残った立体をXとする。

② ①において，内分する比率を1：1に変更したとき，最後に残った立体をYとする。

このとき，2つの立体XとYの面の数の合計として，正しいものはどれか。

	正三角形	正方形	正六角形
1	8	8	12
2	8	12	8
3	12	8	8
4	6	14	8
5	14	6	8

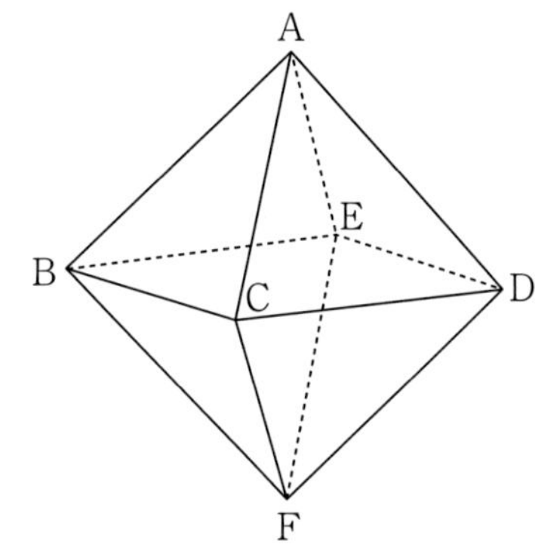

28 辺の長さが等しい正五角形Aと正三角形Bが図のように接している。

いま，Aを固定し，Bを A の周りにすべらずに時計回りに回転させるとき，再び図のようになるまでにBがAの周りを回転する回数として，正しいものはどれか。

1　1回転
2　2回転
3　3回転
4　5回転
5　15回転

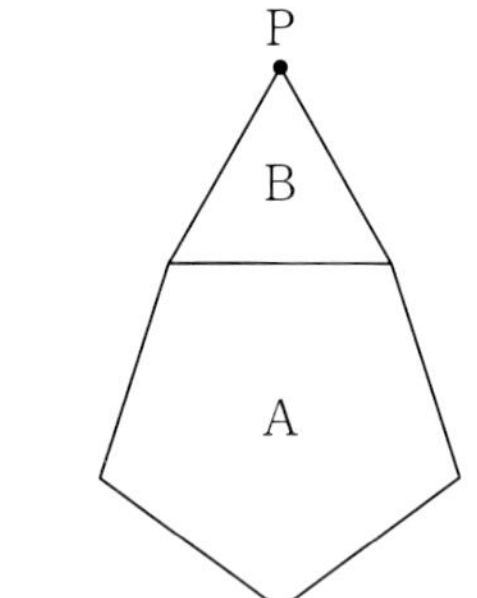

解答・解説

1 2

解説 「引き分けと同一順位がない」という条件から，5勝0敗のチームが1位，4勝1敗のチームが2位，3勝2敗のチームが3位，2勝3敗のチームが4位，1勝4敗のチームが5位（青森県），0勝5敗のチームが6位とわかる。すると，問題文の図より，青森県は沖縄県に勝ったことがわかるので残りの試合はすべて負けたことになる。

また，「引き分けがない」という条件から，一方のチームが勝っていれば，もう一方のチームは負けているはずである。ここまでで，対戦表の空欄を埋めていくと次のようになる。

	青森県	埼玉県	兵庫県	香川県	福岡県	沖縄県	順位（成績）
青森県		×	×	×	×	○	5位（1勝4敗）
埼玉県	○		○	○	○	○	1位（5勝0敗）
兵庫県	○	×		○	○	○	2位（4勝1敗）
香川県	○	×	×		○		
福岡県	○	×	×	×			
沖縄県	×	×	×				

よって，この時点で2位となったチームは兵庫県とわかる。

なお，この時点で6位（0勝5敗）となる可能性があるのは，1勝もしていない沖縄県だけなので，沖縄県は全て負けたことになり，残りの空欄は次のように埋まる。

	青森県	埼玉県	兵庫県	香川県	福岡県	沖縄県	順位（成績）
青森県		×	×	×	×	○	5位（1勝4敗）
埼玉県	○		○	○	○	○	1位（5勝0敗）
兵庫県	○	×		○	○	○	2位（4勝1敗）
香川県	○	×	×		○	○	3位（3勝2敗）
福岡県	○	×	×	×		○	4位（2勝3敗）
沖縄県	×	×	×	×	×		6位（0勝5敗）

以上より，正解は2。

2　5

解説 ア：「コーヒー，アイスティー，オレンジジュースを注文した者の数はそれぞれ異なっており，また，隣り合った者は異なるものを注文した。」より，3つの飲み物を注文した人数の組み合わせは（5，2，1）（4，3，1）のいずれかである。しかし，同じ飲み物を頼んだ5人が隣り合わずに座ることはできない。よって，注文した人数の組み合わせは（4，3，1）であり，4人は，下図の●の位置に座った配置で確定する。
また，円卓の回転を考慮すれば，3人■，1人▲の座った位置も確定する。

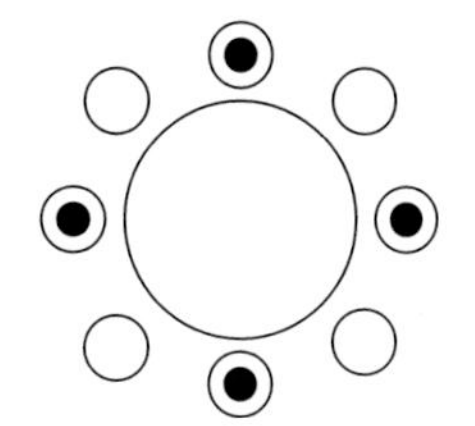

4人は交互である　　　3人，1人の配置も確定

ここで，
イ：「Aはアイスティーを注文し，Aの正面の者はコーヒーを注文した。」
エ：「Dが注文したものと，Dの正面に座った者が注文したものとは異なっていた。」
より，正面の者と注文が異なるのは，▲の位置とその正面しかありえないので，

A（アイスティー）　⇔　D（コーヒー）

であり，AとDのどちらかが▲の位置に座っていることがわかる。また，

ウ：「Bはコーヒーを注文」
より，1人だけが注文をしている▲はコーヒーではなく，A（アイスティー）と確定する。すると，■はコーヒー，残った●はオレンジジュースと確定する。ここまでをまとめると，次のようになる。

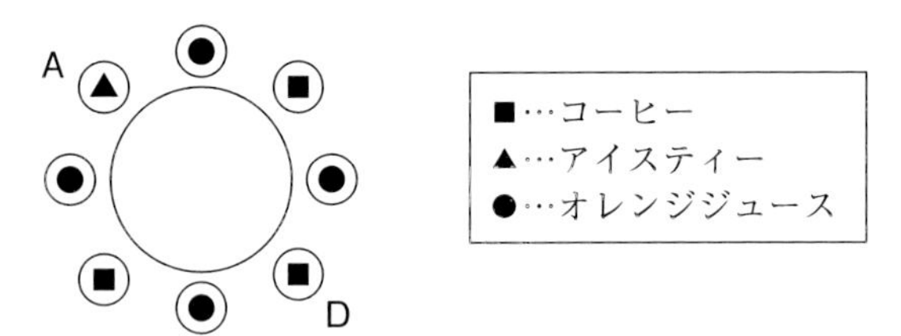

さらに，
オ：「Eの正面に座った者の両隣の者は，オレンジジュースを注文した。」
より，Eはコーヒーを頼んだことがわかる。
ウ：「Bはコーヒーを注文し，また，BとCの間に2人が座っている。」
より，BとEがコーヒーで，次の4通りが考えられる。

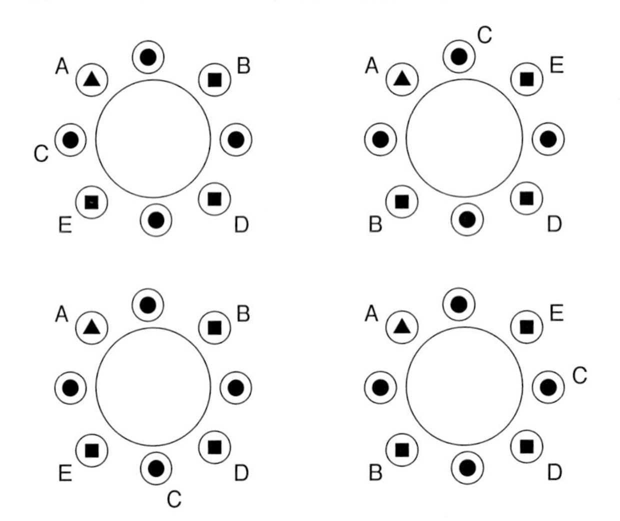

ここまでで，選択肢を順に検討すると，位置が確定していないF，G，Hはいずれもオレンジジュースを注文しているはずなので，
5：「Hが注文した飲み物は，オレンジジュースである。」が確実にいえる。
以上より，正解は5。

3 5

解説 全従業員数が多い順に1位～4位とし，次の対応表を埋めていく。ただし，ありえないことが確定した場合に×をつける。
条件Ⅰより，Pの方がQより順位が上なので，「Pは4位ではない，Qは1位ではない」ことが確定する。
条件Ⅱより，「Qは4位ではない」ことが確定する。
ここまでをまとめると，次のようになる。

	順位				備考
	1位	2位	3位	4位	
P				×	Qより上の順位
Q	×			×	
R					
S					

ア：Pが3位の場合，Qは2位となりPより上の順位となるので，条件Ⅰと矛盾する。
イ：1位がP，2位がQ，3位がR，4位がSとなることができるので，SはRより下の順位となる可能性がある。
ウ：1位がR，2位がP，3位がQ，4位がSとなることができるので，RはPより上の順位となる可能性がある。
よって，可能性があるのはイとウの両方である。
以上より，正解は5。

4 1

解説 まず，穴があいていない4つの面に必要なタイルの枚数は，30cm四方の正方形に10cm四方のタイルを敷き詰めるから，$3 \times 3 \times 4 = 36$〔枚〕
次に，穴があいた2つの面の表面に必要なタイルの枚数は，$8 \times 2 = 16$〔枚〕
さらに，穴（空洞部）については，横10cm，縦30cmの長方形が4つあるので，必要なタイルの枚数は，$3 \times 4 = 12$〔枚〕
これらを合計すると，$36 + 16 + 12 = 64$〔枚〕
以上より，正解は1。

5 5

解説 はじめに2つの円が接しているとき，円Q上にある接点をAとする。円Pの半径は$3x$，円Qの半径はxより，半径の比率は3：1なので，円周の比率も3：1となる。よって，円Qが1回転し終えた直後には円Pの円周を$\frac{1}{3}$だけ転がったことになる。

ここで，アの位置は円Pの円周の半分なので，$\frac{1}{2}-\frac{1}{3}=\frac{1}{6}$より，円Qはあと円Pを$\frac{1}{6}$周する必要があり，そのときの回転数を$y$とすると，$1:\frac{1}{3}=y:\frac{1}{6}$，$y=\frac{1}{2}$より，円Qはあと$\frac{1}{2}$回転するとアの位置に来ることになる。

よって，円Qは合計$1+\frac{1}{2}=\frac{3}{2}$〔回転〕するので，次の図のように見えることになる。

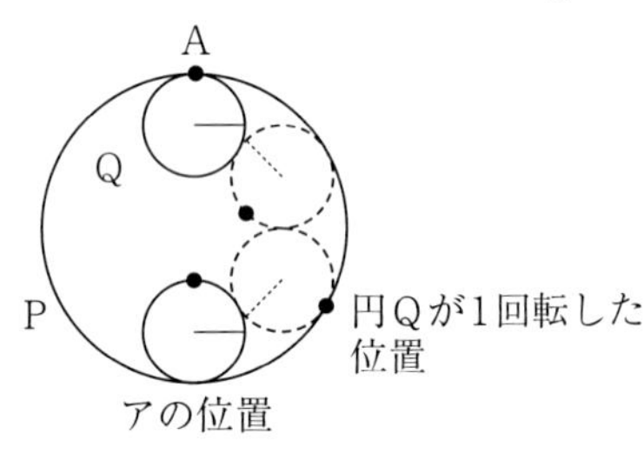

以上より，正解は5。

6 2

解説 一般に，ある命題が真であれば，その対偶も真となる。問題文の命題とその対偶を記号化すると次のようになる。

	命題	対偶
ア	$\overline{\text{フランス語}}$→英語	$\overline{\text{英語}}$→フランス語
イ	ドイツ語→$\overline{\text{スペイン語}}$	スペイン語→$\overline{\text{ドイツ語}}$
ウ	フランス語→スペイン語	$\overline{\text{スペイン語}}$→$\overline{\text{フランス語}}$

これらを三段論法によりつなげていくことで，選択肢が成り立つか検討する。
1　誤り。イ，ウの対偶より，「ドイツ語→$\overline{\text{スペイン語}}$→$\overline{\text{フランス語}}$」となるため，確実にいうことができる。　2　正しい。「英語」からはじまるものがないため，これらの条件からは確実にいうことができない。　3　誤り。ウ，イの対偶より，「フランス語→スペイン語→$\overline{\text{ドイツ語}}$」となるため，確実にいうことができる。　4　誤り。アの対偶，ウより，「$\overline{\text{英語}}$→フランス語→スペイン語」となるため，確実にいうことができる。　5　誤り。ウの対偶より，「$\overline{\text{スペイン語}}$→$\overline{\text{フランス語}}$」となるため，確実にいうことができる。

7 5

解説 人数を整理するために，ベン図を使って考える。

まず，命題ア「映画鑑賞が好きでない人は，読書が好きでない」の対偶は「読書が好きな人は映画鑑賞が好き」となる。また，命題ウ，エより，読書が好きな人は26人，映画鑑賞が好きな人は，60 − 18 = 42〔人〕であるから，映画鑑賞が好きな人の中で読書が好きでない人は42 − 26 = 16〔人〕となり，図1のようになる。

図1
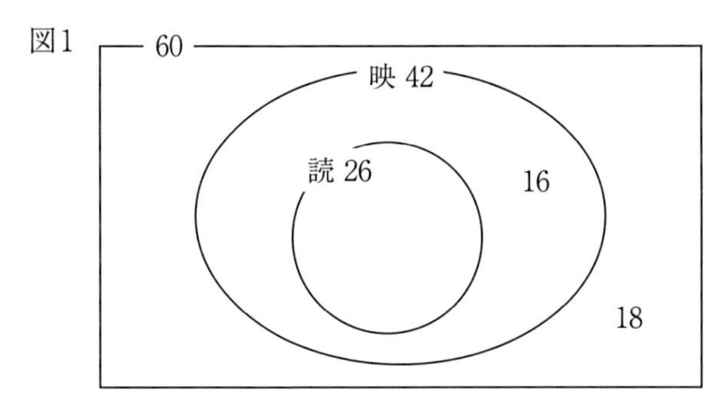

次に，音楽鑑賞についての情報を加える。命題イ「音楽鑑賞が好きでない人は，映画鑑賞が好きである」の対偶は「映画鑑賞が好きでない人は，音楽鑑賞が好き」であり，映画鑑賞が好きな人と音楽鑑賞が好きな人の関係を図にすることができない。そこで，「音楽鑑賞が好きでない人」について考えると，命題イより図2のように表すことができ，それぞれの領域をA～Dとする。

図2
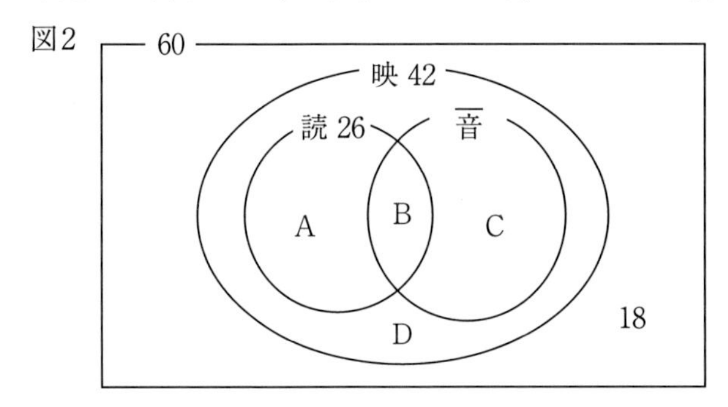

命題オより，C = 4となり，図1より，C + D = 16であるから，D = 16 − 4 = 12とわかる。

ここまでをまとめると，図3のようになる。

図3

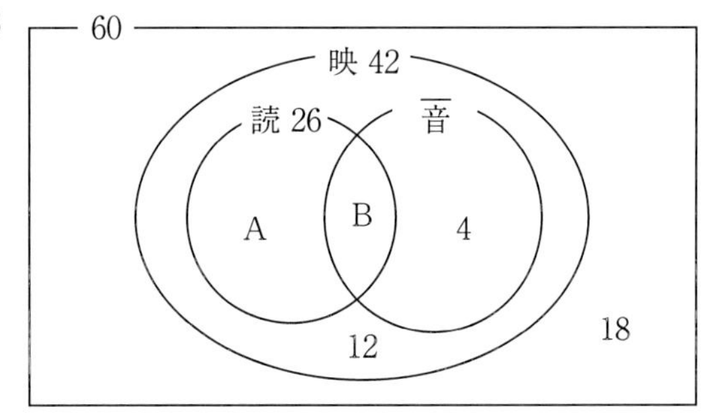

残るＡとＢの人数は確定しないが，ここで選択肢を確認すると，選択肢1～4はいずれもＡまたはＢの人数が確定しないため確実にはいえないが，選択肢5は図2のＤの12人にあたり，確実にいうことができる。
以上より，正解は5。

8　4

解説　まず，1人だけについて発言しているＢとＣの発言をもとにグループ分けをする。
Ｂ：「Ｃはうそつき」より，Ｂが正直であればＣはうそつき，Ｂがうそつきであれば発言内容がうそなのでＣは正直となる。よって，いずれの場合であってもＢとＣが同じグループになることはない。
Ｃ：「Ｄはうそつき」より，ＣとＤが同じグループになることはない。
ここで，グループは「正直」か「うそつき」の2つしかないので，ＢとＤは同じグループのはずである。また，正直グループもうそつきグループも2人なので，残ったＡとＣは同じグループのはずである。
　次に，どちらのグループが正直（またはうそつき）なのか，2人について発言しているＡとＤの発言をもとに考える。
Ａ：「Ｂ，Ｃは2人ともうそつきグループではない」より，ＢとＣは同じグループと発言しているが，実際には違うグループなので，Ａはうそをついていることになる。
Ｄ：「Ａ，Ｃは2人ともうそつきグループ」より，ＡとＣは同じグループと発言しており，これは正しいのでＤは正直である。
　したがって，ＡとＣがうそつきグループ，ＢとＤが正直グループとなる。
以上より，正解は4。

9　5

解説 まず，全員の発言を正しいと仮定して条件を整理する。（年少）＜（年長）と順序関係を整理すると，5人の発言が正しいとき

D＜A＜E＜C＜B

となり，矛盾はない。ここで，条件より「1人だけうそをついている」ので，上記の1つの不等号の向きを変え，その部分の順序を入れ替えても他の不等号の向きや順序に影響がないことになる。

Aの発言がうその場合，正しくは「C＞B」となるので，5人の順序関係は

D＜A＜E＜C

B＜C

となり，Cと他の3人の順序関係はわからないものの，他の不等号に影響を与えず，他の発言を全て本当とすることができる。

同様に考えると，Aの発言のように隣り合った2人の順序関係について発言しているB，C，Dについては，うそつきであっても他の発言に影響を与えない。しかし，Eの発言がうその場合，正しくは「D＞B」となる。すると，

D＜A＜E＜C＜B

B＜D

となり，「C＜B」と発言したAもうそとなる。よって，うそをついていないと確実にいえるのはEである。

以上より，正解は5。

10　3

解説 5人で総当たり戦を行うため，1人4試合行うことになる。

条件カより「引き分けはなく」，条件アとエより「AとDはどちらも無敗」なので，2人はまだ対戦していないはずである。

次に，条件アより「Aは3勝している」のでB，C，Eとすでに対戦して勝っていることになる。

次に，条件ウより「Cは勝数が敗数より多い」ので，Cは4試合中2試合以上で負けることはないため，現時点でCはA以外には負けていないはずである。

ここで，CとDがすでに対戦している場合，どちらかが負けるので「Dは無敗」または「CはA以外には負けていない」という条件と矛盾する。よって，

CとDもまだ対戦していないことになる。

よって，まだ行われていないのは，AとD，CとDの試合である。

以上より，正解は3。

11 2

解説 A～Dの発言をまとめると次のようになる。

	発言	
	①	②
A	Aが1位	Bが最後
B	Bが1位	Dが最後
C	Bの次がC	Aが2位
D	Dが3位	Bが2位

まず，Bの発言①が本当の場合，Aの発言①がうそなので発言②は本当となるが，これではBの発言①と矛盾する。よって，Bの発言①はうそ，発言②は本当となり，「Dが最後」が確定する。

すると，Dの発言①がうそ，発言②が本当となり，「Bが2位」が確定する。

さらに，Aの発言②がうそ，発言①が本当となり，「Aが1位」が確定する。

残ったCは3位となり，「Bの次がC」は正しいので，Cの発言①は本当，発言②はうそとなる。

よって，1位がA，2位がB，3位がC，4位がDとなる。

以上より，正解は2。

12 2

解説 8枚のカードに書かれた数は，1，3，5，7，9，11，13，15である。これらの数を合計すると，

$$1+3+5+\cdots+15=\frac{(1+15)\times 8}{2}=64$$

よって，残った2枚のカードに書かれた数の和は，

$64-(16+14+10)=24$

ここで，2つの数の和が24となる組合せは，(11と13)，(9と15) の2通りである。

11と13の場合，これらの差は$13-11=2$

9と15の場合，これらの差は$15-9=6$

選択肢より，2枚のカードの数の差は6となる。
以上より，正解は2。

13 5

解説 ボールペンの組合せとシールの色をまとめると，次のようになる。

	ボールペンの組合せ	シールの色
①	赤と赤	赤
②	青と青	青
③	黄と黄	黄
④	赤と青	青
⑤	赤と黄	黄
⑥	青と黄	黄

また，シールの合計は，
赤：8枚
青：8枚
黄：14枚

ここで，赤のシールを貼る条件は①だけなので，①のセットの数は8となる。この時点で残った赤のボールペンの本数は，$20-2\times8=4$〔本〕となる。

次に，青のシールを貼る条件は②と④であるが，⑥のセットの数を最大にするためには，できるだけ少ない数の青のボールペンで青のシールを貼りたいので，④の数を多くするために，残った赤のボールペンをすべて④のセットに使うことにする。よって，④のセットの数は4となり，②のセットの数は4となる。この時点で残った青のボールペンの本数は，$20-(1\times4+2\times4)=8$〔本〕となる。

この8本をすべて⑥のセットに使うときが，「青と黄のボールペンのセットが入った箱の最大個数」となるので，8個となる。

なお，念のため黄のシールを貼る条件を考えると，③，⑤，⑥のセットとなるが，この時点で残った赤のボールペンは0本なので⑤のセットの数は0，⑥のセットの数は8なので，残った黄のボールペンの数は$20-(1\times0+1\times8)=12$〔本〕，これらを使ってできる③のセットの数は6となる。よって，黄のシールの枚数は$6+0+8=14$〔枚〕となるので，問題文の条件と矛盾しない。
以上より，正解は5。

14 4

解説 A～Cが送った冊数と受け取った冊数を表にまとめる。

まず，条件ア，イ，エを合計欄に記入し，条件ウより，Bが，A，Cから受け取った冊数をそれぞれx，yとする。すると，条件オより，CがAに送った冊数は$0.5y$と表せる。ここまでで表1のようになる。

表1

		受け取った			計
		A	B	C	
送った	A	＼	x		55
	B	x	＼	y	70
	C	$0.5y$	y	＼	
計			70	45	

ここで，AがCに送った冊数は，横の合計からは$55-x$，縦の合計からは$45-y$と表せるので，$55-x=45-y$

これより，$x=y+10$となり，Bの縦または横の合計から，次のような連立方程式が立つ。

$$\begin{cases} x=y+10 \cdots ① \\ x+y=70 \cdots ② \end{cases}$$

これを解いて，$x=40$，$y=30$となる。これを表1のxとyに代入すると表2を得る。

表2

		受け取った			計
		A	B	C	
送った	A	＼	40	15	55
	B	40	＼	30	70
	C	15	30	＼	45
計		55	70	45	170

したがって，CがAとBに送った書籍の合計は45冊となる。

以上より，正解は4。

15 3

解説 それぞれのろうそくの燃え尽きるまでにかかる時間より，ろうそくの長さを5と6の最小公倍数の30とする。

燃え尽きるまでにかかる時間が5時間のろうそくは，1時間あたり$30 \div 5 = 6$ずつ燃焼し，燃え尽きるまでにかかる時間が6時間のろうそくは，1時間あたり$30 \div 6 = 5$ずつ燃焼する。

ろうそくに火をともしてからx時間後に同時に消したとすると，燃焼した長さはそれぞれ$6x$，$5x$であり，残ったろうそくの長さはそれぞれ$30 - 6x$，$30 - 5x$となる。この比が2：5であるので，以下の式が成り立つ。

$(30 - 6x) : (30 - 5x) = 2 : 5$

これを解くと，$x = 4.5$〔時間〕= 4時間30分である。

よって，19時にろうそくの火をともしてから4時間30分後に同時に消したので，その時刻は23時30分である。

以上より，正解は3。

16 4

解説 「犬」を表す英単語は「DOG」であり，暗号「12 + 30 + 4」を逆から並べて「4 + 30 + 12」とする。同様に，「鳥」を表す英単語は「BIRD」であり，暗号「4 + 33 + 14 + 2」を逆から並べて「2 + 14 + 33 + 4」とすると，

アルファベット	D	O	G
暗号	4	30	12

アルファベット	B	I	R	D
暗号	2	14	33	4

よって，アルファベットのDに共通する暗号が4となるので，アルファベット順に数字を当てはめると，

アルファベット	A	B	C	D	E	F	G	H	I	J	…
数字	1	2	3	4	5	6	7	8	9	10	…

この方法では，少なくともGとIに対応する暗号が異なるため成り立たない。

ここで，暗号に使われている文字が0～4であることに注目すると，暗号は5進法で表されていると考えられる。よって，5進法で表される数を10進法に直すと，

5進法	10進法	5進法	10進法
1	$5^0 \times 1 = 1$	24	$5^1 \times 2 + 5^0 \times 4 = 10 + 4 = 14$
2	$5^0 \times 2 = 2$	30	$5^1 \times 3 + 5^0 \times 0 = 15 + 0 = 15$
3	$5^0 \times 3 = 3$	31	$5^1 \times 3 + 5^0 \times 1 = 15 + 1 = 16$
4	$5^0 \times 4 = 4$	32	$5^1 \times 3 + 5^0 \times 2 = 15 + 2 = 17$
10	$5^1 \times 1 + 5^0 \times 0 = 5 + 0 = 5$	33	$5^1 \times 3 + 5^0 \times 3 = 15 + 3 = 18$
11	$5^1 \times 1 + 5^0 \times 1 = 5 + 1 = 6$	34	$5^1 \times 3 + 5^0 \times 4 = 15 + 4 = 19$
12	$5^1 \times 1 + 5^0 \times 2 = 5 + 2 = 7$	40	$5^1 \times 4 + 5^0 \times 0 = 20 + 0 = 20$
13	$5^1 \times 1 + 5^0 \times 3 = 5 + 3 = 8$	41	$5^1 \times 4 + 5^0 \times 1 = 20 + 1 = 21$
14	$5^1 \times 1 + 5^0 \times 4 = 5 + 4 = 9$	42	$5^1 \times 4 + 5^0 \times 2 = 20 + 2 = 22$
20	$5^1 \times 2 + 5^0 \times 0 = 10 + 0 = 10$	43	$5^1 \times 4 + 5^0 \times 3 = 20 + 3 = 23$
21	$5^1 \times 2 + 5^0 \times 1 = 10 + 1 = 11$	44	$5^1 \times 4 + 5^0 \times 4 = 20 + 4 = 24$
22	$5^1 \times 2 + 5^0 \times 2 = 10 + 2 = 12$	100	$5^2 \times 1 + 5^1 \times 0 + 5^0 \times 0 = 25 + 0 + 0 = 25$
23	$5^1 \times 2 + 5^0 \times 3 = 10 + 3 = 13$	101	$5^2 \times 1 + 5^1 \times 0 + 5^0 \times 1 = 25 + 0 + 1 = 26$

すると，7番目のアルファベットであるGは「12」，9番目のIは「14」，15番目のOは「30」，18番目のRは「33」が対応するので，この規則性が成り立つ。

したがって，「100 + 21 + 34」を逆にした「34 + 21 + 100」は19番目のS，11番目のK，25番目のYが対応するので「SKY」となり，これは「空」を意味する英単語である。

以上より，正解は4。

17 1

解説 多角形が直線上を転がるとき，ある点（動点）が描く軌跡は円弧をつなげたものとなる。この円弧から扇形を見つけ，それぞれの扇形の頂点，半径，中心角を求めると，転がった多角形の回転の中心，回転の中心から動点までの距離，回転角度に対応していることがわかる。

問題文の図より，軌跡は直線 ℓ 上から始まり，3つの円弧を描いた後に再び直線 ℓ 上に戻っているので，合計3回転がると動点は直線 ℓ と接することになる。ここで，ある図形の「左下の頂点が移動した軌跡」より，動点は多角形の頂点にあるので，これらのことから転がした図形は四角形と判断できる。この時点で，求める図形は選択肢1の長方形，または選択肢2の正方形に絞り込める。

次に，3つの円弧から扇形を求めると，3つの扇形の半径はすべて異なることがわかる。このことから，回転の中心から動点までの距離はすべて異なることがわかり，このような条件を満たす図形は，選択肢1の長方形だけである。

次の図は，この長方形を右側に転がし，はじめの長方形の左下の頂点がどのような軌跡を描いたかを示したものである。

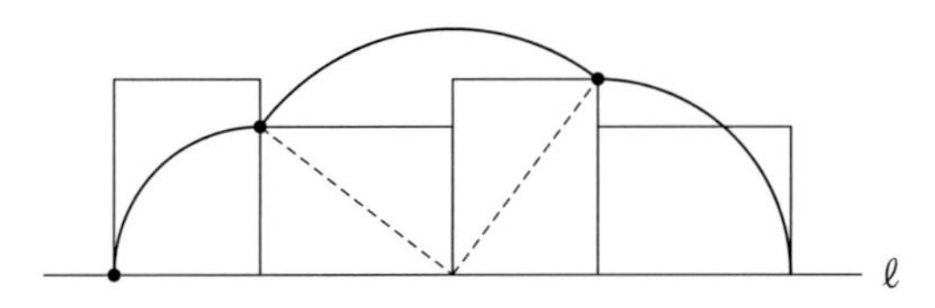

以上より，正解は1。

18 4

解説 1番目の正方形は1辺が3枚のタイルからなり，番号が1増えるごとにタイルは2枚ずつ増えていくので，n番目の正方形の1辺のタイルの枚数は，初項3，公差2の等差数列で表せ，$3+(n-1)\times 2=2n+1$〔枚〕となる。よって，n番目の正方形のタイルの枚数は，

$(2n+1)^2$〔枚〕

また，黒いタイルの枚数は，1番目の正方形では5枚，番号が1増えるごとに四隅に1枚ずつ，合計4枚ずつ増えていくので，n番目の正方形の黒いタイルの枚数は，初項5，公差4の等差数列で表せ，$5+(n-1)\times 4=4n+1$〔枚〕となる。

ここで，(白いタイルの枚数)＝(すべてのタイルの枚数)－(黒いタイルの枚数) より，

$(2n+1)^2-(4n+1)=4n^2$〔枚〕

よって，5番目の正方形の白いタイルの枚数は，

$4\times 5^2=100$〔枚〕

以上より，正解は4。

19 3

解説 問題文の立方体の一部を展開すると，次のようにYの面はXの面の上側，Zの面はXの面の右側に位置している。よって，問題文の展開図をもとに，Xの面の上側と右側に位置する面を考える。

立方体の展開図において，最小の外角90°で隣り合う2辺は，展開図を組み立てたときに重なるので，Xの面の右側とイの面の上側は重なる。

次に，展開図を変形すると，エの面は反時計回りに90°回転してイの面の右側と接する。すると，展開図を組み立てたときに重なる2辺の外側どうしの辺も重なるので，Xの面の上側とエの面の右側も重なる。

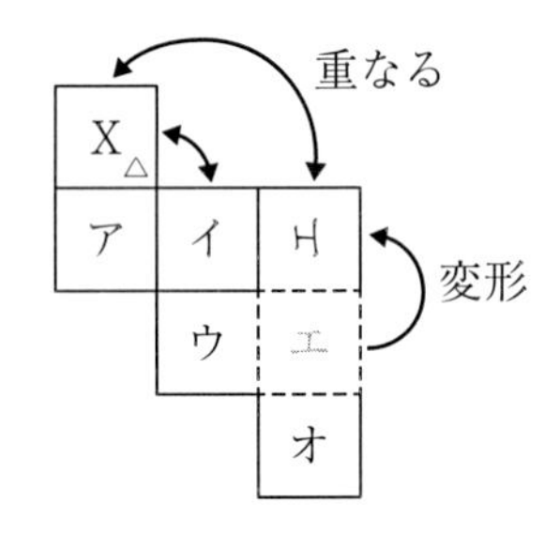

したがって，Yの面はエ，Zの面はイが対応している。

以上より，正解は3。

20 2

解説 次のように，点OとS，および点QとTに補助線を引く。

△PQTと△POSにおいて，

ともに正方形OPTUの辺なので，PT = PO

ともに正方形PQRSの辺なので，PQ = PS

さらに，∠QPT = 90° + ∠OPQ = ∠SPO

より，△PQT ≡ △POS

合同な三角形の対応する辺はそれぞれ等しいので，QT = SOとなる。

以上より，正解は2。

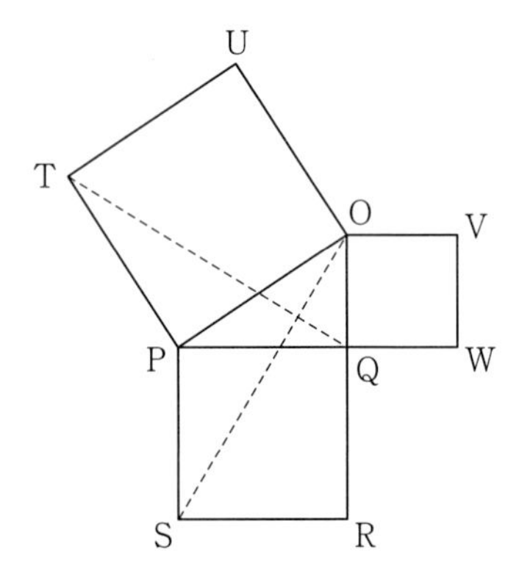

21 5

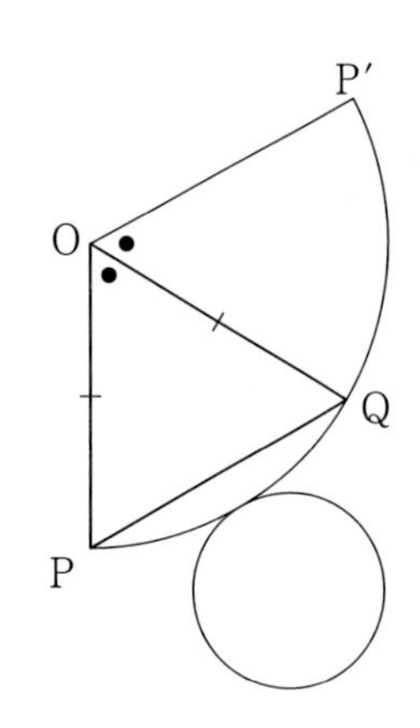

解説 展開図において，2点を結ぶ線が直線となっているとき，長さが最も短くなる。よって，求める展開図はウである。

また，右の図においてQを通る弧PP′の長さは，底面の円周に等しいので，$6 \times 2 \times \pi = 12\pi$〔cm〕

次に，円錐の側面について考えると，半径をOPとする円の円周は，$18 \times 2 \times \pi = 36\pi$〔cm〕

図中の扇形の中心角は$360° \times \frac{12\pi}{36\pi} = 120°$となり，Qは弧PP′の中点なので，

∠POQ = 60°。さらに，OP = OQより，△OPQは正三角形となる。

よって，PQ = OP = 18〔cm〕であり，これがゴムの長さとなる。

以上より，正解は5。

22 1

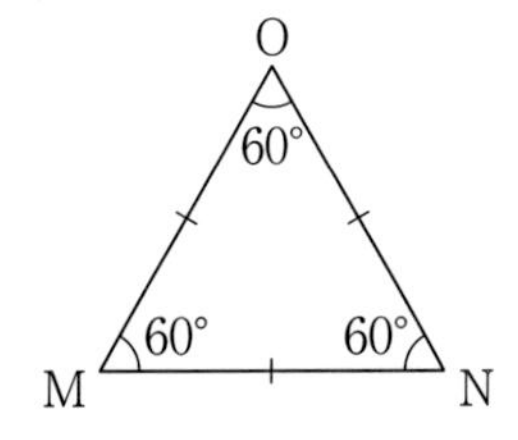

解説 辺EI上の中点をOとすると，

MN = OM = ONが成り立ち，切り口の形は図のような正三角形になる。

以上より，正解は1。

23 2

解説 「平行でなく，いずれの方向に延長しても互いに交わらない」より，「ねじれの位置」となる辺が該当する。辺OQとねじれの位置にあるのは，辺PSと辺RSの2本である。

以上より，正解は2。

24 4

解説 このような問題では，1段ずつスライスして条件に合うものを数えていく。すると，ドリルが貫通したのは，上から1段目が5個，2段目が16個，3段目が14個，4段目が13個，5段目が11個となる。よって，合計は5 + 16 + 14 + 13 + 11 = 59〔個〕となる。

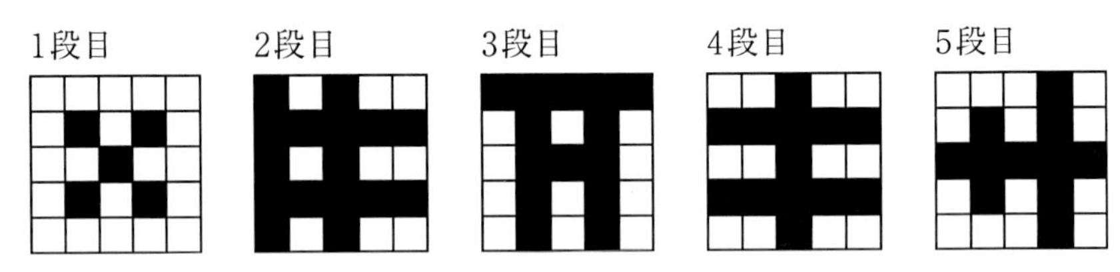

以上より，正解は4。

25 3

解説 ア～オの発言内容はすべて嘘なので，それぞれ正しい内容に言い換え，次のように数式化する。ただし，ア～オには21～25のいずれかの数値が入る。

	正しい内容	数式
ア	イはアより年上ではない その年齢差は1歳ではない	イ＜ア　…① ア－イ≠1　…②
イ	イは一番年下ではない	イ≠21　…③
ウ	アは一番年上ではない	ア≠25　…④
エ	オはエより年下ではない	エ＜オ　…⑤
オ	ウはエより年上ではない	ウ＜エ　…⑥

これらの条件より，次の表を作成する。ただし，当てはまると確定した場合は○，当てはまらないと確定した場合は×を記す。

③，④より，アの25，イの21は×となる。

①より，イの25，アの21は×となる。

⑤，⑥を合わせると，ウ＜エ＜オとなるので，ウの24，25は×，エの25は×となる。ここまでで，表1のようになる。

すると，25となるのはオしかないので，

表1

	21	22	23	24	25
ア	×				×
イ	×				×
ウ				×	×
エ					×
オ					

オの25は○，21～24は×となる。
また，①，②より，アは24，イは22しか条件を満たさない。
残ったウ，エと21，23の組合せについて，⑥より，ウは21，エは23となる。
したがって，表2のように完成する。
以上より，エは23歳なので，正解は3。

表2

	21	22	23	24	25
ア	×	×	×	○	×
イ	×	○	×	×	×
ウ	○	×	×	×	×
エ	×	×	○	×	×
オ	×	×	×	×	○

26 1

解説 トーナメント戦について考える際，最も重要なのは具体的な勝敗であるから，ハに示された「VはWに負けた（WはVに勝った）」ということに着目する。
ここで，場合分けをして考える。
まず，WがVに決勝で勝ったと仮定すると，Wは①か②であることがわかる。また，この場合，Vは，決勝まで進んで2回勝っているから，ロの「UとVは，合わせて3勝した」という条件より，Uの勝ち数は1であり，Wが①の場合にはUの勝ち数が0となってしまい，条件に合わないことから，Wは②に確定する。また，イに示された「VはYと対戦した」および二に示された「UとZは対戦していない」という条件に照らして，③と④にはそれぞれYかZのいずれかが入ることになるから，①がXとなる。
一方，Wが③に入ると仮定すると，Vの勝ち数が1，Uの勝ち数が2となり，また，イに示された「VはYと対戦した」および二に示された「UとZは対戦していない」という条件に照らして，YおよびZがともに④にしか入らないことになり，矛盾する。
さらに，Wが④に入ると，VとYは対戦しないことになり，イに示された「VはYと対戦した」という内容と矛盾する。
これらを踏まえると，トーナメント表は右図のようになる，ただし，※には，YとZのいずれかが入る。
以上より，正解は1である。

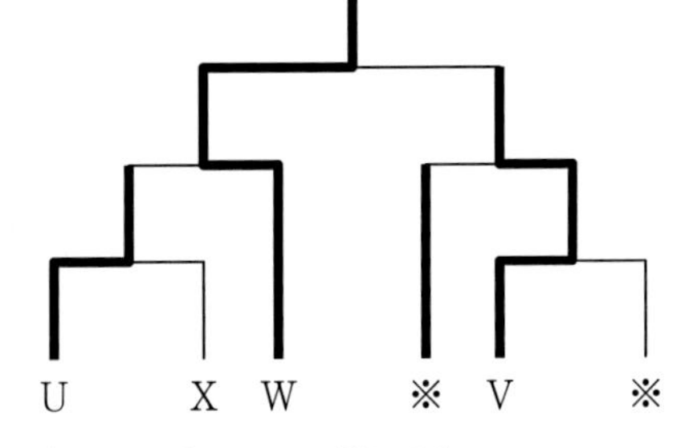

（※はYとZのいずれか）

27 2

解説 立体Xは，切断面が正方形であり6面ある。もとの正八面体の各面は正六角形となり8面ある。

立体Yは，切断面が正方形であり6面ある。もとの正八面体の各面は正三角形となり8面ある。

よって，正三角形は8面，正方形は6 + 6 = 12面，正六角形は8面である。以上より，正解は2。

ちなみに，立体Xは切頂八面体，立体Yは立方八面体と呼ばれている。

28 3

解説 図形を回転させると以下のようになる。

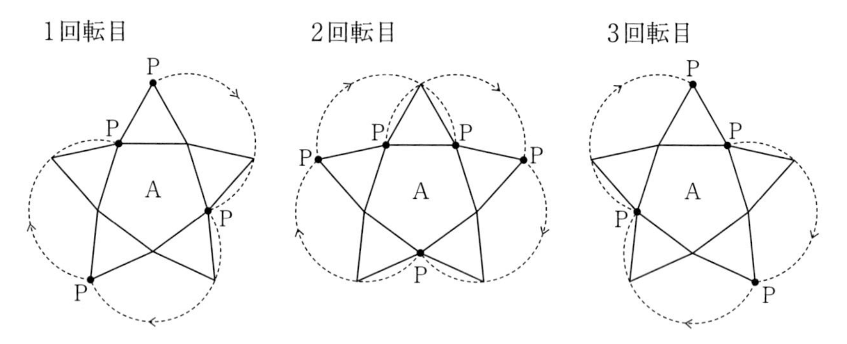

よって，3回転で元にもどる。
以上より，正解は3。

数的処理　数的推理

POINT

数的推理は，数的処理の中では最も算数・数学の知識や能力が役に立つ分野といえる。出題形式はほとんどが文章題であり，必要な情報を読み取り，自身で方程式を立てて解いていく能力が求められる。本書の数学の内容を参考にしつつ，以下の重要事項を知っておいてほしい。

まず知っておいてほしいのは，「速さ，距離，時間」の関係である。(速さ) $=\left(\frac{距離}{時間}\right)$ という基本公式をもとに，式変形をして距離や時間を求める，秒から分（または時間），kmからm（またはcm）などに単位変換する，といった操作を速く正確に行えるようになってほしい。このような力を身に付けることで，「通過算」，「旅人算」，「流水算」などの理解にもつながり，「仕事算」や「ニュートン算」といった計算問題にも応用できる。

次に，「比と割合」といった指標の活用法を覚えよう。問題によっては具体的な数量ではなく比や割合だけが与えられる場合もある。例えば，「AとBの比が$a:b$」と出てきたら，Aはa個，Bはb個のように比の値をそのまま数量とする，あるいはAはax個，Bはbx個といった表し方をすると考えやすくなる。また，比例配分の考え方「X個をAとBに$a:b$に配分すると，Aには$\frac{a}{a+b}\times X$〔個〕，Bには$\frac{b}{a+b}\times X$〔個〕配分される」もよく利用する。割合では，「百分率％で表されていたら全体を100とする」と考えやすくなる。「割引き」や「割り増し」といった言葉が出てきた場合の計算にも慣れておこう。

学習のコツとしては，判断推理と同様に「設問を読んだだけで何をすればよいか見通しが立てられるぐらいまで取り組む」ことである。もし学習時間の確保が困難であれば，「設問から必要な情報を読み取り方程式を立てる」ステップだけでも反復練習しよう。

演習問題

1 100点満点のテストを学生100名が受けた。テストをすべて採点した結果，100人中の最高点は90点，最低点は20点で，平均点は75点ちょうど（小数点以下は切り捨て）であった。このとき，100人の中で点数が平均点以下だった人の数について，考えられる最も少ない人数は何人か。ただし，1人1人の点数は，すべて整数の値であるものとする。

1 3人　2 5人　3 7人　4 9人　5 11人

2 ある学生が車を購入した際に，総額の$\frac{1}{8}$を支払い，納品時に総額の半分を支払った。次の支払い時に残額をすべて支払う場合，その金額は総額の何分の1にあたるか。

1 $\frac{1}{8}$　2 $\frac{2}{8}$　3 $\frac{3}{8}$　4 $\frac{4}{8}$　5 $\frac{5}{8}$

3 図のように，毎秒6mの速さで流れる川を，静水時の速さが毎秒10mである船が，下流から上流に向かって進んでいる。この船が，このままの速さで6.4km先の地点に進み，さらに上流から下流に向かって戻るとき，元の地点に到達するまでの時間として，正しいものはどれか。

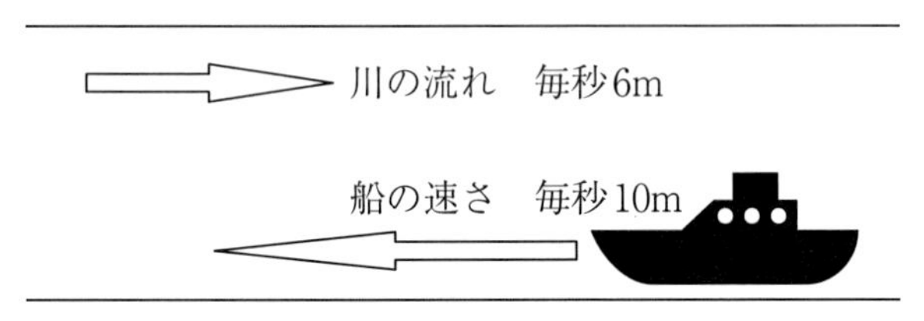

1 33分20秒　2 34分30秒　3 35分40秒
4 36分50秒　5 37分10秒

4 ある3つの整数があり，その積は－84で和は3である。この整数を大きい順に並べたときに，中央に位置する整数として正しいものはどれか。

1 －3　2 －2　3 1　4 2　5 3

5 A，Bの2種類の食塩水がある。Aを3，Bを1の割合で混ぜ合わせると濃度5%，Aを1，Bを3の割合で混ぜ合わせると濃度7%の食塩水が得られる。このとき，Aの食塩水の濃度に最も近いものは次のうちどれか。

1　2.6%　　2　3.6%　　3　4.6%　　4　5.6%　　5　6.6%

6 ある正の整数を40で割り，その答えの小数第一位を四捨五入すると13になる。また同じ整数を32で割り，その答えの小数第一位を四捨五入すると17になる。このような整数の個数として正しいものは次のうちのどれか。

1　10個　　2　11個　　3　12個　　4　13個　　5　14個

7 ある少年が2回続けてボールを投げる時，ボールの飛距離が10m以上である確率は，1回目は$\frac{1}{2}$，2回目が$\frac{7}{10}$であることが分かっている。この時，ボールの飛距離が2回とも10m以上である確率はいくらか。

1　$\frac{3}{25}$　　2　$\frac{1}{5}$　　3　$\frac{7}{20}$　　4　$\frac{1}{2}$　　5　$\frac{3}{4}$

8 6進法で表された543を7進法で表したときの数として，正しいものはどれか。

1　286　　2　384　　3　396　　4　414　　5　426

9 下の図において，△VWXが正三角形であるとき，∠WYXの角度として，正しいものはどれか。

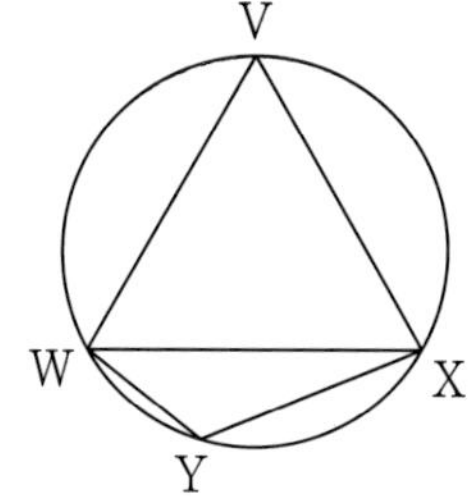

1　100°
2　105°
3　120°
4　135°
5　150°

10 次の図で∠EAB＝∠CBA＝90°であり，Dは線分EB，CAの交点である。また，AB＝9cm，EA＝6cm，CB＝3cmである。この図形を直線ABを軸に回転してできる立体の体積として正しいものはどれか（ただしπは円周率である）。

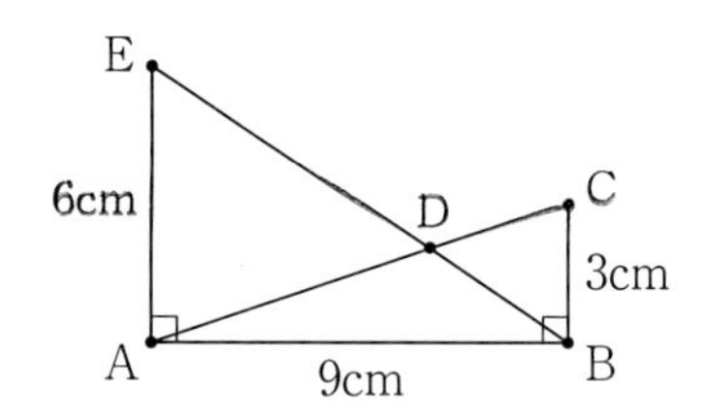

1　96π cm^3　　2　99π cm^3　　3　120π cm^3
4　123π cm^3　　5　135π cm^3

11 1～100の異なる自然数が1つずつ書かれた100枚のカードがあり，同じ数字がカードの表・裏両面に書かれている。いま，全てのカードが表面を上にして並んでいる。初めに6の倍数が書かれたカードを全て反対の面に返した。次に，その状態から4の倍数が書かれたカードを全て反対の面に返したとき，表面を上にしているカードの枚数として，正しいものはどれか。

1　59枚　　2　63枚　　3　67枚　　4　75枚　　5　78枚

12 6桁の数1AB8CDについて，A，Bは0から9までの整数のどれかであり，C＝9－A，D＝9－Bであることがわかっている。この6桁の数に関する記述として，正しいものはどれか。ただし，A，Bは同じ整数でもよいものとする。

1　11で割り切れる。
2　27で割り切れる。
3　30で割り切れる。
4　101で割り切れる。
5　113で割り切れる。

13 あるたこ焼き店では，販売価格を据え置いたまま1個を追加で提供するサービスデーを開催した。当日は前日に比べて，客1人あたりの利益（売価から原価を差し引いたもの）が2割減少したものの，女性客が3割減少し，男性客が7割増加したため，この日の総利益は2割増加した。このとき，前日の女性客の割合として，正しいものはどれか。なお，この店舗は，単一メニューの「たこ焼き」のみを提供しており，どの客も注文できるのはたこ焼き1舟のみであるとする。

1　10%　　2　15%　　3　20%　　4　25%　　5　30%

14 ある容器に濃度20.0%のショ糖の水溶液が500g入っている。この水溶液の$\frac{3}{5}$を白いコップに移し，残りをすべて黄色いコップに入れた。白いコップにショ糖を20g追加し，十分にかき混ぜて均一になったところで，白いコップの水溶液の半分を黄色いコップに移した。最後に，黄色いコップへ水を40g追加した。このとき，黄色いコップに入っている水溶液の濃度として，正しいものはどれか。ただし，水溶液中のショ糖はすべて溶けて均一になっているものとする。

1　18.5%　　2　19.0%　　3　19.5%　　4　20.0%　　5　20.5%

15 周の長さが20πcmの三角形の上を，半径が2cmの円Oをすべらないように転がすものとする。点Aを出発してから点C，点Bを通り再び点Aに戻るまでの円の回転数として，最も妥当なものはどれか。

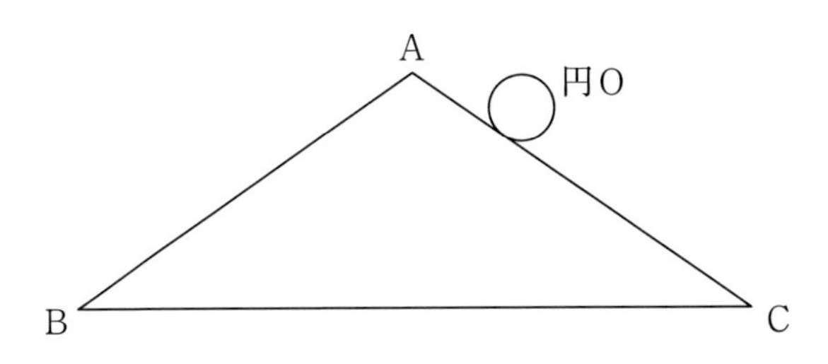

1　4回転　　2　5回転　　3　6回転　　4　7回転　　5　8回転

16 図のような三角形ABCにおいて，BM：MC＝AN：NC＝1：2である。このとき，AP：PMの値として，正しいものはどれか。

1　1：1
2　3：2
3　3：4
4　4：3
5　5：4

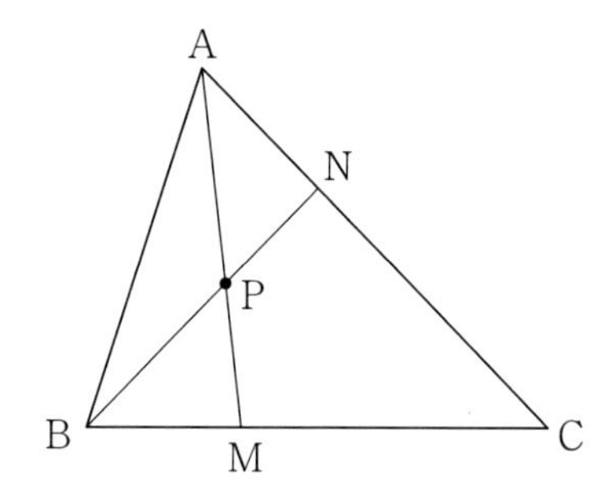

17 次の図のように，正方形の各辺を6等分して各辺に対し平行線を引く。このとき，この図形の中にできる長方形の数として，正しいものはどれか。ただし，正方形は含めないものとする。

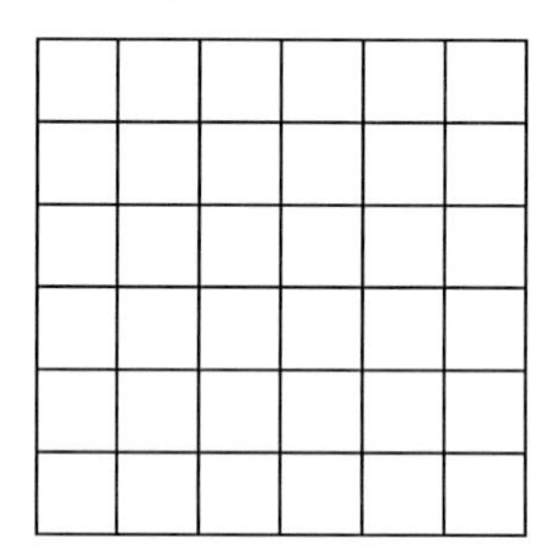

1　134　　2　220　　3　289　　4　300　　5　350

18 祖父，両親，子ども2人の合計5人で暮らしている家族が，買い物に外出する場合，外出する人の組み合わせの数として，正しいものはどれか。ただし，子どもだけでの外出や留守番はできないものとする。

1　20通り　　2　23通り　　3　25通り　　4　28通り　　5　31通り

19 A組の生徒とB組の生徒が5人ずつ，計10人いて，この中から掃除当番を4人選ぶ。このとき，A組の生徒が3人，B組の生徒が1人となるように選ぶとすると，掃除当番の選び方は何通りあるか。

1　15通り　　2　30通り　　3　45通り
4　50通り　　5　65通り

20 ある薬品の水溶液A，B，Cがあり，それぞれの濃度は次の表の通りである。また，AはBの重量と等しく，CはAの重量の半分である。この時，次の推論ア，イの正誤として最も妥当なものを選べ。

水溶液	A	B	C
濃度	7%	8%	15%

ア：AとCを混ぜてできた水溶液Xの濃度は11%である。
イ：AとBを混ぜてできた水溶液Yに含まれる薬品の量は，Cに含まれる薬品の量の2倍である。

1　アもイも正しい
2　アもイも誤り
3　アは正しいが，イは誤り
4　アは誤りだが，イは正しい
5　アもイも判断することができない

21 資料Xを作製する為の入力作業を1人で完成するには，3人の事務員A，B，Cはそれぞれ2時間，3時間，6時間かかる。

ある日この3人が資料Xの作成を依頼され，他の業務との兼ね合いを考慮して3人で相談した所，まずAが30分入力し，次にBが1時間入力し，最後にCが完成まで入力することになった。このとき，Cの入力作業時間として正しいものはどれか。ただし，3人とも入力のペースは途中からでも常に一定であるとする。

1　1時間　　2　1時間30分　　3　2時間　　4　2時間30分　　5　3時間

解答・解説

1 1

解説 100人の平均点が75点より，100人の合計点は$75 \times 100 = 7500$〔点〕となる。この7500点を100人に分配する方法を考える。

まず，最高点の90点と最低点の20点の人は，少なくとも1人ずついるので，残り98人の合計点は，$7500 - (90 + 20) = 7390$〔点〕となる。

次に，100人の平均点である75点以下の人を最も少なくしたいので，まずは残り98人がこれより高い76点であった場合を考えると，98人の合計点は，$76 \times 98 = 7448$〔点〕となり，本来の合計点より$7448 - 7390 = 58$〔点〕だけ超過する。

次に，できるだけ多くの人を最低点である20点にすることを考える。もし上で求めた98人のうち1人が20点であれば，98人の合計点は$7448 - (76 - 20) = 7392$〔点〕となり，本来の合計点より$7392 - 7390 = 2$〔点〕だけ超過する。

よって，残った$98 - 1 = 97$〔人〕のうち1人が76点より2点少ない74点であれば，条件を満たすことになる。

よって，例えば，

90点が1人
76点が96人
74点が1人
20点が2人

のとき，100人の平均点75点以下の人数は最も少なく，3人となる。

以上より，正解は1。

2 3

解説 車の総額を1とする。購入時に総額の$\frac{1}{8}$を支払い，納品時に総額の$\frac{1}{2}$を支払っているので，それらを総額から引けば，次の支払い時に支払う額の割合となる。

$$1 - \left(\frac{1}{8} + \frac{1}{2}\right) = 1 - \left(\frac{1}{8} + \frac{4}{8}\right) = 1 - \frac{5}{8} = \frac{3}{8}$$

よって，次に支払う額は，総額の$\frac{3}{8}$である。

以上より，正解は3。

3 1

解説 下流から上流に向かって進む速さは，川の流れに逆らうことになるので，

$10-6=4$〔m/秒〕

よって，6.4km(6400m) 先に進むまでにかかる時間は，

$(\text{時間})=\left(\dfrac{\text{距離}}{\text{速さ}}\right)=\dfrac{6400}{4}=1600$〔秒〕

一方，上流から下流に向かって進む速さは，川の流れの速さが加わるので，

$10+6=16$〔m/秒〕

よって，元の地点に到着するまでにかかる時間は，

$\dfrac{6400}{16}=400$〔秒〕

よって，求める時間は，$1600+400=2000$〔秒〕$=33$分20秒

以上より，正解は1。

4 4

解説 「3つの整数の積が−84」より，3つの整数のうち負の数が1つ，または3つある。また，「3つの整数の和が3」より，3つの整数すべてが負の数とはならないので，負の数は1つだけとなる。よって，3つの整数を大きい順にならべると「正の数，正の数，負の数」となるので，中央に位置する整数は正の数である。この時点で，選択肢は3，4，5のいずれかに絞られる。

次に，84を素因数分解すると$84=2^2\times3\times7$となるので，これらを3つに分け，正の数の和が負の数の絶対値より3だけ大きくなる組み合わせを求める。ここで，選択肢より中央に位置する整数は1，2，3のいずれかとなるので，場合分けをして考える。

中央の整数が1の場合，残りの2つの整数の絶対値の組合せは，

(2，42)，(3，28)，(4，21)，(6，14)，(7，12)

よって，条件を満たす組合せはない。

中央の整数が2の場合，残りの2つの整数の絶対値の組合せは，

(1，42)，(2，21)，(3，14)，(6，7)

よって，(6，7) の場合，3つの整数が「−6，2，7」であれば条件を満たす。

中央の整数が3の場合，残りの2つの整数の絶対値の組合せは，

(1，28)，(2，14)，(4，7)

よって，条件を満たす組合せはない。

したがって，中央に位置する整数は2となる。

以上より，正解は4。

5 2

解説 (食塩水の濃度) $= \dfrac{\text{食塩の量}}{\text{食塩水の量}} \times 100$ より，

(食塩の量) $= \dfrac{(\text{食塩水の量}) \times (\text{食塩水の濃度})}{100}$ と表せる。ここで，A，Bの食塩水の濃度を x〔%〕，y〔%〕とする。

「Aを3，Bを1の割合で混ぜ合わせると濃度5%」となるので，Aを300g，Bを100g混ぜたと考えると，(Aに含まれる食塩の量) $= \dfrac{300 \times x}{100} = 3x$〔g〕，(Bに含まれる食塩の量) $= \dfrac{100 \times y}{100} = y$〔g〕，(混合液に含まれる食塩の量) $=$ $3x + y$〔g〕となる。ここで，(混合液に含まれる食塩の量) $= \dfrac{(300 + 100) \times 5}{100}$ $= 20$〔g〕と表せるので，$3x + y = 20$…①が成り立つ。

同様に，「Aを1，Bを3の割合で混ぜ合わせると濃度7%」となるので，Aを100g，Bを300g混ぜたと考えると，(Aに含まれる食塩の量) $= \dfrac{100 \times x}{100} =$ x〔g〕，(Bに含まれる食塩の量) $= \dfrac{300 \times y}{100} = 3y$〔g〕，(混合液に含まれる食塩の量) $= x + 3y$〔g〕となる。ここで，(混合液に含まれる食塩の量) $=$ $\dfrac{(100 + 300) \times 7}{100} = 28$〔g〕と表せるので，$x + 3y = 28$…②が成り立つ。

①②を連立すると，$x = 4$，$y = 8$となる。

したがって，Aの食塩水の濃度は4.0〔%〕となり，選択肢のうち最も近いのは2の3.6%である。

以上より，正解は2。

6 3

解説 「ある正の整数を40で割った答えの小数第一位を四捨五入すると13になる」ので，

$12.5 \leqq$ (ある正の整数) $\div 40 < 13.5$

$500 \leqq$ (ある正の整数) < 540…①

同様に，「ある正の整数を32で割った答えの小数第一位を四捨五入すると17になる」ので，

16.5≦(ある正の整数)÷32＜17.5

528≦(ある正の整数)＜560…②

①②を同時に満たす正の整数は，528，529，530，…，539の12個である。
以上より，正解は3。

7 3

解説 少年が2回続けてボールを投げる時，2回とも10m以上である確率は

$\frac{1}{2}\times\frac{7}{10}=\frac{7}{20}$

以上より，正解は3。

8 4

解説 n進法で表された数$abcd_{(n)}$を10進法で表すとき，

$abcd_{(n)} = a \times n^3 + b \times n^2 + c \times n^1 + d \times n^0$ （ただし，$n^0 = 1$）

10進法のある数Xをn進法で表すとき，その数をnで割っていき，商x_1，x_2，…，余りp_1，p_2，…を求めていく。これを商がnより小さくなるまで行う。

n) X

n) X_1 …p_1

n) X_2 …p_2

　　X_3 …p_3 （$n > X_3$）

上記の場合，$X = x_3 p_3 p_2 p_{1(n)}$

まず，6進法で表された543を10進法で表すと，

$5 \times 6^2 + 4 \times 6^1 + 3 \times 6^0 = 180 + 24 + 3 = 207$

次に，10進法で表された207を7進法で表すと，

7) 207

7) 29 …4

　　4 …1

よって，求める数は$414_{(7)}$となる。
以上より，正解は4。

9 3

解説 △VWXは正三角形であるから，∠WVX = 60°

また，四角形VWYXは円に内接しており，向かい合う角の和は180°である。

よって，∠WYX = 180° − ∠WVX = 120°

以上より，正解は3。

10 4

解説 Dから線分ABに垂線DHを下ろし，ABとの交点をHとする。

図より，EA//CBより，錯角は等しいので∠AED = ∠CBD

対頂角は等しいので∠ADE = ∠CDB

よって，

△EDA∽△BDCより

　ED：BD = EA：BC = 2：1

また，△EAB∽△DHBより

　EA：DH = EB：DB = (ED + DB)=DB

　6：DH = 3：1

　　DH = 2〔cm〕

求める回転体の体積をVとすると，

V =（△EABの回転体の体積）+（△CABの回転体の体積）−（△DABの回転体の体積）

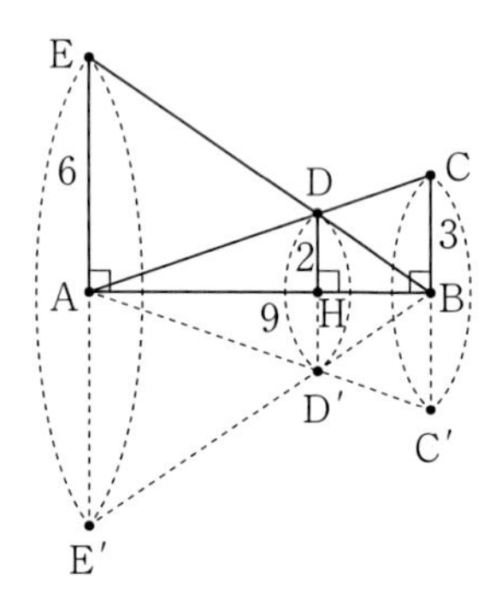

$$= \frac{\pi}{3} \times 6^2 \times 9 + \frac{\pi}{3} \times 3^2 \times 9 - \frac{\pi}{3} \times 2^2 \times 9$$

$$= \frac{\pi}{3} \times 9 \times (6^2 + 3^2 - 2^2)$$

$$= \frac{\pi}{3} \times 9 \times 41$$

$$= 123\pi \text{〔cm}^3\text{〕}$$

以上より，正解は4。

11 4

解説 裏面を上にしているカードは，1回だけ反対の面に返したカードであり，次の2種類である。

①「6の倍数だが，4の倍数ではない」カード

②「4の倍数だが，6の倍数ではない」カード
　1～100の自然数のうち，
6の倍数は，100 ÷ 6 = 16余り4より，16個
4の倍数は，100 ÷ 4 = 25より，25個
4と6の最小公倍数12の倍数は，100 ÷ 12 = 8余り4より，8個
よって，
①「6の倍数だが，4の倍数ではない」カードの枚数は，16 − 8 = 8〔枚〕
②「4の倍数だが，6の倍数ではない」カードの枚数は，25 − 8 = 17〔枚〕
したがって，
裏面を上にしているカードの枚数は，8 + 17 = 25〔枚〕
表面を上にしているカードの枚数は，100 − 25 = 75〔枚〕
以上より，正解は4。

12 2

解説 1AB8CDは，100000 + 10000A + 1000B + 800 + 10C + Dと表わせるので，
C = 9 − A，D = 9 − Bを代入すると，
100000 + 10000A + 1000B + 800 + 10C + D
= 100000 + 10000A + 1000B + 800 + 10(9 − A) + (9 − B)
= 100899 + 9990A + 999B
= 999(101 + 10A + B)…①
①はA，Bの値によらず，常に999の倍数なので，999の約数で割り切れる。
ここで，$999 = 3^3 \times 37$より，999の約数は，1，3，9，27，37，111，333，999の8個である。よって，27で割り切れる。
以上より，正解は2。

13 3

解説 前日の女性客の人数をx人，総来客数を100人とすると，男性客の人数は$(100 - x)$〔人〕となる。また，前日の客1人あたりの利益を100円とすると，前日の総利益は100 × 100 = 10000〔円〕となる。
　当日の客1人あたりの利益は前日より2割減少したので，
　100 × (1 − 0.2) = 80〔円〕

女性客は3割減少したので，$x \times (1-0.3) = 0.7x$〔人〕
男性客は7割増加したので，$(100-x) \times (1+0.7) = 170-1.7x$〔人〕
総来客数は$0.7x + (170-1.7x) = 170-x$〔人〕
総利益は2割増加したので，$10000 \times (1+0.2) = 12000$〔円〕
ここで，当日の総利益について，以下の式が成り立つ。

$$80 \times (170-x) = 12000$$
$$x = 20 \text{〔人〕}$$

したがって，前日の女性客の割合は

$$\frac{20}{100} \times 100 = 20 \text{〔\%〕}$$

以上より，正解は3。

14 4

解説 ①　はじめの水溶液全体の$\frac{3}{5}$を白いコップに，残りをすべて黄色いコップに入れると，
白いコップの中にある20％のショ糖水溶液の量は$500 \times \frac{3}{5} = 300$〔g〕，ショ糖の量は$300 \times 0.2 = 60$〔g〕
黄色いコップの中にある20％のショ糖水溶液の量は$500 - 300 = 200$〔g〕，ショ糖の量は$200 \times 0.2 = 40$〔g〕
②　次に，白いコップにショ糖20gを追加すると，
ショ糖水溶液の量は$300 + 20 = 320$〔g〕，ショ糖の量は$60 + 20 = 80$〔g〕
③　さらに，②の白いコップの水溶液の半分を黄色いコップに移すと，
黄色いコップの中のショ糖水溶液の量は$200 + 320 \div 2 = 360$〔g〕，ショ糖の量は$40 + 80 \div 2 = 80$〔g〕
④　③の黄色いコップに水を40g追加すると，
ショ糖水溶液の量は$360 + 40 = 400$〔g〕，ショ糖の量は80gより，濃度は
$\frac{80}{400} \times 100 = 20$〔％〕
以上より，正解は4。

15 3

解説 一般に，周の長さがmの図形の周りを，すべらないように周の長さがnの図形が転がるとき，回転数は，$\frac{m}{n}+1$となる。

ここで，円Oの半径が2cmなので，円周＝(半径)×2×πより，$n=4\pi$〔cm〕

三角形の周の長さは20πなので，円Oの回転数は，$\frac{20\pi}{4\pi}+1=6$〔回転〕

以上より，正解は3。

16 2

解説 設問の図より，△ACMにおいて，それぞれの辺またはその延長が，頂点を通らない線分BNと交わっているので，メネラウスの定理より，

$$\frac{AN}{NC}\times\frac{CB}{BM}\times\frac{MP}{PA}=1$$

よって，$\frac{1}{2}\times\frac{3}{1}\times\frac{MP}{PA}=1$，$\frac{MP}{PA}=\frac{2}{3}$

したがって，PA：MP＝3：2

以上より，正解は2。

17 5

解説 設問の図より，縦7本から2本，横7本から2本をそれぞれ選ぶと，長方形（正方形を含む）を1個作ることができる。

縦7本から2本を選ぶ選び方は$_7C_2=21$〔通り〕，横7本から2本を選ぶ選び方は$_7C_2=21$〔通り〕なので，長方形（正方形を含む）は，$21\times21=441$〔個〕作ることができる。

ここで，一辺の長さが1の正方形は$36(=6^2)$個，一辺の長さが2の正方形は$25(=5^2)$個，一辺の長さが3の正方形は$16(=4^2)$個，一辺の長さが4の正方形は$9(=3^2)$個，一辺の長さが5の正方形は$4(=2^2)$個，一辺の長さが6の正方形は$1(=1^2)$個作れるので，作れる正方形は合計$36+25+16+9+4+1=91$〔個〕となる。よって，作れる長方形の数は$441-91=350$〔個〕である。

以上より，正解は5。

18 3

解説 5人それぞれが外出または留守番のいずれかを行うので，重複順列の公式より，5人の外出または留守番の組み合わせは，$2^5 = 32$〔通り〕である。

このうち，子ども1人で外出する2通り，子ども2人で外出する1通り，子ども1人で留守番する2通り，子ども2人で留守番する1通りは条件を満たさず，5人全員で留守番する1通りも不適である。

よって，外出する人の組み合わせの数は，$32 - (2 + 1 + 2 + 1 + 1) = 25$〔通り〕となる。

以上より，正解は3。

19 4

解説 「A組の生徒が3人」になるよう選ぶので，この3人の順番は関係ない。
よって，5人から3人を選ぶ組み合わせは，

$${}_5C_3 = \frac{5 \times 4 \times 3}{3 \times 2 \times 1} = 10〔通り〕$$

次に，「B組の生徒を1人」選ぶ選び方は5通りである。
A組の組合せ10通りに対して，それぞれB組の組合せが5通りあるので，
$10 \times 5 = 50$〔通り〕
以上より，正解は4。

20 4

解説 A，B，Cの重量を仮に200g，200g，100gとする。
推論ア，イをそれぞれ検証すると，$(濃度) = \left(\frac{薬品の量}{水溶液の量} \times 100\right)$ より，
ア：AとCに含まれる薬品の量は，

$$A \cdots 200 \times \frac{7}{100} = 14〔g〕$$

$$C \cdots 100 \times \frac{15}{100} = 15〔g〕$$

Xに含まれる薬品の量は $14 + 15 = 29$〔%〕なので，Xの濃度は
$\frac{29}{200 + 100} \times 100 \fallingdotseq 9.7$〔%〕となる。よって，アは誤り。

イ：Bに含まれる薬品の量は，$200 \times \frac{8}{100} = 16$〔g〕

よって，Yに含まれる薬品の量は $14 + 16 = 30$〔g〕となる。

一方，Cに含まれる薬品の量は，アより15gであるから，その2倍は30gとなる。よって，イは正しい。
したがって，アは誤りだが，イは正しいということが分かる。
以上より，正解は4。

21 4

解説 資料Xを作成する入力作業量を1とすると，A，B，Cの1時間当たりの入力作業量はそれぞれ$\frac{1}{2}$，$\frac{1}{3}$，$\frac{1}{6}$である。

Aが30分，Bが1時間入力すると，入力作業量は$\frac{1}{2} \times 0.5 + \frac{1}{3} \times 1 = \frac{7}{12}$だから，残りは$1 - \frac{7}{12} = \frac{5}{12}$である。

よって，Cの作業時間は$\frac{5}{12} \div \frac{1}{6} = 2.5$時間，すなわち2時間30分となる。
以上より，正解は4。

数的処理　資料解釈

POINT

資料解釈では，与えられた図表をもとに，必要なデータを早く正確に読み取る能力が試される。出題形式はほとんど選択肢の記述の正誤を問うものなので，「正誤が判断できる最低限の情報を読み取る」姿勢を身に付けてほしい。高度な計算力は必要ないが，取り扱う数量の桁数が大きかったり，見慣れない単位が使われていて，コツを掴むまでに時間がかかるかもしれないので，できるだけ早く取り組もう。

まず，問題を解く前に与えられた図表のタイトル（ない場合もある）や単位に注目すること。次に，図表に記されたデータを見る前に選択肢を確認してほしい。その際，選択肢を順番に検討するのではなく，正誤が判断しやすいものから順に検討し，判断が難しい選択肢については消去法で対応するとよい。なお，選択肢の中には「図表からは判断できない」場合があるので，注意しよう。選択肢の検討にあたっては，次の指標を用いる場合がほとんどなので，それぞれの指標の意味や公式を覚えてしまいたい。

・割合：ある数量が，全体に対して占める分量。

Aに対するBが占める割合〔%〕は，$\frac{B}{A} \times 100$

・比率：ある数量を，他の数量と比べたときの割合。

Aに対するBの比率（比）は，$\frac{B}{A}$

・指数：基準となる数量を100としたときの，他の数量の割合。

Aを100としたときのBの指数は，$\frac{B}{A} \times 100$

・増加量（減少量）：元の数量に対するある数量の増加分（減少分），増加（減少）していればプラス（マイナス）の値になる。

「昨年の量」に対する「今年の量」の増加量（減少量）は，「今年の量」－「昨年の量」

・増加率（減少率）：元の数量に対するある数量の増加率（減少率），増加（減少）していればプラス（マイナス）の値になる。

「昨年の量」に対する「今年の量」の増加率（減少率）〔%〕は，

$$\frac{「今年の量」-「昨年の量」}{「昨年の量」}\times 100$$

・単位量あたりの数量：「単位面積あたり」や「1人あたり」に占める数量。

全体の量のうち，1人あたりに占める量は，$\frac{全体の量}{人数}$

学習の初期段階では，本書の解説を参考に自身の手で正しく計算するよう心掛けよう。そのうえで，慣れてきたら「増加している」や「2分の1になっている」といった内容であれば計算せずに判断したり，129,176を130,000と概算して判断したりするなど，できるだけ短い時間で解答できるように練習すること。

演習問題

1 次のグラフは令和元年度と令和2年度における日本の正社員・正職員の採用区分，採用状況別企業割合を表したものである。このグラフからいえることとして，最も妥当なものはどれか。

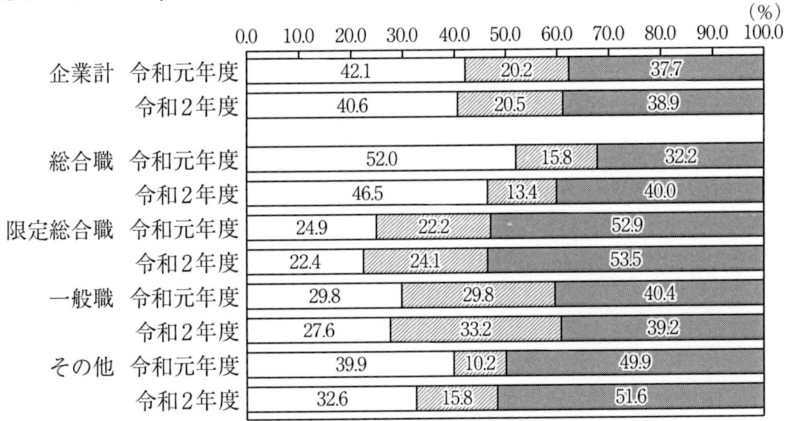

(厚生労働省「令和2年度雇用均等基本調査」より作成)

1 「男性のみ採用」の割合が最も大きいのは，令和元年度における「限定総合職」である。

2 令和元年度と令和2年度を比較すると，「男女とも採用」の割合が最も減少しているのは「総合職」である。

3　令和2年度において，「男性のみ採用」の割合は，「総合職」以外のすべてで減少している。

4　令和2年度において，「一般職」の「女性のみ採用」の割合は，「総合職」の「女性のみ採用」割合の2倍以上である。

5　「企業計」の令和元年度と令和2年度の割合を比較すると，「女性のみ採用」の数値は約1%減少している。

2　次の表は2000年と2010年におけるアジア各国の自動車の保有台数と2017年における自動車保有台数の内訳（単位　千台）を表したものである。この表からいえることとして，最も妥当なものはどれか。

	2000 合計	2010 合計	2017			
			乗用車	トラック ・バス	合計	人口100人 あたり（台）
中国	16089	78018	184695	24371	209067	14.7
日本	72649	75362	61803	16275	78078	61.2
インド	7540	23813	35890	10630	46520	3.5
インドネシア	5205	18900	14160	9458	23618	8.9
韓国	11164	17941	18035	4494	22528	44.1
トルコ	6021	11266	12036	5242	17278	21.3

（日本自動車工業会「世界自動車統計年報」各年版年および国際自動車工業連合会・OICAのデータ2020年より作成）

1　トルコにおける自動車の保有台数は2000年から2010年にかけて，2倍以上に増加している。

2　韓国における自動車の保有台数は2000年から2010年にかけて，1.8倍以上に増加している。

3　2017年における日本の乗用車保有台数と，人口100人あたりの自動車保有台数は最も多い。

4　インドにおける自動車の保有台数は2000年から2010年にかけて，3倍以上に増加している。

5　2017年におけるインドネシアの乗用車保有台数は，トラック・バス保有台数の2倍以上である。

3 次の表は，2017年と2018年における鋼材および半鋼材の輸出入（単位　千トン）を表したものである。ここから正しくいえることとして，最も妥当なものはどれか。

輸出	2017	2018	輸入	2017	2018
中国	74808	68767	アメリカ合衆国	35366	31726
日本	37471	35839	ドイツ	27094	26584
ロシア	31159	33343	イタリア	20091	20619
韓国	31355	30056	タイ	14486	15468
ドイツ	26365	25999	韓国	19323	14928
トルコ	16346	19859	フランス	15073	14882
イタリア	18190	18180	ベルギー	14073	14845
ベルギー	18060	17971	中国	13909	14366
ウクライナ	15224	15083	ベトナム	16222	14155
フランス	14782	14415	トルコ	15814	14043
ブラジル	15317	13914	ポーランド	10652	12061
(台湾)	12117	12285	インドネシア	11414	11700
インド	16335	11101	メキシコ	11625	10995
オランダ	10916	11029	スペイン	9948	10779
イラン	7460	9273	オランダ	8820	10329
スペイン	8917	8637	カナダ	8809	9110
世界計	462890	457583	世界計	451600	444350

（WSA（世界鉄鋼協会）ウェブサイト2020年より作成）

1　2017年における中国の鋼材および半鋼材の輸出量は，同じ年の輸入量の6倍を超えている。

2　2017年におけるドイツの鋼材および半鋼材の輸出量は，同じ年の輸入量の0.8倍以下である。

3　2018年におけるイタリアの鋼材および半鋼材の輸出量は，同じ年の輸入量の9割を下回っている。

4　ベルギーにおける鋼材および半鋼材の輸出入量は，2017年から2018年にかけてどちらも減少している。

5　韓国における鋼材および半鋼材の輸入量は，2017年から2018年にかけて増加している。

4 次の表は，アジア各国における国民1人あたりのGNI（国民総所得）（単位　ドル）を表したものである。この表から正しくいえるものとして，最も妥当なものはどれか。

	2000	2010	2016	2017	2018
日本	38874	45490	39854	39511	40529
アゼルバイジャン	637	5507	3656	3980	4479
アフガニスタン	170	552	575	596	555
アラブ首長国連邦	34404	33884	38366	40104	43211
イエメン	583	1261	907	863	933
イスラエル	20869	31261	38976	42418	44238
イラク	999	4721	4506	5035	5477
イラン	1704	6659	5363	5725	5804
インド	446	1338	1706	1940	2034
インドネシア	804	3147	3449	3712	3773
ウズベキスタン	646	1687	2631	1889	1602

（世界国勢図会2020/21より作成）

1　2000年における日本国民1人あたりのGNIは，アゼルバイジャン国民1人あたりのGNIの65倍以上である。

2　2010年におけるイスラエル国民1人あたりのGNIは，インド国民1人あたりのGNIの25倍以上である。

3　ウズベキスタンにおける国民1人あたりのGNIは，2000年から2018年にかけて1000ドル以上増加している。

4　インドネシアにおける国民1人あたりのGNIは，2000年から2018年にかけて3000ドル以上増加している。

5　イランにおける国民1人あたりのGNIは，2000年から2018年にかけて4000ドル以上増加している。

5 下のグラフは，2019年における一般労働者間での転職入職者の賃金変動状況を表している。これは，転職した結果賃金が増加したか，減少したか，変わらなかったかを男女別・年齢層別に調査したものである。これらのグラフから読み取れることとして，妥当なものはどれか。

一般労働者間での転職入職者の賃金変動状況(2019年)

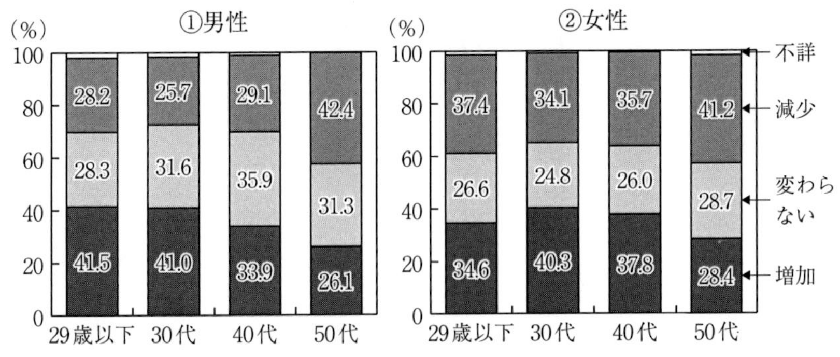

(内閣府ホームページ『経済財政白書説明資料』より作成)

1 男性，女性ともに，50代では，賃金が減少した者が半数を超えており，転職によって条件が悪化した。

2 男性，女性ともに，転職によって賃金が減少した額は，年齢が上がるにつれて大きくなる傾向がある。

3 賃金が変わらないと答えた者の割合が最も高いのは，男性，女性ともに40代である。

4 30代以降について比較すると，男性，女性ともに年齢が若い年代ほど賃金が増加した割合が高い。

5 転職によって賃金が増加した場合，その額は，男性より女性の方が小さい。

6 次の表は，2020年の日本における商品別貿易の輸出入を表したものである。この表から正しくいえるものとして，最も妥当なものはどれか。

輸出	億円	輸入	億円
機械類	260384	機械類	183969
うち集積回路	29054	原油	46464
半導体等製造装置	25172	液化天然ガス	36356
内燃機関	17645	医薬品	31973
自動車	95796	衣類	27237
部品類	29124	精密機械	19764
鉄鋼	25737	石炭	17076
プラスチック	24198	有機化合物	16688
精密機械	20409	石油製品	12452
有機化合物	15556	自動車	11653
計	683991	計	680108

（Commodity Trade Statistics Databaseより作成）

1 日本における商品別貿易のうち，集積回路が占める輸出額の割合は，全体の約20分の1を超えている。

2 日本における商品別貿易のうち，半導体等製造装置が占める輸出額の割合は，全体の約27分の1である。

3 日本における商品別貿易のうち，プラスチックが占める輸出額の割合は，全体の約4.8％である。

4 輸出入に共通するすべての品目において，輸出額が輸入額を上回っていることを反映して，合計額は輸出額の方が大きくなっている。

5 日本における商品別貿易のうち，石油製品が占める輸入額の割合は，全体の40分の1を超えている。

7 次の表は，各国（一部の国のみ）における砂糖の生産量と輸出入量を表している。ここから正しくいえるものとして，最も妥当なものはどれか。

（単位　千t）

生産量（2017）		輸出量（2017）		輸入量（2017）	
日本	830	日本	0	日本	1,237
ブラジル	38,870	ブラジル	29,169	インドネシア	4,203
インド	34,309	タイ	5,856	バングラディシュ	2,916
タイ	14,710	オーストラリア	3,796	中国	2,331
中国	10,300	グアテマラ	1,906	マレーシア	2,006
アメリカ合衆国	8,430	メキシコ	1,148	韓国	1,837
世界計	194,193	世界計	69,577	世界計	63,862

（『日本国勢図会2020/21』より作成）

1　日本における砂糖の輸入量の割合は，世界計のうち3％以上である。
2　ブラジルにおける砂糖の生産量の割合は，世界計のうち20％程度である。
3　インドネシアにおける砂糖の輸入量は，マレーシアにおける輸入量の4倍程度である。
4　オーストラリアにおける砂糖の輸出量の割合は，世界計のうち5％未満である。
5　タイにおける砂糖の生産量は，同国の輸出量の4倍以上である。

8 次の表は，DAC加盟国における政府開発援助（ODA）の実績（単位百万ドル）を表したものである。この表から正しくいえることとして，最も妥当なものはどれか。

	2017	2018	2019	2019 （%）	GNI比 （%）	 順位
アメリカ合衆国	35250	34152	34615	22.7	0.16	23
ドイツ	24406	24977	23806	15.6	0.60	6
イギリス	17133	19410	19365	12.7	0.70	5
日本	15230	14164	15507	10.1	0.29	13
フランス	10699	12136	12176	8.0	0.44	9
スウェーデン	5564	6001	5397	3.5	0.99	3
オランダ	5001	5659	5292	3.5	0.59	7
イタリア	5865	5190	4900	3.2	0.24	18
DAC加盟国 贈与相当額合計	149365	153477	152780	100.0	0.30	―

（OECD Stat2020.7より作成）

1　2019年において，アメリカ合衆国の政府開発援助（ODA）の実績額は，DAC加盟国における贈与相当額合計のうち4分の1を超えている。

2　2017年において，日本の政府開発援助（ODA）の実績額は，同年のスウェーデンの政府開発援助（ODA）の実績額の3倍以上である。

3　2019年において，ドイツの政府開発援助（ODA）の実績額は，DAC加盟国における贈与相当額合計のうち15%以上を占めている。

4　2018年において，フランスの政府開発援助（ODA）の実績額は，同年のオランダの政府開発援助（ODA）の実績額の2倍以下である。

5　2019年において，イギリスの政府開発援助（ODA）の実績額は，DAC加盟国における贈与相当額合計のうち13%以上を占めている。

9 日本における新ゴムおよび再生ゴムの需給を示した次の表から読み取れる内容として，最も妥当なものはどれか。

（単位　千t）

	1980	1990	2000	2010	2015	2016	2020
天然ゴム輸入	457.4	663.1	803.9	747.2	682.2	659.7	558
合成ゴム国内生産	1094.1	1425.8	1581.9	1595.2	1668.3	1564.2	1204
合成ゴム輸入	49.4	76.2	163.9	172.3	166.1	156.1	136
ゴム国内消費	1312.0	1810.0	1839.5	1766.9	1585.9	1541.9	1276
天然ゴム	427.0	677.0	720.0	762.7	691.0	675.5	581
合成ゴム	885.0	1133.0	1119.5	1004.2	894.9	866.4	696
天然ゴム輸出	0.1	0.1	36.0	0.4	0.3	0.2	—
合成ゴム輸出	229.8	299.3	522.7	753.4	793.9	854.1	716
再生ゴム供給1)	67.7	44.9	24.5	22.4	22.4	22.2	—
再生ゴム需要2)	67.6	44.0	24.0	22.0	22.0	21.8	20

1) 輸入を含む。　2) 輸出を含む。

（日本ゴム工業会「ゴム工業の現況」『日本国勢図会2022/23』より作成）

1　最も古いデータと最も新しいデータを比較すると，天然ゴムと合成ゴムの国内消費は，ともに増加している。

2　合成ゴムの国内生産が増加したときには，合成ゴムの輸入は減少している。

3　1980年から30年間の推移をみると，ゴムの国内消費は30％を超える伸び率を示している。

4　1980年から40年間の推移をみると，合成ゴムの輸出は，3倍を超えていない。

5　ゴムの需給は，産油国の情勢とそれに伴う原油価格の動向と連動している。

10 次の表は，1980年から2018年までのヨーロッパにおける天然ガスの生産量（億m³）を表したものである。この表から正しくいえるものとして，最も妥当なものはどれか。

	1980	1990	2000	2010	2017	2018
ヨーロッパ	7046	10418	10287	11446	11741	11843
ロシア	4439	6289	5728	6573	6951	7152
ノルウェー	260	276	533	1104	1282	1255
トルクメニスタン	…	849	472	453	805	809
ウズベキスタン	…	407	564	601	566	598
オランダ	962	761	736	903	463	387
イギリス	375	497	1154	579	421	408
カザフスタン	…	71	91	283	427	431
ウクライナ	…	279	179	202	202	200

（IEA "National Gas Information" 2019版より作成）

1　1990年におけるロシアの天然ガスの生産量は，ヨーロッパ全体の天然ガスの生産量の3分の2を超えている。

2　2010年におけるトルクメニスタンの天然ガスの生産量は，ヨーロッパ全体の天然ガスの生産量のうち20分の1以上を占めている。

3　2017年におけるノルウェーの天然ガスの生産量は，ヨーロッパ全体の天然ガスの生産量のうち1割以上を占めている。

4　2017年におけるウズベキスタンの天然ガスの生産量は，ヨーロッパ全体の天然ガスの生産量のうち5%以上を占めている。

5　2018年におけるイギリスの天然ガスの生産量は，ヨーロッパ全体の天然ガスの生産量のうち4%以上を占めている。

11 **次のグラフは公害の種類別受付件数の推移の一部を抜粋したものである。このグラフから読み取れる内容として，最も妥当なものはどれか。**

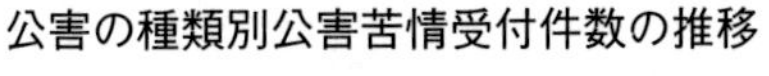

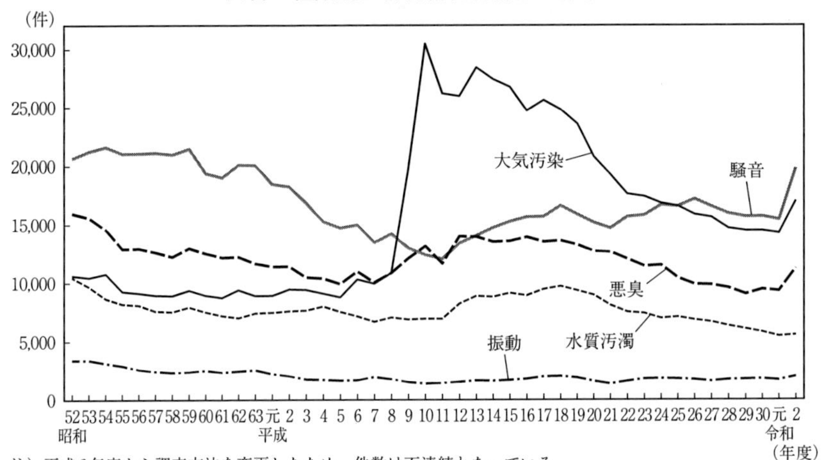

注）平成6年度から調査方法を変更したため，件数は不連続となっている。

（総務省ホームページ『公害苦情調査』より作成）

1　平成15年と平成30年を比較すると，受付件数の順位は3つの種類において変動がみられる。

2　昭和55年から平成5年にかけて，2つの種類において順位の変動がみられた。

3　令和2年時点において受付件数が最多だった公害について，平成25年に比べて令和2年の件数は1.5倍を超えている。

4　平成22年時点において受付件数が最多だった公害について，同年以降の年の最多の件数と最少の年の件数を比較すると，その差は，2,000件を超えている。

5　それぞれの項目の件数について，最多と最少を比較すると，その差が最も大きいのは，騒音である。

解答・解説

1 4

解説 1　誤り。「男性のみ採用」の割合が最も大きいのは，令和2年度における「限定総合職」である。　2　誤り。令和元年度と令和2年度を比較した時に，「男女とも採用」の割合が最も減少しているのは「その他」である。3　誤り。「男性のみ採用」の割合は「一般職」以外のすべてで増加している。4　正しい。$\frac{33.2}{13.4}\fallingdotseq 2.5$〔倍〕となっている。　5　誤り。「企業計」の「女性のみ採用」の数値は増加している。

2 4

解説 1　誤り。トルコにおける自動車の保有台数は，2000年から2010年にかけて，$\frac{\text{2010年のトルコの自動車保有台数}}{\text{2000年のトルコの自動車保有台数}}=\frac{11266}{6021}\fallingdotseq 1.87$より，2倍以上は増加していない。　2　誤り。韓国における自動車の保有台数は$\frac{\text{2010年の韓国の自動車保有台数}}{\text{2000年の韓国の自動車保有台数}}=\frac{17941}{11164}\fallingdotseq 1.61$より，2000年から2010年にかけて1.8倍以上は増加していない。　3　誤り。2017年において，日本の人口100人あたりの自動車保有台数は最も多いが，乗用車保有台数は中国に次いで2番目に多い値となっている。　4　正しい。インドにおける自動車の保有台数は$\frac{\text{2010年のインドの自動車保有台数}}{\text{2000年のインドの自動車保有台数}}=\frac{23813}{7540}\fallingdotseq 3.16$より，2000年から2010年にかけて3倍以上に増加している。　5　誤り。2017年におけるインドネシアの乗用車保有台数は，$\frac{\text{インドネシアの乗用車保有台数}}{\text{インドネシアのトラック・バス保有台数}}=\frac{14160}{9458}\fallingdotseq 1.5$より，トラック・バス保有台数の約1.5倍である。

3 3

解説 1　誤り。2017年における中国の鋼材および半鋼材の輸出量は，$\frac{\text{2017年における中国の鋼材および半鋼材の輸出量}}{\text{2017年における中国の鋼材および半鋼材の輸入量}}=\frac{74808}{13909}\fallingdotseq 5.38$より，同じ年の輸入量の6倍未満である。　2　誤り。2017年におけるドイツの鋼材および半鋼材の輸出量は，$\frac{26365}{27094}\fallingdotseq 0.97$より，同じ年の輸入量の0.8倍を上回っている。　3　正しい。2018年におけるイタリアの鋼材および半鋼材の輸出量は，$\frac{2018年におけるイタリアの鋼材および半鋼材の輸出量}{2018年におけるイタリアの鋼材および半鋼材の輸入量}=\frac{18180}{20619}\fallingdotseq 0.88$ より，同じ年の輸入量の9割を下回っている。　4　誤り。ベルギーにおける鋼材および半鋼材の輸入量は，2017年から2018年にかけて増加している。
5　誤り。韓国における鋼材および半鋼材の輸入量は，2017年から2018年にかけて減少している。

4 5

解説 1　誤り。$\frac{2000年における日本国民1人あたりGNI}{2000年におけるアゼルバイジャン国民1人あたりGNI}=\frac{38874}{637}\fallingdotseq 61.03$ より，65倍未満である。
2　誤り。$\frac{2010年におけるイスラエル国民1人あたりGNI}{2010年におけるインド国民1人あたりGNI}=\frac{31261}{1338}\fallingdotseq 23.36$ より，25倍未満である。　3　誤り。ウズベキスタンにおける国民1人あたりのGNIは，2000年から2018年にかけて1602 − 646 = 956〔ドル〕しか増加していない。　4　誤り。インドネシアにおける国民1人あたりのGNIは，2000年から2018年にかけて3773 − 804 = 2969〔ドル〕しか増加していない。　5　正しい。イランにおける国民1人あたりのGNIは，2000年から2018年にかけて5804 − 1704 = 4100〔ドル〕増加している。

5 4

解説 1　誤り。50代について，賃金が減少した者は男性が42.4％，女性が41.2％であるから，ともに半数に満たない。　2　誤り。賃金が減少した額は，これらのグラフからは読み取れない。　3　誤り。賃金が変わらないと答えた者の割合が最も高いのは，男性が40代，女性が50代である。　4　正しい。男女ともに，賃金が増加したと答えた者の割合が，50代より40代が，40代より30代が高い。　5　誤り。賃金が増加した額についても，これらのグラフからは読み取れない。

6 2

解説 1　誤り。日本における商品別貿易のうち，集積回路が占める輸出額の割合は，$\frac{集積回路の輸出額}{輸出額合計}=\frac{29054}{683991}\fallingdotseq 0.042\fallingdotseq\frac{1}{23.5}$ より，全体の20分の1

に満たない。　2　正しい。日本における商品別貿易のうち，半導体等製造装置が占める輸出額の割合は，$\frac{\text{半導体等製造装置の輸出額}}{\text{輸出額合計}}=\frac{25172}{683991}\fallingdotseq 0.037\fallingdotseq \frac{1}{27.2}$より，全体の約27分の1である。　3　誤り。日本における商品別貿易のうち，プラスチックが占める輸出額の割合は，$\frac{\text{プラスチックの輸出額}}{\text{輸出額合計}}\times 100=\frac{24198}{683991}\times 100\fallingdotseq 3.5$〔%〕である。　4　誤り。有機化合物に関しては，輸入額が輸出額を上回っている。　5　誤り。日本における商品別貿易のうち，石油製品が占める輸入額の割合は，$\frac{\text{石油製品の輸入額}}{\text{輸入額合計}}=\frac{12452}{680108}\fallingdotseq 0.018\fallingdotseq \frac{1}{54.6}$より，全体の40分の1に満たない。

7 2

解説 1　誤り。日本における砂糖の輸入量の割合は，$\frac{\text{日本の輸入量}}{\text{世界計}}\times 100=\frac{1237}{63862}\times 100\fallingdotseq 1.9$〔%〕より，世界計のうち3%未満である。　2　正しい。ブラジルにおける砂糖の生産量の割合は，$\frac{\text{ブラジルの生産量}}{\text{世界計}}\times 100=\frac{38870}{194193}\times 100\fallingdotseq 20.0$〔%〕より，世界計のうち20%程度である。　3　誤り。インドネシアにおける砂糖の輸入量は，$\frac{\text{インドネシアの輸入量}}{\text{マレーシアの輸入量}}=\frac{4203}{2006}\fallingdotseq 2.1$〔倍〕より，マレーシアにおける輸入量の4倍未満である。　4　誤り。オーストラリアにおける砂糖の輸出量の割合は，$\frac{\text{オーストラリアの輸出量}}{\text{世界計}}\times 100=\frac{3796}{69577}\times 100\fallingdotseq 5.5$〔%〕より，世界計のうち5%を上回っている。　5　誤り。タイにおける砂糖の生産量は，$\frac{\text{タイの生産量}}{\text{タイの輸出量}}=\frac{14710}{5856}\fallingdotseq 2.5$〔倍〕より，同国の輸出量の4倍未満である。

8 3

解説 1　誤り。2019年におけるアメリカ合衆国の政府開発援助（ODA）の実績額は，$\frac{\text{2019年のアメリカ合衆国の実績額}}{\text{2019年のDAC加盟国の贈与相当額合計}}=\frac{35250}{149365}\fallingdotseq \frac{1}{4.2}$より，DAC加盟国における贈与相当額合計のうち4分の1には満たない。

2　誤り。2017年における日本の政府開発援助（ODA）の実績額は，$\frac{2017\text{年の日本の実績額}}{2017\text{年のスウェーデンの実績額}}=\frac{15230}{5564}\fallingdotseq 2.7$〔倍〕より，同年のスウェーデンの政府開発援助（ODA）の実績額の3倍未満である。

3　正しい。2019年におけるドイツの政府開発援助（ODA）の実績額は，$\frac{2019\text{年のドイツの実績額}}{2019\text{年のDAC加盟国の贈与相当額合計}}\times 100=\frac{23806}{152780}\times 100\fallingdotseq 15.6$〔%〕より，DAC加盟国合計の15%以上を占めている。　4　誤り。2018年におけるフランスの政府開発援助（ODA）の実績額は，$\frac{2018\text{年のフランスの実績額}}{2018\text{年のオランダの実績額}}=\frac{12136}{5659}\fallingdotseq 2.1$〔倍〕より，同年のオランダの政府開発援助（ODA）の実績額の2倍を上回っている。　5　誤り。2019年におけるイギリスの政府開発援助（ODA）の実績額は，$\frac{2019\text{年のイギリスの実績額}}{2019\text{年のDAC加盟国の贈与相当額合計}}\times 100=\frac{19365}{152780}\times 100\fallingdotseq 12.7$〔%〕より，DAC 加盟国における贈与相当額合計の13%未満である。

9　**3**

解説　1　誤り。1980年と2020年のデータを比較すると，天然ゴムの国内消費は増加しているが，合成ゴムの国内消費は減少している。　2　誤り。例えば，1980年と1990年のデータを比較すると，合成ゴムの国内生産と輸入はともに増加している。　3　正しい。ゴムの国内消費について，1980年に対する2010年の増加率は，$\frac{(2010\text{年のゴムの国内消費})-(1980\text{年のゴムの国内消費})}{1980\text{年のゴムの国内消費}}\times 100=\frac{1766.9-1312.0}{1312.0}\times 100\fallingdotseq 34.7$〔%〕より，30%を超える伸び率となっている。　4　誤り。2020年における合成ゴムの輸出は，$\frac{2020\text{年の合成ゴムの輸出}}{1980\text{年の合成ゴムの輸出}}=\frac{716}{229.8}\fallingdotseq 3.1$〔倍〕より，1980年と比べて3倍を上回っている。　5　誤り。産油国の情勢や原油価格については，資料から読み取れないため判断できない。

10　**3**

解説　1　誤り。1990年におけるロシアの天然ガスの生産量は，$\frac{\text{ロシアの天然ガス生産量}}{\text{ヨーロッパの天然ガス生産量}}=\frac{6289}{10418}\fallingdotseq\frac{1}{1.7}$より，ヨーロッパ全体の天然ガスの生産量の3分の2を超えていない。　2　誤り。2010年におけるトルクメニスタンの天然ガスの生産量は，$\frac{\text{トルクメニスタンの天然ガス生産量}}{\text{ヨーロッパの天然ガス生産量}} = \frac{453}{11446} \fallingdotseq \frac{1}{25.3}$より，ヨーロッパ全体の天然ガスの生産量の20分の1には満たない。　3　正しい。2017年におけるノルウェーの天然ガスの生産量は，$\frac{\text{ノルウェーの天然ガス生産量}}{\text{ヨーロッパの天然ガス生産量}} = \frac{1282}{11741} \fallingdotseq 0.11$より，ヨーロッパ全体の天然ガスの生産量のうち1割以上を占めている。　4　誤り。2017年におけるウズベキスタンの天然ガスの生産量は，$\frac{\text{ウズベキスタンの天然ガス生産量}}{\text{ヨーロッパの天然ガス生産量}} \times 100 = \frac{566}{11741} \times 100 \fallingdotseq 4.8$〔%〕より，ヨーロッパ全体の天然ガスの生産量のうち5%未満である。　5　誤り。2018年におけるイギリスの天然ガスの生産量は，$\frac{\text{イギリスの天然ガス生産量}}{\text{ヨーロッパの天然ガス生産量}} \times 100 = \frac{408}{11843} \times 100 \fallingdotseq 3.4$〔%〕より，ヨーロッパ全体の天然ガスの生産量のうち4%未満である。

11　4

解説　1　誤り。平成15年において，受付件数の順位は大気汚染，騒音，悪臭，水質汚濁，振動の順であるが，平成30年においては，騒音，大気汚染，悪臭，水質汚濁，振動の順である。よって，順位の変動があったのは2つの種類である。　2　誤り。昭和55年から平成5年にかけて，順位の変動はなかった。　3　誤り。グラフから騒音の概数を読み取ると，平成25年が約16,500件，令和2年が約20,000件であるから，その差は$\frac{20,000}{16,500} \fallingdotseq 1.21$〔倍〕であり1.5倍に満たない。なお，正式なデータは平成25年が16,611件，令和2年が19,769件である。　4　正しい。グラフから大気汚染の概数を読み取ると，最多の平成22年が約17,500件，最少の令和元年が約14,500件であり，その差は約3,000件であるから2000件を超えている。なお，正式なデータは，最多の年が平成22年の17,612件であり，最少の年が令和元年の14,317件である。　5　誤り。それぞれの項目について，最多と最少の差が最も大きいのは，大気汚染である。

第6部

論作文試験対策

- 論作文対策

人物試験　論作文対策

POINT

Ⅰ.「論作文試験」とはなにか

(1)「論作文試験」を実施する目的

かつて18世紀フランスの博物学者，ビュフォンは「文は人なり」と言った。その人の知識・教養・思考力・思考方法・人間性などを知るには，その人が書いた文章を見るのが最良の方法であるという意味だ。

知識の質・量を調べる筆記試験の教養試験だけでは，判定しがたい受験生の資質をより正確にとらえるため，あるいは受験生の公務員としての適性を判断するため，多角的な観点から考査・評価を行う必要がある。

そのため論作文試験は，公務員試験のみならず，一般企業でも重視されているわけだが，とりわけ公務員の場合は，行政の中核にあって多様な諸事務を処理して国民に奉仕するという職務柄，人物試験とともに近年は一層重視されているのが現状だ。しかも，この傾向は，今後もさらに強くなると予想される。

同じ国語を使って，同じように制限された字数，時間の中で同じテーマの論作文を書いても，その論作文はまったく違ったものになる。おそらく学校で，同じ先生に同じように文章指導を受けたとしても，そうなるだろう。その違いのなかにおのずと受験生の姿が浮かび上がってくることになる。

採用側からみた論作文試験の意義をまとめると，次のようになる。

① 公務員としての資質を探る

公務員というのは，文字どおり公に従事するもの。地域住民に直接に接する機会も多い。民間企業の場合は，新入社員研修が何ヶ月もかけて行われることもあるが，公務員の場合は，ほとんどが短期間のうちに現場の真っ只中に入ることになる。したがって自立性や創造力などの資質を備えた人物が求められるわけで，論作文試験を通じて，そのような資質を判定することができる。

② 総合的な知識・理解力を知る

論作文試験によって，公務員として必要な言語能力・文章表現能力を判定することや，公務員として職務を遂行するのにふさわしい基礎的な知識の理解度や実践への応用力を試すことができる。

換言すれば，日本語を文章として正しく表現するための常識や，これまでの学校教育などで得た政治や経済などの一般常識を今後の実践の中でどれほど生かすことができるか，などの総合的な知識・理解力の判定をもしようということである。

③ 思考過程・論理の構成力を知る

教養試験は，一般知識分野であれ一般知能分野であれ，その出題の質が総括的・分散的になりがちである。いわば「広く浅く」が出題の基本となりやすいわけだ。これでは受験生の思考過程や論理の構成力を判定することは不可能だ。その点，論作文試験ではひとつの重要な課題に対する奥深さを判定しやすい。

④ 受験生の人柄・人間性の判定

人物試験（面接）と同様に，受験生の人格・人柄を判定しやすい。これは，文章の内容からばかりではなく，文章の書き方，誤字・脱字の有無，制限字数への配慮，文字の丁寧さなどからも判断される。

(2)「論作文試験」の実施状況

公務員試験全体における人物重視の傾向とあいまって，論作文試験も重視される傾向にある。地方公務員の場合，試験を実施する都道府県・市町村などによって異なるが，行政事務関係はほぼ実施している。

(3) 字数制限と時間制限

最も一般的な字数は1,000～1,200字程度である。最も少ないところが600字，最大が2,000字と大きく開きがある。

時間制限は，60～90分，あるいは120分というのが一般的だ。この時間は，けっして充分なものではない。試しにストップウォッチで計ってみるといいが，他人の論作文を清書するだけでも，600字の場合なら約15分程度かかる。

テーマに即して，しかも用字・用語に気を配ってということになると，かなりのスピードが要求されるわけである。情報を整理し，簡潔に説明できる力を養う必要があるだろう。

(4)「論作文試験」の評価の基準

採用試験の答案として書く論作文なので，その評価基準を意識して書くことも大切といえる。しかし，公務員試験における論作文の評価の基準は，いずれの都道府県などでも公表していないし，今後もそれを期待することはなかなか難しいだろう。

ただ，過去のデータなどから手掛りとなるものはあるので，ここではそれらを参考に，一般的な評価基準を考えてみよう。

形式的な面からの評価	① 表記法に問題はないか。
	② 文脈に応じて適切な語句が使われているか。
	③ 文（センテンス）の構造，語句の照応などに問題はないか。
内容的な面からの評価	① テーマを的確に把握しているか。
	② 自分の考え方やものの見方をまとめ，テーマや論旨が明確に表現されているか。
	③ 内容がよく整理され，段落の設定や論作文の構成に問題はないか。
総合的な面からの評価	① 公務員に必要な洞察力や創造力，あるいは常識や基礎学力は十分であるか。
	② ものの見方や考え方が，公務員として望ましい方向にあるか。

おおよそ以上のような評価の視点が考えられるが，これらはあらゆるテーマに対して共通しているということではない。それぞれのテーマによってそのポイントの移動があり，また，実施する自治体などによっても，このうちのどれに重点を置くかが異なってくる。

ただ，一般的に言えることは，企業の採用試験などの場合，その多くは総合的な評価が重視され形式的な面はあまり重視されないが，公務員採用試験における論作文は，形式的な面も軽んじてはならないということである。なぜなら，公務員は採用後に公の文書を取り扱うわけで，それらには一定のフォーマットがあるものが多いからだ。これへの適応能力が試されるのは当然である。

(5)「論作文試験」の出題傾向

公務員試験の場合，出題の傾向をこれまでのテーマから見るのは難しい。一定の傾向がないからだ。

ここ数年の例を見ると，「公務員となるにあたって」「公務員に求められる倫理観について」など，将来への抱負や心構え，公務員観に関するものから，「私が目指す●●県のまちづくり」「▲▲の魅力を挙げ，他地域の人々に▲▲を発信・セールスせよ」など，具体的なプランとアクションを挙げさせるところもあり，その種類まさに千差万別といえる。

いずれにせよ，今までの自己体験，あるいは身近な事件を通して得た信条や生活観，自然観などを語らせ，その観点や感性から，公務員としての適性を知ろうとするものであることに変わりはないようだ。

Ⅱ.「論作文試験」の事前準備

(1) 試験の目的を理解する

論作文試験の意義や評価の目的については前に述べたが，試験の準備を進めるためには，まずそれについてよく考え，理解を深めておく必要がある。その理解が，自分なりの準備方法を導きだしてくれるはずだ。

例えば，あなたに好きなひとがいたとする。ラブレター（あるいはメール）を書きたいのだが，あいにく文章は苦手だ。文章の上手い友人に代筆を頼む手もあるが，これでは真心は通じないだろう。そこで，便せんいっぱいに「好きだ，好きだ，好きだ，好きだ，好きだ，好きだ」とだけ書いたとする。それで十分に情熱を伝えることができるし，場合によっては，どんな名文を書き連ねるよりも最高のラブレターになることだってある。あるいはサインペンで用紙いっぱいに一言「好き」と大書して送ってもいい。個人対個人間のラブレターなら，それでもいいのである。つまり，その目的が，「好き」という恋心を相手にだけわかってもらうことにあるからだ。

文章の長さにしてもそうで，例えばこんな文がある。

「一筆啓上　火の用心　おせん泣かすな　馬肥やせ」

これは徳川家康の家臣である本多作左衛門重次が，妻に宛てた短い手紙である。「一筆啓上」は「拝啓」に当たる意味で，「おせん泣かすな」は重次の唯一の子どもであるお仙（仙千代）を「泣かしたりせず，しっかりと育てなさい」と我が子をとても大事にしていたことが伺える。さらに，「馬肥やせ」は武将の家には欠くことのできない馬について「いざという時のために餌をしっかり与えて大事にしてくれ」と妻へアドバイスしている。短いながらもこの文面全体には，家族への愛情や心配，家の主としての責任感などがにじみ出ているかのようだ。

世の中にはもっと短い手紙もある。フランスの文豪ヴィクトル・ユーゴーは『レ・ミゼラブル』を出版した際にその売れ行きが心配になり，出版社に対して「？」と書いただけの手紙を送った。すると出版社からは「！」という返事が届いたという。意味がおわかりだろうか。これは，「売れ行きはどうか？」「すごく売れていますよ！」というやりとりである。前提になる状況と目的によっては，「？」や「！」ひとつが，千万の言葉よりも，意思と感情を的確に相手に伝達することもあるのだ。

しかし，論作文試験の場合はどうだろうか。「公務員を志望した動機」というテーマを出されて，「私は公務員になりたい，私は公務員になりたい，私は公務員になりたい，……」と600字分書いても，評価されることはないだろう。

つまり論作文というのは，何度もいうように，人物試験を兼ねあわせて実施されるものである。この意義や目的を忘れてはいけない。しかも公務員採用試験の場合と民間企業の場合では，求められているものに違いもある。

民間企業の場合でも業種によって違いがある。ということは，それぞれの意義や目的によって，対策や準備方法も違ってくるということである。これを理解した上で，自分なりの準備方法を見つけることが大切なのだ。

(2) 文章を書く習慣を身につける

多くの人は「かしこまった文章を書くのが苦手」だという。携帯電話やパソコンで気楽なメールを頻繁にしている現在では，特にそうだという。論作文試験の準備としては，まずこの苦手意識を取り除くことが必要だろう。

文章を書くということは，習慣がついてしまえばそれほど辛いものではない。習慣をつけるという意味では，第一に日記を書くこと，第二に手紙を書くのがよい。

① 「日記」を書いて筆力をつける

実際にやってみればわかることだが，日記を半年間書き続けると，自分でも驚くほど筆力が身に付く。筆力というのは「文章を書く力」で，豊かな表現力・構成力，あるいはスピードを意味している。日記は他人に見せるものではないので，自由に書ける。材料は身辺雑事・雑感が主なので，いくらでもあるはず。この「自由に書ける」「材料がある」ということが，文章に慣れるためには大切なことなのだ。パソコンを使ってブログで長い文章を書くのも悪くはないが，本番試験はキーボードが使えるわけではないので，リズムが変わると書けない可能性もある。やはり紙にペンで書くべきだろう。

② 「手紙」を書いてみる

手紙は，他人に用件や意思や感情を伝えるものである。最初から他人に読んでもらうことを目的にしている。ここが日記とは根本的に違う。つまり，読み手を意識して書かなければならないわけだ。そのために，一定の形式を踏まなければならないこともあるし，逆に，相手や時と場合によって形式をはずすこともある。感情を全面的に表わすこともあるし，抑えることもある。文章を書く場合，この読み手を想定して形式や感情を制御していくということは大切な要件である。手紙を書くことによって，このコツに慣れてくるわけだ。

「おっはよー，元気い（^_^）？　今日もめっちゃ寒いけど……」

「拝啓，朝夕はめっきり肌寒さを覚える今日このごろですが，皆々様におかれましては，いかがお過ごしかと……」

手紙は，具体的に相手（読み手）を想定できるので，書く習慣がつけば，このような「書き分ける」能力も自然と身についてくる。つまり，文章のTPOといったものがわかってくるのである。

③ 新聞や雑誌のコラムを写してみる

新聞や雑誌のコラムなどを写したりするのも，文章に慣れる王道の手段。最初は，とにかく書き写すだけでいい。ひたすら，書き写すのだ。

ペン習字などもお手本を書き写すが，それと同じだと思えばいい。ペン習字と違うのは，文字面をなぞるのではなく，別の原稿用紙などに書き写す点だ。

とにかく，こうして書き写すことをしていると，まず文章のリズムがわかってくる。ことばづかいや送り仮名の要領も身につく。文の構成法も，なんとなく理解できてくる。実際，かつての作家の文章修業は，こうして模写をすることから始めたという。

私たちが日本語を話す場合，文法をいちいち考えているわけではないだろう。接続詞や助詞も自然に口をついて出ている。文章も本来，こうならなければならないのである。そのためには書き写す作業が一番いいわけで，これも実際にやってみると，効果がよくわかる。

なぜ，新聞や雑誌のコラムがよいかといえば，これらはマスメディア用の文章だからである。不特定多数の読み手を想定して書かれているために，一般的なルールに即して書かれていて，無難な表現であり，クセがない。公務員試験の論作文では，この点も大切なことなのだ。

たとえば雨の音は，一般的に「ポツリ，ポツリ」「パラ，パラ」「ザァ，ザァ」などと書く。ありふれた表現だが，裏を返せばありふれているだけに，だれにでも雨の音だとわかるはず。「朝から，あぶないな，と思っていたら，峠への途中でパラ，パラとやってきた……」という文章があれば，この「パラ，パラ」は雨だと想像しやすいだろう。

一方，「シイ，シイ」「ピチ，ピチ」「トン，トン」「バタ，バタ」，雨の音をこう表現しても決して悪いということはない。実際，聞き方によっては，こう聞こえるときもある。しかし「朝から，あぶないな，と思っていたら，峠への途中でシイ，シイとやってきた……」では，一般的には「シイ，シイ」が雨だとはわからない。

論作文は，作家になるための素質を見るためのものではないから，やはり後者ではマズイのである。受験論作文の練習に書き写す場合は，マスコミのコラムなどがよいというのは，そういうわけだ。

④　考えを正確に文章化する

頭の中では論理的に構成されていても，それを文章に表現するのは意外に難しい。主語が落ちているために内容がつかめなかったり，語彙が貧弱で，述べたいことがうまく表現できなかったり，思いあまって言葉足らずという文章を書く人は非常に多い。文章は，記録であると同時に伝達手段である。メモをとるのとは違うのだ。

論理的にわかりやすい文章を書くには，言葉を選び，文法を考え，文脈を整え，結論と課題を比較してみる……，という訓練を続けることが大切だ。しかし，この場合，一人でやっていたのでは評価が甘く，また自分では気づかないこともあるので，友人や先輩，国語に詳しいかつての恩師など，第三者の客観的な意見を聞くと，正確な文章になっているかどうかの判断がつけやすい。

⑤　文章の構成力を高める

正確な文章を書こうとすれば，必ず文章の構成をどうしたらよいかという問題につきあたる。文章の構成法については後述するが，そこに示した基本的な構成パターンをしっかり身につけておくこと。一つのテーマについて，何通りかの構成法で書き，これをいくつものテーマについて繰り返してみる。そうしているうちに，特に意識しなくてもしっかりした構成の文章が書けるようになるはずだ。

⑥　制限内に書く感覚を養う

だれでも時間をかけてじっくり考えれば，それなりの文章が書けるだろう。しかし，実際の試験では字数制限や時間制限がある。練習の際には，ただ漫然と文章を書くのではなくて，字数や時間も実際の試験のように設定したうえで書いてみること。

例えば800字以内という制限なら，その全体量はどれくらいなのかを実際に書いてみる。また，全体の構想に従って字数（行数）を配分すること。時間制限についても同様で，60分ならその時間内にどれだけのことが書けるのかを確認し，構想，執筆，推敲などの時間配分を考えてみる。この具体的な方法は後に述べる。

こうして何度も文章を書いているうちに，さまざまな制限を無駄なく十分に使う感覚が身についてくる。この感覚は，練習を重ね，文章に親しまない限り，身に付かない。逆に言えば実際の試験ではそれが極めて有効な力を発揮するのが明らかなのだ。

Ⅲ.「合格答案」作成上の留意点

(1) テーマ把握上の注意

さて，いよいよ試験が始まったとしよう。論作文試験でまず最初の関門になるのが，テーマを的確に把握できるか否かということ。どんなに立派な文章を書いても，それが課題テーマに合致していない限り，試験結果は絶望的である。不幸なことにそのような例は枚挙にいとまがにないと言われる。ここでは犯しやすいミスを2，3例挙げてみよう。

① 似たテーマと間違える

例えば「私の生きかた」や「私の生きがい」などは，その典型的なもの。前者が生活スタイルや生活信条などが問われているのに対して，後者はどのようなことをし，どのように生きていくことが，自分の最も喜びとするところかが問われている。このようなニュアンスの違いも正確に把握することだ。

② テーマ全体を正確に読まない

特に，課題そのものが長い文章になっている場合，どのような条件を踏まえて何を述べなければならないかを，正確にとらえないまま書き始めてしまうことがある。例えば，下記のようなテーマがあったとする。

「あなたが公務員になったとき，職場の上司や先輩，地域の人々との人間関係において，何を大切にしたいと思いますか。自分の生活体験をもとに書きなさい」

①公務員になったとき，②生活体験をもとに，というのがこのテーマの条件であり，「上司・先輩，地域の人々との人間関係において大切にしたいこと」というのが必答すべきことになる。このような点を一つひとつ把握しておかないと，内容に抜け落ちがあったり，構成上のバランスが崩れたりする原因になる。テーマを示されたらまず2回はゆっくりと読み，与えられているテーマの意味・内容を確認してから何をどう書くかという考察に移ることが必要だ。

③ テーマの真意を正確につかまない

「今，公務員に求められるもの」というテーマと「公務員に求められるもの」というテーマを比べた場合，“今”というたった1字があるか否かで，出題者の求める答えは違ってくることに注意したい。言うまでもなく，後者がいわゆる「公務員の資質」を問うているのに対して，前者は「現況をふまえたうえで，できるだけ具体的に公務員の資質について述べること」が求められているのだ。

以上3点について述べた。こうやって示せば誰でも分かる当たり前のことのようだが，試験本番には受け取る側の状況もまた違ってくるはず。くれぐれも慎重に取り組みたいところだ。

(2) 内容・構成上の注意点

①　素材選びに時間をかけろ

テーマを正確に把握したら，次は結論を導きだすための素材が重要なポイントになる。公務員試験での論作文では，できるだけ実践的・経験的なものが望ましい。現実性のある具体的な素材を見つけだすよう，書き始める前に十分考慮したい。

②　全体の構想を練る

さて，次に考えなくてはならないのが文章の構成である。相手を納得させるためにも，また字数や時間配分の目安をつけるためにも，全体のアウトラインを構想しておくことが必要だ。ただやみくもに書き始めると，文章があらぬ方向に行ってしまったり，広げた風呂敷をたたむのに苦労しかねない。

③文体を決める

文体は終始一貫させなければならない。文体によって論作文の印象もかなり違ってくる。〈です・ます〉体は丁寧な印象を与えるが，使い慣れないと文章がくどくなり，文末のリズムも単調になりやすい。〈である〉体は文章が重々しいが，断定するつもりのない場合でも断定しているかのような印象を与えやすい。

それぞれ一長一短がある。書きなれている人なら，テーマによって文体を使いわけるのが望ましいだろう。しかし，大概は文章のプロではないのだから，自分の最も書きやすい文体を一つ決めておくことが最良の策だ。

(3) 文章作成上の注意点

① ワン・センテンスを簡潔に

一つの文（センテンス）にさまざまな要素を盛り込もうとする人がいるが，内容がわかりにくくなるだけでなく，時には主語・述語の関係が絡まり合い，文章としてすら成立しなくなることもある。このような文章は論旨が不明確になるだけでなく，読み手の心証もそこねてしまう。文章はできるだけ無駄を省き，わかりやすい文章を心掛けること。「一文はできるだけ簡潔に」が鉄則だ。

② 論点を整理する

論作文試験の字数制限は多くても2,000字，少ない場合は600字程度ということもあり，決して多くはない。このように文字数が限られているのだから，文章を簡潔にすると同時に，論点をできるだけ整理し，特に必要のない要素は削ぎ落とすことだ。これはテーマが抽象的な場合や，逆に具体的に多くの条件を設定してる場合は，特に注意したい。

③ 段落を適切に設定する

段落とは，文章全体の中で一つのまとまりをもった部分で，段落の終わりで改行し，書き始めは1字下げるのが決まりである。いくつかの小主題をもつ文章の場合，小主題に従って段落を設けないと，筆者の意図がわかりにくい文章になってしまう。逆に，段落が多すぎる文章もまた意図が伝わりにくく，まとまりのない印象の文章となる場合が多い。段落を設ける基準として，次のような場合があげられる。

① 場所や場面が変わるとき。	④ 思考が次の段階へ発展するとき。
② 対象が変わるとき。	⑤ 一つの部分を特に強調したいとき。
③ 立場や観点が変わるとき。	⑥ 同一段落が長くなりすぎて読みにくくなるとき。

これらを念頭に入れて適宜段落を設定する。

(4) 文章構成後のチェック点

① 主題がはっきりしているか。論作文全体を通して一貫しているか。課題にあったものになっているか。
② まとまった区切りを設けて書いているか。段落は，意味の上でも視覚的にもはっきりと設けてあるか。
③ 意味がはっきりしない言いまわしはないか。人によって違った意味にとられるようなことはないか。
④ 一つの文が長すぎないか。一つの文に多くの内容を詰め込みすぎているところはないか。
⑤ あまりにも簡単にまとめすぎていないか。そのために論作文全体が軽くなっていないか。
⑥ 抽象的ではないか。もっと具体的に表現する方法はないものか。
⑦ 意見や感想を述べる場合，裏づけとなる経験やデータとの関連性は妥当なものか。
⑧ 個人の意見や感想を，「われわれは」「私たちは」などと強引に一般化しているところはないか。
⑨ 表現や文体は統一されているか。
⑩ 文字や送り仮名は統一されているか。

実際の試験では，こんなに細かくチェックしている時間はないだろうが，練習の際には，一つの論作文を書いたら，以上のようなことを必ずチェックしてみるとよいだろう。

Ⅳ.「論作文試験」の実戦感覚

準備と対策の最後の仕上げは，“実戦での感覚”を養うことである。これは“実戦での要領”といってもよい。「要領がいい」という言葉には，「上手に」「巧みに」「手際よく」といった意味と同時に，「うまく表面をとりつくろう」「その場をごまかす」というニュアンスもある。「あいつは要領のいい男だ」という表現などを思い出してみれば分かるだろう。

採用試験における論作文が，論作文試験という競争試験の一つとしてある以上，その意味での“要領”も欠かせないだろう。極端にいってしまえば，こうだ。

「約600字分だけ，たまたまでもすばらしいものが書ければよい」

もちろん，本来はそれでは困るのだが，とにかく合格して採用されることが先決だ。そのために，短時間でその要領をどう身につけるか，実戦ではどう要領を発揮するべきなのか。

(1) 時間と字数の実戦感覚

① 制限時間の感覚

公務員試験の論作文試験の平均制限時間は，90分間である。この90分間に文字はどれくらい書けるか。大学ノートなどに，やや丁寧に漢字まじりの普通の文を書き写すとして，速い人で1分間約60字，つまり90分間なら約5,400字。遅い人で約40字/1分間，つまり90分間なら約3,600字。平均4,500字前後と見ておけばよいだろう。400字詰め原稿用紙にして11枚程度。これだけを考えれば，時間はたっぷりある。しかし，これはあくまでも「書き写す」場合であって，論作文している時間ではない。

構想などが決まったうえで，言葉を選びながら論作文する場合は，速い人で約20字前後/1分間，60分間なら約1,800字前後である。ちなみに，文章のプロたち，例えば作家とか週刊誌の記者とかライターという職業の人たちでも，ほぼこんなものなのだ。構想は別として，1時間に1,800字，400字詰め原稿用紙で4～5枚程度書ければ，だいたい職業人として1人前である。言い換えれば，読者が読むに耐えうる原稿を書くためには，これが限度だということである。

さて，論作文試験に即していえば，もし制限字数1,200字なら，1,200字÷20字で，文章をつづる時間は約60分間ということになる。そうだとすれば，テーマの理解，着想，構想，それに書き終わった後の読み返しなどにあてられる時間は，残り30分間。これは実にシビアな時間である。まず，この時間の感覚を，しっかりと頭に入れておこう。

② 制限字数の感覚

これも一般には，なかなか感覚がつかめないもの。ちなみに，いま，あなたが読んでいるこの本のこのページには，いったい何文字入っているのか，すぐにわかるだろうか。答えは，1行が33字詰めで行数が32行，空白部分もあるから約1,000字である。公務員試験の論作文試験の平均的な制限字数は1,200字となっているから，ほぼ，この本の約1頁強である。
この制限字数を，「長い！」と思うか「短い！」と思うかは，人によって違いはあるはず。俳句は17文字に万感の想いを込めるから，これと比べれば1,000字は実に長い。一方，ニュース番組のアナウンサーが原稿を読む平均速度は，約400字程度/1分間とされているから，1,200字なら3分。アッという間である。つまり，1,200字というのは，そういう感覚の字数なのである。ここでは，論作文試験の1,200字という制限字数の妥当性については置いておく。1,200字というのが，どんな感覚の文字数かということを知っておけばよい。
この感覚は，きわめて重要なことなのである。後でくわしく述べるが，実際にはこの制限字数によって，内容はもとより書き出しや構成なども，かなりの規制を受ける。しかし，それも試験なのだから，長いなら長いなりに，短いなら短いなりに対処する方法を考えなければならない。それが実戦に臨む構えであり，「要領」なのだ。

(2) 時間配分の実戦感覚

90分間かけて，結果として1,200字程度の論作文を仕上げればよいわけだから，次は時間の配分をどうするか。開始のベルが鳴る（ブザーかも知れない）。テーマが示される。いわゆる「課題」である。さて，なにを，どう書くか。この「なにを」が着想であり，「どう書くか」が構想だ。

①　まず「着想」に10分間

課題が明示されているのだから，「なにを」は決まっているように思われるかもしれないが，そんなことはない。たとえば「夢」という課題であったとして，昨日みた夢，こわかった夢，なぜか印象に残っている夢，将来の夢，仕事の夢，夢のある人生とは，夢のある社会とは，夢のない現代の若者について……などなど，書くことは多種多様にある。あるいは「夢想流剣法の真髄」といったものだってよいのだ。まず，この「なにを」を10分以内に決める。文章を書く，または論作文するときは，本来はこの「なにを」が重要なのであって，自分の知識や経験，感性を凝縮して，長い時間をかけて決めるのが理想なのだが，なにしろ制限時間があるので，やむをえず5分以内に決める。

② 次は「構想」に10分間

「構想」というのは，話の組み立て方である。着想したものを，どうやって1,200字程度の字数のなかに，うまく展開するかを考える。このときに重要なのは，材料の点検だ。

たとえば着想の段階で，「現代の若者は夢がないといわれるが，実際には夢はもっているのであって，その夢が実現不可能な空想的な夢ではなく，より現実的になっているだけだ。大きな夢に向かって猛進するのも人生だが，小さな夢を一つ一つ育んでいくのも意義ある人生だと思う」というようなことを書こうと決めたとして，ただダラダラと書いていったのでは，印象深い説得力のある論作文にはならない。したがってエピソードだとか，著名人の言葉とか，読んだ本の感想……といった材料が必要なわけだが，これの有無，その配置を点検するわけである。しかも，その材料の質・量によって，話のもっていきかた（論作文の構成法）も違ってくる。これを10分以内に決める。

実際には，着想に10分，構想に10分と明瞭に区別されるわけではなく，「なにを」は瞬間的に決まることがあるし，「なにを」と「どう書くか」を同時に考えることもある。ともあれ，着想と構想をあわせて，なにがなんでも20分以内に決めなければならないのである。

③ 「執筆」時間は60分間

これは前述したとおり。ただ書くだけの物理的時間が約15～20分間かかるのだから，言葉を選び表現を考えながらでは60分間は実際に短かすぎるが，試験なのでやむをえない。

まずテーマを書く。氏名を書く。そして，いよいよ第1行の書き出しにかかる。「夢，私はこの言葉が好きだ。夢をみることは，神さまが人間だけに与えた特権だと思う……」「よく，最近の若者には夢がない，という声を聞く。たしかに，その一面はある。つい先日も，こんなことがあった……」「私の家の近所に，夢想流を継承する剣道の小さな道場がある。白髪で小柄な80歳に近い老人が道場主だ……」などと，着想したことを具体的に文章にしていくわけである。

人によっては，着想が決まると，このようにまず第1行を書き，ここで一息ついて後の構想を立てることもある。つまり，書き出しの文句を書きこむと，後の構想が立てやすくなるというわけである。これも一つの方法である。しかし，これは，よっぽど書きなれていないと危険をともなう。後の構想がまとまらないと何度も書き出しを書き直さなければならないからだ。したがって，論作文試験の場合は，やはり着想→構想→執筆と進んだほうが無難だろう。

④ 「点検」時間は10分間で

論作文を書き終わる。当然，点検をしなければならない。誤字・脱字はもとより，送り仮名や語句の使い方，表現の妥当性も見直さなければならない。この作業を一般には「推敲」と呼ぶ。推敲は，文章を仕上げる上で欠かせない作業である。本来なら，この推敲には十分な時間をかけなければならない。文章は推敲すればするほど練りあがるし，また，文章の上達に欠かせないものである。

しかし，論作文試験においては，この時間が10分間しかない。前述したように，1,200字の文章は，ニュースのアナウンサーが読みあげるスピードで読んでも，読むだけで約3分はかかる。だとすれば，手直しする時間は7分。ほとんどないに等しいわけだ。せいぜい誤字・脱字の点検しかできないだろう。論作文試験の時間配分では，このことをしっかり頭に入れておかなければならない。要するに論作文試験では，きわめて実戦的な「要領の良さ」が必要であり，準備・対策として，これを身につけておかなければならないということなのだ。

第7部

面接試験対策

- 面接対策
- 集団討論対策

人物試験　面接対策

POINT

Ⅰ．面接の意義

筆記試験や論作文（論文）試験が，受験者の一般的な教養の知識や理解の程度および表現力やものの考え方・感じ方などを評価するものであるのに対し，面接試験は人物を総合的に評価しようというものだ。

すなわち，面接担当者が直接本人に接触し，さまざまな質問とそれに対する応答の繰り返しのなかから，公務員としての適応能力，あるいは職務遂行能力に関する情報を，できるだけ正確に得ようとするのが面接試験である。豊かな人間性がより求められている現在，特に面接が重視されており，一般企業においても，面接試験は非常に重視されているが，公務員という職業も給与は税金から支払われており，その職務を完全にまっとうできる人間が望まれる。その意味で，より面接試験に重きがおかれるのは当然と言えよう。

Ⅱ．面接試験の目的

では，各都道府県市がこぞって面接試験を行う目的は，いったいどこにあるのだろうか。ごく一般的に言えば，面接試験の目的とは，おおよそ次のようなことである。

① 人物の総合的な評価

試験官が実際に受験者と対面することによって，その人物の容姿や表情，態度をまとめて観察し，総合的な評価をくだすことができる。ただし，ある程度，直観的・第一印象ではある。

② 性格や性向の判別

受験者の表情や動作を観察することにより性格や性向を判断するが，実際には短時間の面接であるので，面接官が社会的・人生的に豊かな経験の持ち主であることが必要とされよう。

③　**動機・意欲等の確認**

公務員を志望した動機や公務員としての意欲を知ることは，論作文試験等によっても可能だが，さらに面接試験により，採用側の事情や期待内容を逆に説明し，それへの反応の観察，また質疑応答によって，試験官はより明確に動機や熱意を知ろうとする。

以上3点が，面接試験の最も基本的な目的であり，試験官はこれにそってさまざまな問題を用意することになる。さらに次の諸点にも，試験官の観察の目が光っていることを忘れてはならない。

④　**質疑応答によって知識・教養の程度を知る**

筆記試験によって，すでに一応の知識・教養は確認しているが，面接試験においてはさらに付加質問を次々と行うことができ，その応答過程と内容から，受験者の知識教養の程度をより正確に判断しようとする。

⑤　**言語能力や頭脳の回転の速さの観察**

言語による応答のなかで，相手方の意志の理解，自分の意志の伝達のスピードと要領の良さなど，受験者の頭脳の回転の速さや言語表現の諸能力を観察する。

⑥　**思想・人生観などを知る**

これも論作文試験等によって知ることは可能だが，面接試験によりさらに詳しく聞いていくことができる。

⑦　**協調性・指導性などの社会的性格を知る**

前述した面接試験の種類のうち，グループ・ディスカッションなどはこれを知るために考え出された。公務員という職業の場合，これらの資質を知ることは面接試験の大きな目的の一つとなる。

Ⅲ．面接試験の問題点

これまで述べてきたように，公務員試験における面接試験の役割は大きいが，問題点もないわけではない。

というのも，面接試験の場合，学校の試験のように“正答”というものがないからである。例えば，ある試験官は受験者の「自己PR＝売り込み」を意欲があると高く評価したとしても，別の試験官はこれを自信過剰と受け取り，公務員に適さないと判断するかもしれない。あるいは模範的な回答をしても，「マニュアル的だ」と受け取られることもある。

もっとも，このような主観の相違によって評価が左右されないように，試験官を複数にしたり評価の基準が定められたりしているわけだが，それでもやはり，面接試験自体には次に述べるような一般的な問題点もあるのである。

①　短時間の面接で受験者の全体像を評価するのは容易でない

面接試験は受験者にとってみれば，その人の生涯を決定するほど重要な場であるのだが，その緊張した短時間の間に日頃の人格と実力のすべてが発揮できるとは限らない。そのため第一印象だけで，その全体像も評価されてしまう危険性がある。

②　評価判断が試験官の主観で左右されやすい

面接試験に現れるものは，そのほとんどが性格・性向などの人格的なもので，これは数値で示されるようなものではない。したがってその評価に客観性を明確に付与することは困難で，試験官の主観によって評価に大変な差が生じることがある。

③　試験官の質問の巧拙などの技術が判定に影響する

試験官の質問が拙劣なため，受験者の正しく明確な反応を得ることができず，そのため評価を誤ることがある。

④　試験官の好悪の感情が判定を左右する場合がある

これも面接が「人間 対 人間」によって行われる以上，多かれ少なかれ避けられないことである。この弊害を避けるため，前述したように試験官を複数にしたり複数回の面接を行ったりなどの工夫がされている。

⑤　試験官の先入観や信念などで判定がゆがむことがある

人は他人に接するとき無意識的な人物評価を行っており，この経験の積み重ねで，人物評価に対してある程度の紋切り型の判断基準を持つようになっている。例えば，「額の広い人は頭がよい」とか「耳たぶが大きい人は人格円満」などというようなことで，試験官が高年齢者であるほどこの種の信念が強固であり，それが無意識的に評価をゆがめる場合も時としてある。

面接試験には，このように多くの問題点と危険性が存在する。それらのほとんどが「対人間」の面接である以上，必然的に起こる本質的なものであれば，万全に解決されることを期待するのは難しい。しかし，だからといって面接試験の役割や重要性が，それで減少することは少しもないのであり，各市の面接担当者はこうした面接試験の役割と問題点の間で，どうしたらより客観的で公平な判定を下すことができるかを考え，さまざまな工夫をしているのである。最近の面接試験の形態が多様化しているのも，こうした採用側の努力の表れといえよう。

Ⅳ．面接の質問内容

ひとくちに面接試験といっても，果たしてどんなことを聞かれるのか，不安な人もいるはずだ。ここでは志望動機から日常生活にかかわることまで，それぞれ気に留めておきたい重要ポイントを交えて，予想される質問内容を一挙に列記しておく。当日になって慌てないように，「こんなことを聞かれたら（大体）こう答えよう」という自分なりの回答を頭の中で整理しておこう。

■志望動機編■

(1)　受験先の概要を把握して自分との接点を明確に

公務員を受験した動機，理由については，就職試験の成否をも決めかねない重要な応答になる。また，どんな面接試験でも，避けて通ることのできない質問事項である。なぜなら志望動機は，就職先にとって最大の関心事のひとつであるからだ。受験者が，どれだけ公務員についての知識や情報をもったうえで受験をしているのかを調べようとする。

(2) 質問に対しては臨機応変の対応を

受験者の立場でいえば，複数の受験をすることは常識である。もちろん「当職員以外に受験した県や一般企業がありますか」と聞く面接官も，それは承知している。したがって，同じ職種，同じ業種で何箇所かかけもちしている場合，正直に答えてもかまわない。しかし，「第一志望は何ですか」というような質問に対して，正直に答えるべきかどうかというと，やはりこれは疑問がある。一般的にはどんな企業や役所でも，ほかを第一志望にあげられれば，やはり愉快には思わない。

(3) 志望の理由は情熱をもって述べる

志望動機を述べるときは，自分がどうして公務員を選んだのか，どこに大きな魅力を感じたのかを，できるだけ具体的に，しかも情熱をもって語ることが重要である。

たとえば，「人の役に立つ仕事がしたい」と言っても，特に公務員でなければならない理由が浮かんでこない。

① 例題Q＆A

Q. あなたが公務員を志望した理由，または動機を述べてください。
A. 私は子どもの頃，周りの方にとても親切にしていただきました。それ以来，人に親切にして，人のために何かをすることが生きがいとなっておりました。ですから，一般の市民の方のために役立つことができ，奉仕していくことが夢でしたし，私の天職だと強く思い，志望させていただきました。

Q. もし公務員として採用されなかったら，どのようにするつもりですか。
A. もし不合格になった場合でも，私は何年かかってでも公務員になりたいという意志をもっています。しかし，一緒に暮らしている家族の意向などもありますので，相談いたしまして一般企業に就職するかもしれません。

②予想される質問内容

○ 公務員について知っていること，または印象などを述べてください。
○ 職業として公務員を選ぶときの基準として，あなたは何を重要視しましたか。
○ いつごろから公務員を受けようと思いましたか。
○ ほかには，どのような業種や会社を受験しているのですか。
○ 教職の資格を取得しているようですが，そちらに進むつもりはないのですか。
○ 志望先を決めるにあたり，どなたかに相談しましたか。
○ もし公務員と他の一般企業に，同時に合格したらどうするつもりですか。

■仕事に対する意識・動機編■

1　採用後の希望はその役所の方針を考慮して

採用後の希望や抱負などは，志望動機さえ明確になっていれば，この種の質問に答えるのは，それほど難しいことではない。ただし，希望職種や希望部署など，採用後の待遇にも直接関係する質問である場合は，注意が必要だろう。また，勤続予定年数などについては，特に男性の場合，定年まで働くというのが一般的である。

2　勤務条件についての質問には柔軟な姿勢を見せる

勤務の条件や内容などは，職種研究の対象であるから，当然，前もって下調べが必要なことはいうまでもない。

「残業で遅くなっても大丈夫ですか」という質問は，女性の受験者によく出される。職業への熱意や意欲を問われているのだから，「残業は一切できません！」という柔軟性のない姿勢は論外だ。通勤方法や時間など，具体的な材料をあげて説明すれば，相手も納得するだろう。

そのほか初任給など，採用後の待遇についての質問には，基本的に規定に従うと答えるべき。新卒の場合，たとえ「給料の希望額は？」と聞かれても，**「規定通りいただければ結構です」と答えるのが無難だ。間違っても，他業種**との比較を口にするようなことをしてはいけない。

3　自分自身の言葉で職業観を表現する

就職や職業というものを，自分自身の生き方の中にどう位置づけるか，また，自分の生活の中で仕事とはどういう役割を果たすのかを考えてみることが重要だ。つまり，自分の能力を生かしたい，社会に貢献したい，自分の存在価値を社会的に実現してみたい，ある分野で何か自分の力を試してみたい……などを考えれば，おのずと就職するに当たっての心構えや意義は見えてくるはずである。

あとは，それを自分自身の人生観，志望職種や業種などとの関係を考えて組み立ててみれば，明確な答えが浮かび上がってくるだろう。

①例題Q＆A

Q.　公務員の採用が決まった場合の抱負を述べてください。

A.　まず配属された部署の仕事に精通するよう努め，自分を一人前の公務員として，そして社会人として鍛えていきたいと思います。また，公務員の全体像を把握し，仕事の流れを一日も早くつかみたいと考えています。

Q.　公務員に採用されたら，定年まで勤めたいと思いますか。

A.　もちろんそのつもりです。公務員という職業は，私自身が一生の仕事として選んだものです。特別の事情が起こらない限り，中途退職したり，転職することは考えられません。

②予想される質問内容

○ 公務員になったら，どのような仕事をしたいと思いますか。
○ 残業や休日出勤を命じられたようなとき，どのように対応しますか。
○ 公務員の仕事というのは苛酷なところもありますが，耐えていけますか。
○ 転勤については大丈夫ですか。
○ 公務員の初任給は○○円ですが，これで生活していけますか。
○ 学生生活と職場の生活との違いについては，どのように考えていますか。
○ 職場で仕事をしていく場合，どのような心構えが必要だと思いますか。
○ 公務員という言葉から，あなたはどういうものを連想しますか。
○ あなたにとって，就職とはどのような意味をもつものですか。

■自己紹介・自己PR編■

1　長所や短所をバランスよくとりあげて自己分析を

人間には，それぞれ長所や短所が表裏一体としてあるものだから，性格についての質問には，率直に答えればよい。短所については素直に認め，長所については謙虚さを失わずに語るというのが基本だが，職種によっては決定的にマイナスととられる性格というのがあるから，その点だけは十分に配慮して応答しなければならない。

「物事に熱しやすく冷めやすい」といえば短所だが，「好奇心旺盛」といえば長所だ。こうした質問に対する有効な応答は，恩師や級友などによる評価，交友関係から見た自己分析など具体的な例を交えて話すようにすれば，より説得力が増すであろう。

2　履歴書の内容を覚えておき，よどみなく答える

履歴書などにどんなことを書いて提出したかを，きちんと覚えておく。重要な応募書類は，コピーを取って，手元に控えを保管しておくと安心だ。

3　志望職決定の際，両親の意向を問われることも

面接の席で両親の同意をとりつけているかどうか問われることもある。家族関係がうまくいっているかどうかの判断材料にもなるので，親の考えも伝えながら，明確に答える必要がある。この際，あまり家族への依存心が強いと思われるような発言は控えよう。

①例題Q＆A

Q.　あなたのセールスポイントをあげて，自己PRをしてください。
A.　性格は陽気で，バイタリティーと体力には自信があります。高校時代は山岳部に属し，休日ごとに山歩きをしていました。3年間鍛えた体力と精神力をフルに生かして，ばりばり仕事をしたいと思います。

Q.　あなたは人と話すのが好きですか，それとも苦手なほうですか。
A.　はい，大好きです。高校ではサッカー部のマネージャーをやっておりましたし，大学に入ってからも，同好会でしたがサッカー部の渉外担当をつとめました。試合のスケジュールなど，外部の人と接する機会も多かったため，初対面の人とでもあまり緊張しないで話せるようになりました。

②予想される質問内容

○ あなたは自分をどういう性格だと思っていますか。

○ あなたの性格で，長所と短所を挙げてみてください。

○ あなたは，友人の間でリーダーシップをとるほうですか。

○ あなたは他の人と協調して行動することができますか。

○ たとえば，仕事上のことで上司と意見が対立したようなとき，どう対処しますか。

○ あなたは何か資格をもっていますか。また，それを取得したのはどうしてですか。

○ これまでに何か大きな病気をしたり，入院した経験がありますか。
○ あなたが公務員を志望したことについて，ご両親はどうおっしゃっていますか。

■日常生活・人生観編■

1　趣味はその楽しさや面白さを分かりやすく語ろう

余暇をどのように楽しんでいるかは，その人の人柄を知るための大きな手がかりになる。趣味は“人間の魅力”を形作るのに重要な要素となっているという側面があり，面接官は，受験者の趣味や娯楽などを通して，その人物の人柄を知ろうとする。

2　健全な生活習慣を実践している様子を伝える

休日や余暇の使い方は，本来は勤労者の自由な裁量に任されているもの。とはいっても，健全な生活習慣なしに，創造的で建設的な職場の生活は営めないと，採用側は考えている。日常の生活をどのように律しているか，この点から，受験者の社会人・公務員としての自覚と適性を見極めようというものである。

3　生活信条やモットーなどは自分自身の言葉で

生活信条とかモットーといったものは，個人的なテーマであるため，答えは千差万別である。受験者それぞれによって応答が異なるから，面接官も興味を抱いて，話が次々に発展するケースも多い。それだけに，嘘や見栄は禁物で，話を続けるうちに，矛盾や身についていない考えはすぐ見破られてしまう。自分の信念をしっかり持って，臨機応変に進めていく修練が必要となる。

①例題Q＆A

Q.	スポーツは好きですか。また，どんな種目が好きですか。
A.	はい。手軽に誰にでもできるというのが魅力ではじめたランニングですが，毎朝家の近くを走っています。体力増強という面もありますが，ランニングを終わってシャワーを浴びると，今日も一日が始まるという感じがして，生活のけじめをつけるのにも大変よいものです。目標は秋に行われる●●マラソンに出ることです。

Q.	日常の健康管理に，どのようなことを心がけていますか。
A.	私の場合，とにかく規則的な生活をするよう心がけています。それとあまり車を使わず，できるだけ歩くようにしていることなどです。

②予想される質問内容

○ あなたはどのような趣味をもっているか，話してみてください。
○ あなたはギャンブルについて，どのように考えていますか。
○ お酒は飲みますか。飲むとしたらどの程度飲めますか。
○ ふだんの生活は朝型ですか，それとも夜型ですか。
○ あなたの生き方に影響を及ぼした人，尊敬する人などがいたら話してください。
○ あなたにとっての生きがいは何か，述べてみてください。
○ 現代の若者について，同世代としてあなたはどう思いますか。

■一般常識・時事問題編■

1　新聞には必ず目を通し，重要な記事は他紙と併読

一般常識・時事問題については筆記試験の分野に属するが，面接でこうしたテーマがもち出されることも珍しくない。受験者がどれだけ社会問題に関

心をもっているか，一般常識をもっているか，また物事の見方・考え方に偏りがないかなどを判定しようというものである。知識や教養だけではなく，一問一答の応答を通じて，その人の性格や適応能力まで判断されることになると考えておくほうがよいだろう。

2　社会に目を向け，健全な批判精神を示す

思想の傾向や政治・経済などについて細かい質問をされることが稀にあるが，それは誰でも少しは緊張するのはやむをえない。

考えてみれば思想の自由は憲法にも保証された権利であるし，支持政党や選挙の際の投票基準についても，本来，他人からどうこう言われる筋合いのものではない。そんなことは採用する側も認識していることであり，政治思想そのものを採用・不採用の主材料にすることはない。むしろ関心をもっているのは，受験者が，社会的現実にどの程度目を向け，どのように判断しているかということなのだ。

①例題Q＆A

Q.　今日の朝刊で，特に印象に残っている記事について述べてください。

A.　△△市の市長のリコールが成立した記事が印象に残っています。違法な専決処分を繰り返した事に対しての批判などが原因でリコールされたわけですが，市民運動の大きな力を感じさせられました。

Q.　これからの高齢化社会に向けて，あなたの意見を述べてください。

A.　やはり行政の立場から高齢者サービスのネットワークを推進し，老人が安心して暮らせるような社会を作っていくのが基本だと思います。それと，誰もがやがて迎える老年期に向けて，心の準備をしていくような生活態度が必要だと思います。

②予想される質問内容

○ あなたがいつも読んでいる新聞や雑誌を言ってください。
○ あなたは，政治や経済についてどのくらい関心をもっていますか。
○ 最近テレビで話題の××事件の犯人逮捕についてどう思いますか。
○ △△事件の被告人が勝訴の判決を得ましたがこれについてどう思いますか。

③面接の方法

(1)　一問一答法

面接官の質問が具体的で，受験者が応答しやすい最も一般的な方法である。例えば，「学生時代にクラブ活動をやりましたか」「何をやっていましたか」「クラブ活動は何を指導できますか」というように，それぞれの質問に対し受験者が端的に応答できる形式である。この方法では，質問の応答も具体的なため評価がしやすく，短時間に多くの情報を得ることができる。

(2)　供述法

受験者の考え方，理解力，表現力などを見る方法で，面接官の質問は総括的である。例えば，「愛読書のどういう点が好きなのですか」「○○事件の問題点はどこにあると思いますか」といったように，一問一答ではなく，受験者が自分の考えを論じなければならない。面接官は，質問に対し，受験者がどのような角度から応答し，どの点を重視するか，いかに要領よく自分の考えを披露できるかなどを観察・評価している。

(3)　非指示的方法

受験者に自由に発言させ，面接官は話題を引き出した論旨の不明瞭な点を明らかにするなどの場合に限って，最小限度の質問をするだけという方法で。

(4)　圧迫面接法

意識的に受験者の神経を圧迫して精神状態を緊張させ，それに対する受験者の応答や全体的な反応を観察する方法である。例えば「そんな安易な考えで，職務が務まると思っているんですか？」などと，受験者の応答をあまり考慮せずに，語調を強めて論議を仕掛けたり，枝葉末節を捉えて揚げ足取りをする，受験者の弱点を大げさに捉えた言葉を頻発する，質問責めにするといった具合で，受験者にとっては好ましくない面接法といえる。そのような不快な緊張状況が続く環境の中での受験者の自制心や忍耐力，判断力の変化などを観察するのが，この面接法の目的だ。

Ⅴ．面接Q＆A

★社会人になるにあたって大切なことは？★

〈良い例①〉

責任を持って物事にあたることだと考えます。学生時代は多少の失敗をしても，許してくれました。しかし，社会人となったら，この学生気分の甘えを完全にぬぐい去らなければいけないと思います。

〈良い例②〉

気分次第な行動を慎み，常に，安定した精神状態を維持することだと考えています。気持ちのムラは仕事のミスにつながってしまいます。そのために社会人になったら，精神と肉体の健康の安定を維持して，仕事をしたいのです。

〈悪い例①〉

社会人としての自覚を持ち，社会人として恥ずかしくない人間になることだと思います。

〈悪い例②〉

よりよい社会を作るために，政治，経済の動向に気を配り，国家的見地に立って物事を見るようにすることが大切だと思います。

●コメント

この質問に対しては，社会人としての自覚を持つんだという点を強調すべきである。〈良い例〉では，学生時代を反省し，社会へ出ていくのだという意欲が感じられる。

一方〈悪い例①〉では，あまりにも漠然としていて，具体性に欠けている。また〈悪い例②〉のような，背のびした回答は避ける方が無難だ。

★簡単な自己PRをして下さい。★

〈良い例①〉

体力には自信があります。学生時代，山岳部に所属していました。登頂した山が増えるにつれて，私の体力も向上してきました。それに度胸というようなものがついてきたようです。

〈良い例②〉

私のセールスポイントは，頑張り屋ということです。高校時代では部活動のキャプテンをやっていましたので，まとめ役としてチームを引っ張り，県大会出場を果たしました。

〈悪い例①〉

セールスポイントは，3点あります。性格が明るいこと，体が丈夫なこと，スポーツが好きなことです。

〈悪い例②〉

自己PRですか……エピソードは……ちょっと突然すぎて，それに一言では……。

〈悪い例③〉

私は自分に絶対の自信があり，なんでもやりこなせると信じています。これまでも，たいていのことは人に負けませんでした。公務員になりましたら，どんな仕事でもこなせる自信があります。

●コメント

自己PRのコツは，具体的なエピソード，体験をおりまぜて，誇張しすぎず説得力を持たせることである。

〈悪い例①〉は具体性がなく迫力に欠ける。②はなんとも歯ぎれが悪く，とっさの場合の判断力のなさを印象づける。③は抽象的すぎるし，自信過剰で嫌味さえ感じられる。

★健康状態はいかがですか？★

〈良い例①〉

健康なほうです。以前は冬になるとよくカゼをひきましたが，4年くらい前にジョギングを始めてから，風邪をひかなくなりました。

〈良い例②〉

いたって健康です。中学生のときからテニスで体をきたえているせいか，寝こむような病気にかかったことはありません。

〈悪い例①〉

寝こむほどの病気はしません。ただ，少々貧血気味で，たまに気分が悪くなることがありますが，あまり心配はしていません。勤務には十分耐えられる健康状態だと思います。

〈悪い例②〉

まあ，健康なほうです。ときどき頭痛がすることがありますが，睡眠不足や疲れのせいでしょう。社会人として規則正しい生活をするようになれば，たぶん治ると思います。

●コメント

多少，健康に不安があっても，とりたててそのことを言わないほうがいい。〈悪い例②〉のように健康維持の心がけを欠いているような発言は避けるべきだ。まず健康状態は良好であると述べ，日頃の健康管理について付け加える。スポーツばかりではなく，早寝早起き，十分な睡眠，精神衛生などに触れるのも悪くない。

★どんなスポーツをしていますか？★

〈良い例①〉

毎日しているスポーツはありませんが，週末によく卓球をします。他のスポーツに比べると，どうも地味なスポーツに見られがちなのですが，皆さんが思うよりかなり激しいスポーツで，全身の運動になります。

〈良い例②〉

私はあまり運動が得意なほうではありませんので，小さいころから自主的にスポーツをしたことがありませんでした。でも，去年テレビでジャズダンスを見ているうちにあれならば私にもできそうだという気がして，ここ半年余り週1回のペースで習っています。

〈悪い例①〉

スポーツはどちらかといえば見る方が好きです。よくテレビでプロ野球中継を見ます。

●コメント

スポーツをしている人は，健康・行動力・協調性・明朗さなどに富んでいるというのが一般の（試験官の）イメージだ。〈悪い例①〉のように見る方が好きだというのは個人の趣向なので構わないが，それで終わってしまうのは好ましくない。

★クラブ・サークル活動の経験はありますか？★

〈良い例①〉

剣道をやっていました。剣道を通じて，自分との戦いに勝つことを学び，また心身ともに鍛えられました。それから横のつながりだけでなく先輩，後輩との縦のつながりができたことも収穫の一つでした。

〈良い例②〉

バスケット部に入っておりました。私は，中学生のときからバスケットをやっていましたから，もう6年やったことになります。高校までは正選手で，大きな試合にも出ていました。授業終了後，2時間の練習があります。また，休暇時期には，合宿練習がありまして，これには，OBも参加し，かなりハードです。

〈悪い例①〉

私は社会心理研究会という同好会に所属していました。マスコミからの情報が，大衆心理にどのような影響をおよぼしているのかを研究していました。大学に入ったら，サークル活動をしようと思っていました。それが，いろいろな部にあたったのですが，迷ってなかなか決まらなかったのです。そんなとき，友人がこの同好会に入ったので，それでは私も，ということで入りました。

〈悪い例②〉

何もしていませんでした。どうしてもやりたいものもなかったし，通学に2時間半ほどかかり，クラブ活動をしていると帰宅が遅くなってしまいますので，結局クラブには入りませんでした。

●コメント

クラブ・サークル活動の所属の有無は，協調性とか本人の特技を知るためのものであり，どこの採用試験でも必ず質問される。クラブ活動の内容，本人の役割分担，そこから何を学んだかがポイントとなる。具体的な経験を加えて話すのがよい。ただ，「サークル活動で●●を学んだ」という話は試験官にはやや食傷気味でもあるので，内容の練り方は十分に行いたい。

〈悪い例①〉は入部した動機がはっきりしていない。〈悪い例②〉では，クラブ活動をやっていなかった場合，必ず別のセールスポイントを用意しておきたい。例えば，ボランティア活動をしていたとか，体力なら自信がある，などだ。それに「何も夢中になることがなかった」では人間としての積極性に欠けてしまう。

★新聞は読んでいますか？★

〈良い例①〉

毎日，読んでおります。朝日新聞をとっていますが，朝刊では“天声人語”や“ひと”そして政治・経済・国際欄を念入りに読みます。夕刊では，“窓”を必ず読むようにしています。

〈良い例②〉

読売新聞を読んでいます。高校のころから，政治，経済面を必ず読むよう，自分に義務づけています。最初は味気なく，つまらないと思ったのですが，このごろは興味深く読んでいます。

〈悪い例①〉

定期購読している新聞はありません。ニュースはほとんどテレビやインターネットで見られますので。たまに駅の売店などでスポーツ新聞や夕刊紙などを買って読んでいます。主にどこを読むかというと，これらの新聞の芸能・レジャー情報などです。

〈悪い例②〉

毎日新聞を読んでいますが，特にどこを読むということはなく，全体に目を通します。毎日新聞は，私が決めたわけではなく，実家の両親が購読していたので，私も習慣としてそれを読んでいます。

●コメント

この質問は，あなたの社会的関心度をみるためのものである。毎日，目を通すかどうかで日々の生活規律やパターンを知ろうとするねらいもある。具体的には，夕刊紙ではなく朝日，読売，毎日などの全国紙を挙げるのが無難であり，読むページも，政治・経済面を中心とするのが望ましい。

〈良い例①〉は，購読している新聞，記事の題名などが具体的であり，真剣に読んでいるという真実味がある。直近の記憶に残った記事について感想を述べるとなお印象は良くなるだろう。〈悪い例①〉は，「たまに読んでいる」ということで×。それに読む記事の内容からも社会的関心の低さが感じられる。〈悪い例②〉は〈良い例①〉にくらべ，具体的な記事が挙げられておらず，かなりラフな読み方をしていると思われても仕方がない。

人物試験　集団討論対策

POINT

近年，社会性や人間関係能力，コミュニケーション能力などが特に重視されるようになってきた。行政が組織的に実践されていることからわかるとおり，集団の一員としての資質や組織的な役割意識，そして課題解決能力が求められているのである。集団討論はこれらの評価や公務員としての適性を判断する手段として，全国的に採用試験で実施されるようになった。集団討論は，主に2次試験で実施されることが多い。一般的には，小グループにテーマを与えて，一定時間の中で討論させる方法が実施されている。

面接試験の形式

[一例]

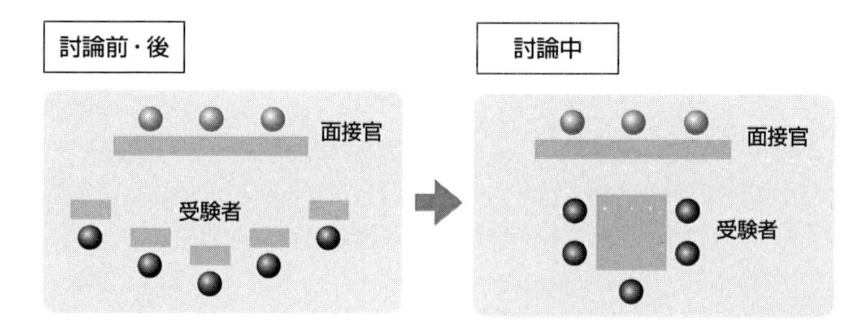

■**形式**　受験者が6～8人程度で面接官が2～4人程度

■**内容**　グループに課題を与え，1人1～2分で意見を述べてから全体で自由討議に入る。司会者を受験生の中から選び進行させたり，司会者を決めないで進行させたりし，面接官は観察や評価に専念する。

■**時間**　30～50分程度

■**特徴**　集団活動を通して，受験者の協調性や社会性，論理性や判断力など集団内での社会的能力を観察できる。これは面接官が評価に専念できる利点がある一面，あまり発言できない受験者の評価が十分にできないといった欠点もある。

■手順

1　グループで座り，討論のテーマが提示される。
2　各自テーマを読み，5分間程度で自分の考えをメモにまとめ討論の準備をする。
3　各自1分間程度でテーマについての意見を述べる。
4　全員意見を述べたら20分間の課題解決型討論を始める。
5　採点者は，受験者の討論を観察し評価する。
6　討論後，面接官からの質問に答える。

★ポイント　協調性や社会性といった社会的能力を中心に評価されるので，相手の意見を尊重しながら自分の主張を行うようにする。自分の意見に固執したり，他の意見に攻撃的に反論したりしないように注意する必要がある。

集団討論の意義

このようにして，面接前の態勢を整えるが，やはり，主担当者がいて，全体を取り仕切っているのであるから，面接の期間中，その人物の言動から目を逸らさないようにすることである。出題に関しては，次に述べることとするが，この集団討論での重要なことは，討論に入る前であり，その態勢をどのようにつくるかである。さらに，それぞれの意見交換ということになるので，最初の出会いの時のそれぞれの印象が強く残るということになる。

実施形式と攻略法

①面接官主導の討論

自己紹介という形で，それぞれに1～2分間ずつ時間が与えられることが多い。このことで，その集団の様子が明らかになるが，面接官がすべて指示するため，受験者がコの字型や円形になっている中心に，面接官が1人加わることになる。

課題の提示は，面接官が課題を読み上げる方法や受験者各自に紙面が配られる場合，会場の掲示板に示してある場合などがあるが，ほとんどの場合は，後者2つの方法であるため討論中に課題を忘却することはないと考えられる。

応答の形式等すべて，面接官の指示に従うことであるが，注意すべきことは，議論に熱中するあまり，発言時間を超過してしまうことである。この傾向についてはよく見られることであるため，面接官よりあらかじめ「発言時間は，1分以内」との指示もあるはずである。しかも，時間超過には発言中断の注意が発せられることになるため，自らの発言については要注意である。このとき，前述したことであるが，発言内容を「結論から」述べ，次に「その理由」とし，他の受験者がもっと聞きたいと思うようになることが望ましく，対話的になるのがよいのである。

②受験者相互の意見交換

着席してから質疑に入る前に点呼をとり，受験者の確認があり，その後，自己紹介という形で，それぞれに1～2分間ずつ時間が与えられることが多いのは，面接官主導の討論の場合と同様である。このことで，その集団の様子が明らかになるが，受験生がコの字型や円形になっている場合，面接官が加わることはないのである。

そして，面接官から，「どなたか，司会になっていただけませんか。」といわれる場合と「これからは，それぞれ自由に意見を出し合って，討論をしていただきます。」という2つの形態があり，後者の傾向が強くなりつつあるようである。このことは，前者の場合，司会を決定するまでに手間がかかり，それぞれの討論時間が均一にならない，という事情があるからである。したがって，示された課題に対する最初の意見表明は，かなりの度胸も必要になるが，そのことが，全体の雰囲気を左右することにもなるため，慎重になるべきである。

集団討論試験に対する対応の基本

〈集団討論の対応〉

集団討論では，他の面接と異なり，受験者が集団の中でどのような能力を発揮し，また協調できるかなどが，とくに観察されているので，その観点について知っておくことが大切である。このことについての評価の観点の意味づけを示しておく。

ア　観察されていること

○貢献度

課題解決に寄与することで，受験者が討論の機能をどの程度理解し，目的達成のためにどの程度貢献したのかを見るものである。発言の回数が多くても，自己中心的で課題解決に役立たない場合は，高い評価を得ることはできず，発言回数が少なければ，当然，低く評価されることになる。

○協調性

これは協同して事に当たる状態を作り上げることに寄与することで，発言態度が独善ではなく，民主的であることや他の人の意見及び反対の立場の人の意見にも耳を傾ける態度が望まれる。とくに，発言の活発でない受験者を励ますような態度も評価される。

○主導性

グループ全体を課題解決への方向付けをすることで，ただ単にリーダーシップを発揮するということではなく，全員を納得させながら問題解決の方向に導いていくことが求められている。したがって，より建設的な意見や信頼感のある発言などが，高く評価されている。

○判断力

問題を十分理解し，正しい判断が行われているかどうかである。また，討議の過程において，自分の置かれている立場に対する状況判断が，適切であるかどうかなどが評価されている。

○表現力

自らが主張しようとするところを適切な言葉や有効なエピソードなどを加えて表現されているかどうかである。また，このグループディスカッションは，討論とは言っても勝ち負けが問題とされるわけではなく，面接試験なのであるから，あまり感情をむき出しにした言葉遣いや他の人に対する冷たい言い方は，避けなければならないことであり，その配慮などが評価される。

○企画性

討論の進行に対して，計画的な発言が行われているかどうかである。また，そのように進行させようと努力しているかどうかなどについて，とくに，全体の状況に対する配慮が評価されている。

イ　評価を高める十ヶ条

Ⅰ　油断をしない。

Ⅱ　好感を与える。

Ⅲ　対話的になる。

Ⅳ　信頼感を与える。

Ⅴ　演出を考えておく。

Ⅵ　けじめを感じさせる。

Ⅶ　気配りを感じとらせる。

Ⅷ　全力投球の気構えをもつ。

Ⅸ　健康的で，活気を感じさせる。

Ⅹ　人間的な温かみを感じとらせる。

集団討論におけるアドバイス

・はじめに各自自分の意見を述べるので，そのとき，他のメンバーの考えを簡単にメモしながら聞くと，後の討論のとき他の受験生がテーマをどのように捉えているのかがわかり，意見をまとめやすくなる。

・テーマの内容によっては論じにくいものもあるが，行政の課題に関連づけ，公務員の視点から発言するとよい。

・自分の考えばかりを言うのではなく，他の人の意見を聞き，それに対して自分はどう思うかを発言することが大切である。

・自分と意見が違う場合には「私は……のように思いますが皆さんはどう思われますか」などと尋ねてみるとよい。

・他の人の言っていることがよくわからなかったら，「○番の方，もう少し具体的に説明していただけますか」などのように聞くことも必要である。

・みんなで一緒にコンセンサス（共通理解）を得るといった気持ちを大切にする。

・普段から友達同士で行政の課題について，気楽に話をしたり，意見交換をしておくことが大切である。

・他の受験者の意見に関連づけて発言するとよい。

［例］「○さんが言われたのに付け加えて，私は……と考えています」

「○さんと○さんが言われたことに私も賛成で，……を加えたいと思います」

「◯さんは先ほど……のように言われましたが，私は……と考えています」

「◯さんが言われることに関して，私の意見は……と考えています」

●言葉遣い

面接試験だからといって，特に難しい言葉を使う必要はなく，日常使っている敬語を使った丁寧な言葉で十分である。自分の考えや意見を正しく，わかりやすく，相手に伝えられるようにすることが重要である。つまり，公務員として，住民の模範となるような正しい日本語を使うことが大切であると言える。

しかし，面接試験のときには緊張してしまい，つい普段の癖がでてしまうものである。常日頃から，目上の人や年長者と話すときに，正しい敬語が使えるようにしておくことが大切である。

集団討論の流れ

①課題の把握と方針の決定（個人発表）

問題点の構造化を図り，解決すべき課題を整理して，2，3つに集約した課題を自分の意見として挙げる。

②構造の把握と分析

テーマの分野がどのような構造になっているのか，どの方向から考えていったらいいのかを討論する。皆の意見を整理し，同様の意見をまとめて構造的に分類する。

③課題の焦点化と討論の流れの確認

構造化された課題の中で，話し合いで焦点化していく課題を1つ選び，メンバーで確認しながら，選んだ課題についての分析と問題点の確認，以降の討論の流れを確認する。

④課題の深化

テーマの課題に対して意見を出し合い，課題の問題点や，状況を解明する。

⑤課題解決の対策

課題が解明できてきたら，時間を見ながら，対策や対処法についての具体策を出す方向へと進める。

⑥解決策のまとめ

一通り課題への解決策が出てきたら，皆の解決策をいくつかにまとめて集約していく。分類できるものは分類して構造的に整理する。

⑦次の課題への転換

時間が残っている場合には，次の課題へと話を転じる発言をする。課題の焦点化から同様の話し合いを行う。

⑧議題の収束へ

残り3～5分程度になったら全体を収束させる方向に議論を進める。抽象的な話から具体的な解決策へと発展させていく。

評価項目

貢献度　グループ・ディスカッションを進めるとき，課題に対する論点を示したり，議論の方向性を定めたりする働きが重要である。これは受験者の発言や発表が，討論を進める上で，どのように貢献できたかを評価するものである。発言の回数が多くても，課題からずれていたり，自己中心的で課題解決に役立たない場合には評価されない。当然，発言が少なければ評価は低い。

評価の観点

- 適切な論点を提供する
- 論点についての適切な意見を述べる
- 課題の解決に役立つ意見を提供する
- 混乱した討論を整理し，論題からはずれた意見を修正する
- 討論をまとめる方向へと意見を述べる

協調性　グループでの協同作業は，まわりとの協調性が必要である。他人の意見や反対の意見にも耳を傾け，発言態度が民主的であることが求められる。感情的に対立したり，攻撃的に意見を述べるといった態度では自由な意見交換が成立しなくなってしまう。まわりの意見に気を配り，他人の意見も積極的に認め，発展させようとする態度が望ましい。

評価の観点

- 自分の意見に固執しない

・他人の意見を意欲的に聞こうとする
・他人の意見を積極的に認めようとする
・対立・攻撃を和らげるように努める
・グループの雰囲気を高めようと努める

主導性 グループ・ディスカッションでは，全員を納得させながら課題解決の方向へと導いていくことが望まれている。ただ単にリーダーシップをとるということではなく，民主的に互いの意見を尊重し合いながら解決へと進めていく主導性が求められている。

評価の観点

・進んで口火を切る発言をする
・討論を次の段階へと発展させる働きをする
・意見が討論の進行に大きな影響を与えている
・討論をまとめる方向へと導く
・他者を促し，全員が討論に参加できるようにする

企画性 討論の進行に対して計画的に発言し，一定の時間の中で課題の論点を解決の方向へとまとめていく努力をしなくてはならない。受験者が討論の全体構想をもって発言しているか，論点を示しながら発展させ，まとめへと計画的に意見を述べているかといったことが評価される。また，現実的・具体的に課題を捉え，その解決の方策を考えることも重要なことである。

評価の観点

・討論進行に対して計画的な発言を行う
・一定の方向性を持った意見を述べる
・制限時間を考えながら発言している
・課題に対する全体構想をもっている
・発言内容が現実的・具体的である

評価の観点

①貢献度

課題解決に寄与した程度で，受験者が討論の機能をどの程度理解し，目

的達成のためにどの程度貢献したかを見るものである。発言の回数が多くても，自己中心的で課題解決に役立たない場合は高評価を得ることはできないし，発言回数が少なければ当然低く評価されることになる。

②協調性

これは協同して事に当たる状態を作り上げることに寄与した程度で，発言態度が独善的でなく民主的であることや，他の人の意見，反対の立場の人の意見にも耳を傾ける態度が望まれる。

③主導性

グループを課題解決の方向に動かした程度でただ単にリーダーシップをとるということではなく，全員を納得させながら問題解決の方向に導いていくことが求められている。

④判断力

問題を十分理解し正しい判断が行われているかどうか，また討議の過程において自分のおかれている立場に対する状況判断が適切であるかどうか，などである。

⑤表現力

自分の主張しようとするところが適切な言葉や有効なエピソードなどを使って表現されているかどうか。また，このグループディスカッションは討論とはいっても勝ち負けが問題とされるわけではなく面接試験なのであるから，あまり感情をむき出しにした言葉遣いや，他の人に対する冷たい言い方は避けなければならないのは当然である。

⑥企画性

討論の進行に対して計画的な発言が行われているかどうか，また行おうと努力しているかどうかなどについて，特に，全体の状況に対する配慮などが評価される。

●書籍内容の訂正等について

弊社では教員採用試験対策シリーズ（参考書，過去問，全国まるごと過去問題集），公務員採用試験対策シリーズ，公立幼稚園・保育士試験対策シリーズ，会社別就職試験対策シリーズについて，正誤表をホームページ（https://www.kyodo-s.jp）に掲載いたします。内容に訂正等，疑問点がございましたら，まずホームページをご確認ください。もし，正誤表に掲載されていない訂正等，疑問点がございましたら，下記項目をご記入の上，以下の送付先までお送りいただくようお願いいたします。

① **書籍名，都道府県・市町村名，区分，年度**
（例：公務員採用試験対策シリーズ　北海道のA区分　2025年度版）
② **ページ数**（書籍に記載されているページ数をご記入ください。）
③ **訂正等，疑問点**（内容は具体的にご記入ください。）
（例：問題文では“ア〜オの中から選べ”とあるが，選択肢はエまでしかない）

〔ご注意〕
○ 電話での質問や相談等につきましては，受付けておりません。ご注意ください。
○ 正誤表の更新は適宜行います。
○ いただいた疑問点につきましては，当社編集制作部で検討の上，正誤表への反映を決定させていただきます（個別回答は，原則行いませんのであしからずご了承ください）。

●情報提供のお願い

公務員試験研究会では，これから公務員試験を受験される方々に，より正確な問題を，より多くご提供できるよう情報の収集を行っております。つきましては，公務員試験に関する次の項目の情報を，以下の送付先までお送りいただけますと幸いでございます。お送りいただきました方には謝礼を差し上げます。
（情報量があまりに少ない場合は，謝礼をご用意できかねる場合があります。）
◆あなたの受験された教養試験，面接試験，論作文試験の実施方法や試験内容
◆公務員試験の受験体験記

送付先
○電子メール：edit@kyodo-s.jp
○FAX：03-3233-1233（協同出版株式会社　編集制作部 行）
○郵送：〒101-0054　東京都千代田区神田錦町2-5
協同出版株式会社　編集制作部 行
○HP：https://kyodo-s.jp/provision（右記のQRコードからもアクセスできます）

※謝礼をお送りする関係から，いずれの方法でお送りいただく際にも，「お名前」「ご住所」は，必ず明記いただきますよう，よろしくお願い申し上げます。

大和高田市の大卒程度

編　者　公務員試験研究会

発　行　令和5年12月10日

発行者　小貫輝雄

発行所　協同出版株式会社

〒101－0054

東京都千代田区神田錦町2－5

電話　03－3295－1341

振替　東京00190－4－94061

落丁・乱丁はお取り替えいたします

Printed in Japan